'한국인보다 한국을 더 사랑한'

헐버트 박사 영전에 이 책을 바칩니다.

Dedicated to

The Memory and Posterity of Dr. Homer B. Hulbert,

Who Loved Korea More Than Koreans Themselves,

with Eternal Gratitude for His Contributions to the Korean People.

헐버트의 꿈
조선은 피어나리!

Homer B. Hulbert : Joseon Must Blossom!

지은이 김동진

23살에 조선을 만나

63년 동안 한민족과 영욕을 함께한

교육자, 한글학자, 언어학자, 역사학자, 언론인,

아리랑 채보자, 선교사, 황제의 밀사, 독립운동가

Homer B. Hulbert:
Joseon Must Blossom!

자녀들이 선정한 헐버트의 대표 사진

자녀들과 함께 1900년대 초 서울에서. 왼쪽부터 둘째 딸 마들렌Madeleine, 셋째 아들 레너드Leonard,
헐버트 부인, 큰딸 헬렌Helen, 둘째 아들 윌리엄William, 헐버트. 큰아들은 일찍 사망했다.

한국 역사에 천착하며(30대)　　밀사 외교에 진력하며(40대)　　말년의 대학 동창회에서
(1949년 6월)

Homer B. Hulbert:
Joseon Must Blossom!

자녀들과 함께. 왼쪽부터 둘째 아들, 헐버트 부인,
큰딸, 헐버트, 둘째 딸. 1890년대 말로 추정

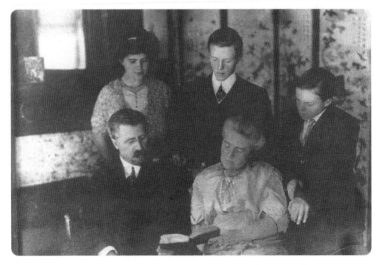

미국에서 큰딸, 두 아들과 함께. 1910년대 초로 추정

Homer B. Hulbert:
Joseon Must Blossom!

"나는 웨스트민스터 사원보다 한국 땅에 묻히기를 원하노라!"
"I would rather be buried in Korea than in Westminster Abbey!"

1949년 40년 만에 한국 땅을 다시 밟은 헐버트는 도착한 지 1주일 만인
1949년 8월 5일 서거하여 평소 소원대로 마포나루 양화진에 잠들어 있다.

책을 내면서

굴곡진 한민족 역사에는 유달리 기억해야 할 사건이나 인물이 많다. 지구촌의 극동 모퉁이에서 야수들에 둘러싸여 힘겹게 반만년의 역사를 지탱해 왔기 때문이다. 서양 문명과 맞닥뜨렸던 개화기와 나라의 주권을 잃었던 일제 강점기에는 더더욱 기억해야 할 인물이 많다. 그런데 우리가 기억해야 할 인물에 한민족만이 있는 것은 아니다. 이방인도 있다. 개화기 많은 이방인이 이 땅을 밟아 조선의 근대화에 공헌하였다. 또한 주권을 잃어가는 한 나라를 위해 일제의 침략주의에 저항한 이방인들도 있다. 우리는 우리를 도운 이방인들의 정신과 가치를 기억해 줌으로써 선진문화민족으로 거듭날 수 있을 것이다. 지은이는 감히 헐버트Homer B. Hulbert라는 한 이방인이 한민족에게 쏟아부은 한국 사랑을 우리가 꼭 기억해야 할 가치로 제시하고 싶다. 그의 한민족에 대한 사랑의 향기가 너무도 진하고, 그의 삶의 궤적이 참으로 경이롭기 때문이다.

이 책의 주인공 헐버트는 갑신정변 2년 뒤인 1886년 23살의 나이로 조선 최초의 근대식 관립 학교인 '육영공원育英公院'의 교사가 되기 위해 조선 땅을 밟았다. 그는 1907년 일본의 박해로 한국을 떠났지만 미국에서도 38년을 한국의 독립을 위해 고군분투하며 86세로 세상을 마감할 때까지 63년을 한민족으로 살았다. 그는 최초의 근대 교과서를 그것도 한글로 저술하는 등 이 땅의 근대 교육에 불을 지폈다. 더 나아가 일본의 불의에 맞서 싸우고 심지어 자신의 모국 미국의 제국주의적 행태를 비난하면서 가치관과 삶이 어떻게 조화를 이루어야 하는지를 온몸으로 보여 주었다. 그는 무엇보다도 대한제국의 비운의 역사 현장을 목격한 증인인 동시에 그 자신도 일정한 역할을 담당한 역사의 한 축이었다. 그가 한민족에게 남긴 울림은 이러한 대의적 가치 실현뿐만이 아니었다. 한민족의 정체성을 탐구하여 누구보다도 일찍이 한민족의 잠재력을 확인하고, 조선 청년들에게 민족적 자긍심을 불러일으켰다.

학창 시절 헐버트를 책으로 처음 만날 때부터 두 가지 의문이 따리를 틀었다. 하나는 '헐버트가 누구이기에 우리도 모르는 우리의 정체성을 그리도 잘 헤아리게 됐을까?'였으며, 또 하나는 '한민족을 위해 뼈가 바스러지게 동분서주한 헐버트의 이름이 이 땅에서 왜 이리 초라할까?'였다. 헐버트를 만난 지 얼추 반세기가 되었지만 아직도 이 두 의문에 그리 시원한 답은 얻지 못했다. 그러나 헐버트에 대한 바른 정보를 제공하는 것만이 우선이라고 판단하여 그의 삶의 궤적을 좇는 일에 몰두하였다.

지은이는 금융인의 길을 마감하고 2010년 헐버트 일대기 〈파란눈의 한국혼 헐버트〉를 출간하였다. 그 후 적지 않은 새로운 자료를 발굴하였다. 특히 헐버트의 미국에서의 활동에 대한 흔적과 상당수의 저술, 편지가 추가되었다. 이러한 자료 발굴은 헐버트의 업적과 내면 인식을 새로운 각도에서 들여다보게 하였다. 따라서 이 책은 〈파란눈의 한국혼 헐버트〉의 보완을 넘어 헐버트에 대한 조명의 폭을 넓히고, 접근 방식도 달리 하였다. 이 책의 출간과 함께 특별한 소회를 밝히고자 한다. 지금까지는 헐버트의 한민족을 위한 공적에 시야가 가렸지만, 이제는 헐버트가 한민족과 영욕을 함께하며 남모르게 겪어야 했던 인간으로서의 고초와 고뇌가 애잔함으로 다가온다는 사실이다. 헐버트가 한민족의 정체성을 탐구할 때, 접근하기도 어려운 한국, 중국의 한자 역사책과 씨름하며 어떻게 그 힘든 순간들을 이겨냈을까? 한국 독립을 호소할 때, 일본에는 압도되면서 한국에는 눈길도 주지 않는 미국의 지성 사회에서 한국을 대변하는 헐버트의 처지가 얼마나 외로웠을까? 그의 지난한 삶의 순간들을 상상하면 왈칵 눈물이 쏟아지려 한다. 그래서라도 헐버트의 저술이나 업적이 꼭 세상에 빛을 봐야 한다고 다짐하였다.

헐버트는 오늘날 우리가 일반적으로 인식하고 있는 유형의 영웅은 아니었다. 전쟁에서 이긴 장수도 아니요, 의거를 일으킨 의사도 아니요, 세력을 이끈 정치 지도자도 아니었다. 그러나 그의 학문적 열정과 지성의 기품, 불의에 항거하는 행동하는 양심, 평등박애를 실천한 인간애에 머리 숙이지 않을 수 없다. 헐버트야말로 조선의 척박한 현실을 마다 않고 한민족에 동화한 진정한 한민족의 벗이자, 바른 삶의 좌표를 행동으로 제시한 어느 영웅 못지않은 가치관적 영웅이었다. 이 책을 통해 헐버트의 공적과 한국 사랑이 우리 역사에 올바로 자리매김하기를 바란다. 아울러 헐버트의 정신과 사상이 국민들에게 널리 심어져 애국심의 진정한 가치를 일깨우고, 특히 청소년들이 지성인의 길이 무엇인지를 헤아리고 정의를 좇는 기개를 배웠으면 좋겠다. 또한, 우리 사회가 이기적 편리함보다 가치관적 삶이 더욱 주목받고, 미래지향적이면서도 민족정기가 살아 숨쉬는 사회가 되길 기대한다.

2019년 8월
헐버트 박사 서거 70주년을 맞아
지은이 김동진

감사드리며

헐버트는 조선 말기 1886년에 내한하여 63년을 한민족과 함께했지만 그의 유품은 많지 않다. 변변한 사진도 없다. 그가 44살의 나이인 1907년에 고종 황제의 밀사로 활약하기 위해 서울을 허겁지겁 빠져나가면서 일본의 박해로 한국과는 생이별을 했기 때문이다. 그 뒤 미국에서 40여 년을 살면서 헐버트의 한국에서의 흔적은 거의 사라졌다. 그가 남긴 저술이 그의 일생을 대변하고 있을 뿐이다.

지은이는 헐버트의 모교인 다트머스대학Dartmouth College, 유니언신학대학Union Theological Seminary, 컬럼비아대학Columbia University, 버클리대학University of California, Berkeley 등을 방문하고, 《뉴욕타임스The New York Times》등 신문과 잡지의 1세기 전 기사들과 숨바꼭질하며 헐버트의 흔적을 더듬었다. 무엇보다도 헐버트의 후손을 찾아내, 소중한 역사 자료를 확보하였다.

이 책이 나오기까지 많은 분들이 헐버트에 대한 자료를 제공해 주고, 격려를 보내 주셨다. 먼저 헐버트의 유품을 아낌없이 제공한 헐버트의 손자 부르스Bruce W. Hulbert 내외, 증손자 킴벌Kimball A. Hulbert과 그의 모친, 고인이 된 헐버트의 외손녀 주디Judith B. Adams와 마들렌Madeleine B. Allen 자매 등 후손에게 진심으로 고마움을 전한다. 헐버트의 언론 자료 발굴에 도움을 준 미국 센트럴미시건대학Central Michigan University의 메이Hope Elizabeth May 교수, 헐버트 편지를 정자체로 옮긴 메이 교수의 제자인 브리스코Joshua R. Briscoe 군과 다트머스대학 졸업생 슈츠Karl T. Schutz 군에게도 고마움을 전한다.

책을 쓰는데 격려를 보내 주신 (사)헐버트박사기념사업회 고문, 명예 회장, 이사, 자문위원님들에게 진심 어린 감사를 드린다. 특히 헐버트의 관립중학교 제자(1회 졸업) 김병술 지사의 후손이자 기념사업회 고문인 서보실업 김삼철 대표님의 조언과 성원에 각별한 고마움을 전한다. 아울러 국가보훈처, 마포구청, 광복회, 독립유공자유족회, 한글학회, 문화유산국민신탁, 서울YMCA, 기독교대한감리회, 성광교회, 인탑스㈜, 현대자동차, 진원이엔씨, 유한양행, 제이피모간체이스은행JPMorgan Chase Bank, KEB하나은행, IBK기업은행, KB금융그룹, SC제일은행, 신한은행 등 헐버트박사기념사업회에 성원을 보내 준 모든 기관, 그리고 뜨거운 애국심으로 헐버트 기념사업에 동참하시는 개인 회원님들에게 심심한 사의를 표한다. 또한, 이 책이 바른 책이 되기를 기도해 준 가족들에게도 고마움을 보낸다.

이 책의 내용은 국가보훈처 등 기념사업회를 성원해 준 기관의 견해와는 관련이 없음을 밝힌다.

2019년 8월
합정동 기념사업회 사무실에서
김동진

헐버트의 회고록, 기고문, 편지 및 언론 기사

이 책이 나오기까지 헐버트의 저서, 회고록, 기고문, 편지, 그리고 그에 관한 언론 기사가 중요한 정보로 활용되었다. 헐버트는 20권의 학술 서적 및 문학작품, 3권의 회고록, 304편의 기고문, 635통의 편지를 남겼다. 이 외에도 헐버트에 관한 많은 언론 기사가 존재한다. 이 책에서 언급한 헐버트의 저술, 편지 및 헐버트 관련 언론 기사는 모두 헐버트박사기념사업회가 소장하고 있다. 이 기록들에서 추출한 정보를 이 책에서 인용하거나 참고하였을 때 지면 관계로 많은 경우 출처를 표시하지 않았다.

《3권의 회고록》은 《동양의 메아리Echoes of the Orient》, 《헐버트 문서 Hulbert's Manuscripts》, 《헐버트 비망록Hulbert's Memorandum》을 말한다. 《동양의 메아리》는 헐버트가 자신의 한국 생활을 회고한 글이며, 《헐버트 문서》는 한국 개화기의 주요 역사적 사건에 관한 헐버트의 고찰이다. 두 책 모두 정확한 저술 연도 확인이 불가하나 1920년대 후반으로 추정된다. 두 책은 미국 컬럼비아대학Columbia University에 원본이 소장되어 있으며, 서울대학교 김기석 교수가 1993년 마이크로필름으로 촬영하여 국내로 이전한 뒤 2000년에 서울대학교 아시아태평양교육발전연구단에서 책으로 출판한 바 있다. 《헐버트 비망록》은 헐버트가 1928년경에 후손에게 남긴 가족사 중심의 자전적 글로서 헐버트박사기념사업회가 원본을 소장하고 있다. 이 책에서 《동양의 메아리》는 '회고록'으로, 《헐버트 문서》는 《헐버트 문서》로, 《헐버트 비망록》은 '비망록'으로 표기하였다. '회고했다'나 '술회했다'라는 표현은 앞의 세 권의 책과 편지에서 헐버트가 그리 기술하였음을 의미한다.

기고문은 헐버트가 국내외 잡지, 신문에 기고한 글을 말한다. 학술 논문도 기고문에 포함하였다. 발표문은 국내외에서 행한 강연 중 인쇄물로 발표된 글을 말하며 역시 기고문으로 분류하였다. 언론 기사 중 헐버트가 직접 기고한 글은 기고문으로 보았다. 헐버트 편지는 대부분 독립기념관이 사본으로 소장하고 있다. 열람이 가능하며 번역본도 있다. 헐버트박사 기념사업회도 독립기념관 소장본 외에 편지 원본 122통을 후손으로부터 입수하여 소장하고 있다. 독립기념관 소장 편지는 서울대학교 김기석 교수가 헐버트 후손들로부터 원본을 입수하여, 이들 사본이 독립기념관에 전해진 것으로 추정된다.

지은이는 이 책을 쓰면서 헐버트의 저술이나 편지의 영문 원문만을 참조하였다. 이 책에서 헐버트의 저서 및 기고문의 우리말 제목이 지은이가 지난날 번역한 제목과 다른 경우가 발견된다. 이는 영문 원문에 충실하고자 번역을 수정하였음을 의미한다. 이점에 대해 양해를 구한다.

이 책 한 권에 헐버트의 인생을 폭넓게 담기에는 지면이 턱없이 부족하다. 따라서 헐버트의 인생을 압축하여 다룰 수밖에 없었다. 지은이는 인물 평전이나 역사책은 진실을 바탕으로, 그리고 객관적 견해로 써야 한다는 신념 아래 이 책을 썼음을 밝힌다.

일러두기

● 조선과 한국의 시대적 구분은 대한제국이 탄생한 1897년 10월 12일을 기준으로 하였다. 일제 강점기를 포함하여 우리나라를 일반적으로 표현할 때에는 '한국'으로 표기하였다.

● 'Korea'는 '한국'으로 옮기는 것을 원칙으로 하였다. 그러나 특정한 시대를 뜻할 때는 그 시대의 국호를 썼다. 'Korean'도 기본적으로 '한국인'으로 옮겼으나, 특정한 시대에 따라 '조선인' 등으로 옮겼다. 'Korean'이 민족의 의미로 쓰일 때는 시대를 불문하고 '한민족'으로 옮겼다.

● 한민족의 말과 글은 기본적으로 '한국어'라 하였다. 그러나 조선시대에는 '조선어'라 하였다. '한국어' 또는 '조선어'는 한민족의 말과 글을 포괄하는 의미와, 한민족의 말만을 의미하는 두 가지 의미로 썼다.

● 이 책에 나오는 날짜는 모두 태양력을 썼다. 태양력을 쓰기 시작한 1896년 전의 날짜도 음력을 양력으로 바꾸어 썼다.

● 고종에 대한 표기는 대한제국이 탄생한 1897년 전까지는 '고종'으로, 그 이후는 '고종 황제'로 표기하였다. 고종이라는 인물을 일반적으로 묘사할 때에는 시대에 상관없이 '고종'이라고 표기하였다.

● 정부는 조선시대에는 '조정'으로, 대한제국 시대에는 '정부' 또는 '의정부'로 표기하였다.

● 외국인, 외국 지명, 외국 기관, 외국 서적 등을 소개할 때에는 한글 표기와 영문 표기를 병행하였다. 재차 소개할 때에는 한글로만 표기하는 것을 원칙으로 하되 필요에 따라 병행하였다.

- 외국인 이름은 성surname만을 표기하는 것을 원칙으로 하고, 영문 이름 전체full name를 병기하거나 각주에 표기하였다. 외국인 영문 이름 전체를 알 수 없을 때에는 알려진 성만 썼다. 외국인 이름에서 헐버트 가족이나 후손의 이름은 혼돈을 피하기 위해 성 대신 이름first name을 썼다.
- 외국 대학을 표기할 때에는 대학college이나 대학교university를 가리지 않고 '대학'이라 하였으며, 학교의 대표인 학장과 총장의 구분도 실익이 없어 모두 '총장'이라 했다.
- 때때로 원문의 뜻을 명확히 전달하기 위해 영문 원문을 병기하였다. 이 책에 나오는 모든 영문 번역은 지은이가 옮겼으며, 한문 및 영문으로 쓰인 고종 황제 친서, 특사증 등은 영문 본을 바탕으로 옮겼다.
- '추정하였다'는 추정에 관한 객관적 개연성이 상당하다고 판단될 때만 그렇게 썼다.
- 외래어의 우리말 표기는 국립국어원의 '외래어 표기법'에 따랐으며, 띄어쓰기 등 한글 맞춤법은 국립국어원의 어문 규범에 따랐다.

차 례

1부
스스로 동여맨 조선과의 인연

- 안중근, "한국인이라면 헐버트를 하루도 잊어서는 아니 됩니다."
- 'Korea'라는 이름에 가슴이 뛰어
- 헐버트가 가훈, '원칙이 승리보다 중요하다'
- 육영공원에서 싹튼 한국 사랑
- 조선 최초의 언론 외교관
- 훈민정음을 부활시킨 한글 전용의 선구자
- 최초의 교과서이자 최초의 한글 교과서 《사민필지》

헐버트는 학생들을 잘 가르쳐야 한다는 책임감으로 조선 말글을 공부하였으나,
한글을 접하자마자 한글에 매료되었다.
그는 "한글을 배운 지 4일 만에 한글을 읽고 썼으며,
1주일 만에 조선인들이 위대한 문자인 한글을 무시하고 있다는 사실을 발견했다."라고
회고록에 적었다.
조선인들이 한글을 무시하고 있다는 사실을 1주일 만에 발견했다는
대목은 코페르니쿠스적 통찰력이 아닐 수 없다.

안중근,
"한국인이라면 헐버트를 하루도 잊어서는 아니 됩니다."

러일전쟁 발발 직후인 1904년 2월 한국과 일본은 '한일의정서'에 서명 하였다. 한일의정서에서 대한제국은 일본의 전쟁 수행에 편의를 제공하 고, 일본은 한국의 독립을 보장할 것을 약속하였다. 그러나 일본은 이 약 속을 헌신짝처럼 내팽개치고 1905년 11월 총칼로 위협하며 오늘날 우리 가 을사늑약이라 부르는 '한일협약'을 강제하여 대한제국의 보호국임을 자청하였다. 2년 뒤 1907년 고종 황제는 헤이그 만국평화회의에 특사를 파견하여 을사늑약은 원천무효라고 세계만방에 선언하며 일본의 보호통 치에 반기를 들었다. 다시 2년 뒤 1909년 10월 26일 한 거인이 한민족을 대신하여 분노의 굉음을 만주 하얼빈에서 터뜨렸다. 안중근이 얼마 전까 지 조선 통감이었던 일본 추밀원 의장 이토 히로부미伊藤博文를 처단한 것 이다.

안중근이 뤼순旅順감옥으로 이송된 지 달포가 지나서다. 취조실 한편 에 난로가 놓였지만 마룻바닥에서 올라오는 냉기에 안중근은 코끝이 시 렸다. 일본 경찰에서 꽤 높은 계급인 경시警視 계급장을 단 사카이境喜明 도 손이 곱은지 틈만 나면 손가락을 호호 불어댔다. 사카이는 아직도 안 중근의 거사에 배후가 있을지 모른다고 생각했는지 전방위적 심문을 이 어갔다. 사카이가 뜬금없는 질문을 들이댔다. "미국 사람 '하루바토'를 만 난 적이 있는가?" 안중근의 눈이 휘둥그레졌다. 이 자가 왜 갑자기 헐버트Homer B. Hulbert의 이름을 꺼내는가? 안중근이 대답에 뜸을 들이자 사카이가 "하루바토를 만난 적이 있소, 없소?"라고 다그쳤다. 안중근은 호흡을 가다듬으며, "헐버트를 만난 적은 없소. 그러나 한국인이라면 헐버트를 하루도 잊어서는 아니 되오!"라고 단호하게 대답했다. 1909년 12월 2일의 일이다. 왜 안중근이 한 이방인에게 예를 갖추어 그리 최상의 경의를 표했을까? 둘은 잘 아는 사이였을까?

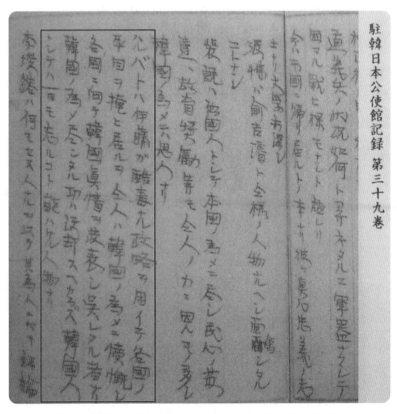

안중근이 "한국인이라면 헐버트를 하루도 잊어서는 안 된다."라고
일본 경찰에 공술한 내용이 담긴 통감부 기밀문서(1909년 12월 2일).
국사편찬위원회에서 입수

대한민국은 1950년 3월 1일 헐버트에게 독립운동에 헌신한 공로를 기려 '건국공로훈장 태극장(현 건국훈장 독립장)'을 추서하였다.[1] 뿐만 아니다. 2014월 10월 9일 헐버트에게 한글 발전에 기여한 공로를 기려 '금관문화훈장'을 추서하였다. (사)서울아리랑페스티벌은 2015년 10월 7일, 아리랑을 최초로 채보하여 영원한 한민족의 노래로 발전케 한 공을 인정하여 헐버트에게 제1회 '서울아리랑상'을 추서하였다. 어떻게 김가, 이가, 박가도 아닌 이방인이 대한민국으로부터 그렇게 다방면에서 영예를 안을 수 있었을까. 헐버트는 과연 안중근에게, 그리고 한민족에게 어떤 존재였을까?

---

1 헐버트Homer Bezaleel Hulbert는 자신의 한글 이름을 '헐벗'으로 썼다. 그러나 대한민국이 서훈한 건국공로훈장 훈장증에 '헐버트'라 표기하여 이에 따랐다. 한자 이름은 '訖法', '紇法', '轄甫' 등으로 썼다.

'Korea'라는 이름에 가슴이 뛰어

근대 교육의 출발

1886년 여름 조선은 몸살을 앓았다. 사람도 동물도 더위와 전염병에 지쳤다. 조선은 호열자라 불리는 콜레라의 창궐로 전례 없는 희생자를 냈다. 서울에서만 도성 안팎 인구 30여만 명 중 10분의 1 가까이가 목숨을 잃었다. 조선 전체로는 수십만 명의 희생자가 발생했다. 조선은 또 심히 청나라에 시달리고 있었다. 1882년 임오군란과 1884년 갑신정변을 수습하는 과정에서 청나라 군대를 끌어들여 외형적으로는 정국이 안정되는 듯 했으나 조선의 국제적 위상은 더욱 초라해졌다. 청나라 군대의 개입은 일본이 조선에서 세력을 확대하는 빌미를 제공했을 뿐만 아니라 청나라의 횡포는 도를 넘었다. 임오군란 시 조선에 온 위안스카이袁世凱라는 자는 위아래를 가리지 않고 조선 조정에 군림했다. 국왕을 알현할 때는 누구든 궁궐 앞 하마비에 이르면 가마를 멈추고 걸어가야 하는데도 이 자만은 어전까지 가마를 타고 갔다. 자신은 청나라 황제를 대신하는 총독이라며 조선 국왕과 지위가 대등하다고 위세를 부렸다. 조선은 청나라와 일본에만 시달리고 있는 것이 아니었다. 멀리 유럽의 영국은 1885년 군함을 몰고 와 조선 남부의 거문도를 점령하고 영국 국기까지 게양하며 제국주의의 야욕을 드러냈다. 그러나 불안한 지정학적 여건 속에서도 조선에는 개화의 물결이 서서히 일렁였다. 조선은 1882년 미국을 필두로 서양 국가들과 외교관계를 수립하며 전신선을 개통하는 등 근대화를 재촉했다. 조선은 또 현명하게도 근대화의 지름길은 근대식 교육의 도입이라며 신식학교 설립을 추진하였다. 조선 조정은 1884년 여름 서양식 학교를 설립코자 서울의 미국 공사관을 통해 미국 국무부에 3명의 교사 파견을 요청했다. 미국 국무부는 교육위원장Commissioner of Education 이튼 John Eaton에게 교사를 구하는 일을 맡겼다. 이튼 위원장은 대학 한 해 선배인 헐버트의 아버지에게 아들 중 한 명을 조선에 보내는 것이 어떻겠느냐고 제안했다.

1884년 가을, 대학을 졸업하고 뉴욕의 한 신학대학에 갓 입학한 헐버트와 신학대학 졸업반인 형 헨리Henry W. Hulbert에게 갑자기 아버지가 찾아왔다. 아버지는 형제에게 극동의 'Korea'라는 나라에서 교사가 필요하다는 다소 생뚱맞은 소식을 가져왔다. 이 소식은 헐버트가 지금까지 그려왔던 미국에서의 성직자 생활을 완전히 뒤엎는 제안이었다. 형은 다른 할 일이 있다며 손사래를 쳤다. 그러나 동생은 왠지 미지의 세계에 대한 상상력이 요동쳤다. 아버지의 제안이 순간적으로 희망의 도전으로 다가왔기 때문이었다. 동생은 'Korea'라고 소리치며 단박에 조선에 가겠다고 나섰다. 세계지도를 그려보는 것이 취미였던 헐버트는 한반도의 위치뿐만 아니라 'Korea'라는 이름도 알고 있던 터였다. 물론 'Korea'가 어떤 나라인지는 전혀 몰랐다. 그는 이때의 감동을, "조선에서 교사를 구한다는 소식을 처음 들었을 때 새로움에 대한 기대에 흥분을 가늘 수 없었으며, 마치 꿈속을 걷는 기분이었고, 매력적인 도전이라고 확신했다. 그때의 감정을 제대로 기술할 수가 없다quite impossible to describe sensations."라고 비망록에 적었다.

교육위원장은 헐버트 외에 두 사람을 더 선발하고 이들 3인은 조선으로 떠날 준비를 마쳤다. 그러나 1884년 12월 갑신정변이 발생하자 조선은 신식 학교 설립 계획을 진행할 수 없었다. 헐버트는 이 소식에 크게 낙담하였다. 같이 선발된 다른 두 명은 조선행을 아예 취소했다. 그러나 헐버트는 기회가 꼭 다시 찾아올 것이라는 기대를 버리지 않고 신학대학에서 학업에 열중하였다. 그는 틈틈이 조선과 동아시아에 대해 공부하였다. 동양 전문가인 《은둔의 나라 조선Corea, the Hermit Nation》 저자 그리피스 William E. Griffis의 강의를 찾아서 들었다. 헐버트는 비망록에서 "조선에 대해 처음 공부할 때부터 유구한 역사와 자랑스러운 문화를 가진 조선과 1천6백만 조선인은 나의 인생을 사로잡는 대상이었다."라고 회고하였다. 그는 1885년 말 어머니에게 보낸 편지에서 만약 자신이 조선에 가게 되면 기독교적 가치를 심는 일에도 열중할 것이라고 신학생다운 면모를 보였다.

헐버트의 조선과의 만남은 결코 우연이라 할 수 없는 운명의 손짓이 아닌가. 과연 헐버트는 조선을 만나는 운명의 부름에 어떻게 응답하였을까?

샌프란시스코를 출발, 부산 포구를 거쳐 제물포에 첫발을

1885년 미국은 민주당 집권으로 들떠 있었다. 개혁적 성향의 클리블랜드Stephen G. Cleveland가 남북전쟁 이후 최초로 민주당 출신 대통령이 된 것이다. 헐버트에게도 1885년 겨울 기쁜 소식이 들려왔다. 조선이 학교 설립 계획을 부활한다고 한다. 교육위원장 이튼은 헐버트를 워싱턴으로 초대하여 교사 역할을 설명하였다. 그는 헐버트에게 같이 갈 다른 두 명의 교사를 선발토록 위임했다. 헐버트는 원래 가기로 했던 길모어 George W. Gilmore와 새로운 지원자 벙커Dalzell A. Bunker를 선정했다. 세 사람 모두 미국의 명문대학을 나온 정예 청년들이었다. 교육위원장은 헐버트에게 공립학교에 대한 철저한 개념을 가질 것을 권고하며, 학교 신문의 운영에 관해서도 알아보라고 조언하였다. 헐버트는 학교가 많은 보스턴까지 가서 학교 운영을 관찰하고, 교육용 재료도 구입했다. 여행 채비를 마친 헐버트는 약혼녀를 남겨둔 채 1886년 5월 4일 뉴욕을 출발하여 샌프란시스코로 향했다. 헐버트는 미지의 세계로 떠나면서도 불안감보다는 오히려 자신감이 차올랐다.

1886년 5월 21일 헐버트, 벙커, 아내를 동반한 길모어가 태평양을 넘나드는 유일한 항구도시이자 대륙 횡단 철도의 기점인 샌프란시스코에서 만나 볼드윈Baldwin호텔에 잠시 여장을 풀었다. 일행은 마침 조선에 가는 의료 선교사 엘러스Annie Ellers와 함께 다음 날 5천 톤급 북경City of Peking호에 몸을 싣고 일본 요코하마로 향했다. 소형 증기선으로, 더군다나 10노트의 느린 속력으로 태평양을 건넌다는 것이 불안했지만, 난생처음 대양 항해를 경험하는 젊은이들은 들뜬 마음을 억제할 수 없었다. 일행은 무사히 태평양을 건너 6월 10일 요코하마의 한 호텔Club Hotel에 여장을 풀었다. 헐버트가 묵고 있는 호텔에 대한 경비가 삼엄했다. 후일 알고 보니 갑신정변의 주역 김옥균을 처단하러 일본에 온 조선인이 같은 호텔에 묵고 있었다.[2] 나가사키로 가는 배는 1주일 이상을 기다려야 했기에 헐버트 일행은 도쿄로 이동하였다. 시내를 구경하고 도쿄대학교도 방

---

2 조선인은 지운영池雲英(1852~1935)으로 보인다. 지운영은 서화가이자 사진가로서 종두법 시행의 선구자인 지석영의 형이다. 1886년 김옥균을 암살하러 일본에 갔으나 미수에 그쳤다.

개항 전후 제물포 항구(출처: 한가람의 사랑방).
뒤쪽에 보이는 섬이 월미도이다.

문하였다. 후지산 인근 농촌도 둘러보았다. 일행은 6월 22일 요코하마를
떠나 배편으로 고베를 거쳐 나가사키에 도착하였다. 헐버트는 이때 일본
의 문명 수준에 강한 인상을 받았다. 조선도 일본 같았으면 하는 기대를
해봤다. 일행은 나가사키에서 7월 2일 쓰루가마루Tsuruga Maru호를 타고
조선해협을 건너 최종 목적지인 조선의 제물포로 향했다. 배가 부산 포구
에 다다르자 헐버트의 눈에 조선의 산야가 어른거렸다. 산자락은 아기자
기한 자태를 보여 주었다. 그러나 산에는 나무가 많지 않아 민둥산의 느
낌으로 다가왔다. 부산 포구를 지나자 남서해안의 무수한 섬이 눈에 들
어왔다. 오밀조밀하게 모여 있는 섬 사이를 지나는 배가 꼭 어디엔가 부
딪칠 것만 같았다. 항해를 위한 필수 시설인 등대와 부표도 보이지 않았

다. 이러한 환경에서 어떻게 배들이 드나드는지 헐버트에게는 신기하기만 했다. 배가 월미도Roze Island를 지나자 항구가 눈에 들어왔다.[3] 달포의 긴 여정 끝에 마침내 조선 땅에 첫발을 내딛는 긴장과 호기심이 교차하는 순간이었다. 이곳이 후일 헐버트가 셀 수없이 드나들며 정을 나눈 제물포 항구였다. 항구는 초라하기 그지없었다. 방파제, 부두는 물론 선창도 없었으며, 허름한 오두막집들과 세관으로 쓰이는 헛간이 있을 뿐이었다. 헐버트가 2년을 기다리며 운명적으로 조선 땅을 밟은 날은 1886년 7월 5일 아침이었다.

제물포−서울 길을 걸어서 5백년 도읍지 서울에

선창을 빠져나오자 조선 관리가 헐버트 일행을 맞았다. '갓'이라고 부른다는 차양이 둥근 검정색 모자를 쓴 관리의 복장이 재미났다. 그는 성문이 닫히기 전에 성안으로 들어가야 한다며 걸음을 재촉했다. 북동쪽으로 26마일을 가야 한다고 했다. 일행은 조랑말에 짐을 싣고 지금의 서울−인천 가도를 걸어서 서울로 향했다. 길모어 부인에게는 조랑말을 타게 했다. 안장 대신 담요를 말아 부인의 조랑말에 깔아 주었다. 날씨가 섭씨 35°의 무더위다 보니 온몸이 금세 땀과 먼지로 범벅이 되었다. 논두렁을 지날 때 조랑말이 중심을 잃자 길모어 부인이 도랑에 처박혔다. 일행은 만신창이가 된 채 해 질 무렵에야 큰 강을 만났다. 강둑 밑으로 이어진 백사장을 1마일이나 걷고서야 나룻배에 몸을 실었다. 신선한 강바람

---

3 'Roze Island'는 월미도를 말한다. 병인양요 당시 프랑스 극동함대사령관이었던 로즈Pierr G. Roze 제독의 이름에서 왔다.

1900년경의 숭례문.
헐버트의《대한제국의 종말The Passing of Korea》(1906)에서

을 타고 강을 건넜다. 조선 관리가 '한강'이라고 알려줬다. 일행은 술시戌
時에 닫힌다는 성문이 닫히기 전 가까스로 성안으로 들어섰다. 이렇게 통
과한 성문이 5백 년 도성의 영욕을 품어온 숭례문이라는 것을 후일 알았
다. 일행이 어느 일본 여인숙에 안내되었을 때는 모두 몸을 가눌 수 없을
정도로 녹초가 되어 있었다. 잠시 뒤 한 서양인이 백말을 타고 나타났다.
헐버트보다 1년 전에 조선에 온 장로교 초대 선교사 언더우드Horace G.
Underwood였다. 언더우드는 일행을 지금의 덕수궁 옆 정동의 외국인 전
용 숙소foreign quarter로 안내했다. 몸은 지쳐 있었지만 같은 말을 하는 사
람을 만나니 마음이 한결 가벼웠다. 그러나 언더우드와 제대로 대화도 나

누지 못한 채 모두가 잠에 곯아떨어졌다. 술시가 끝날 무렵 울린다는 보신각 종소리도 그들의 잠을 방해하지 못했다. 언더우드는 헐버트 일행을 극진하게 맞았다. 그러나 남자들은 팔팔한 나이인데도 이틀 후에나 몸을 제대로 운신할 수 있었다. 길모어 부인은 1주일이 지나서야 건강을 조금씩 회복했다. 헐버트가 와서 보니 서울에 감리교 초대 선교사 아펜젤러 Henry G. Appenzeller 등 미국인 8가구가 살고 있었다. 초대 주한 미국 공사 푸트Lucius H. Foote는 공사 직을 사직하여 서울을 떠났고, 무관Naval Attache 포크George C. Foulk가 대리공사를 맡고 있었다. 외국인 전체 수는 70여 명이었다.

언더우드

아펜젤러

언더우드 선교사와 아펜젤러 선교사. 헐버트는 서울에 도착하자마자 두 사람과 끈끈한 우정을 쌓으며 젊은 시절을 함께했다. 이후 세 사람은 평생을 친구이자 동지로 보냈다.

헐버트가 가훈,
'원칙이 승리보다 중요하다'

그리스도 정신을 실천하는 교육자 가문에서 출생

헐버트는 1863년 1월 26일 미국 동북부 버몬트Vermont주 뉴헤이븐 New Haven에서 아버지 캘빈 헐버트Calvin B. Hulbert와 어머니 매리(원명: Mary E. Woodward)의 3남 3녀 중 둘째 아들로 태어났다. 헐버트가 태어 난 1860년대 초 미국은 남북전쟁, 노예제도 철폐 등으로 인해 사회가 극 심한 혼란에 빠져 있었다. 이 시기 유럽에서는 세계사뿐만 아니라 우리 현대사에까지 영향을 미친 마르크스주의가 태동하였다. 1864년 영국 런 던에서 노동자 최초의 국제 조직인 국제노동자협회International Working Men's Association가 창립된 것이다. 조선에서는 철종의 승하로 고종이 1864년 1월 20일 조선의 26대 왕으로 등극하였다. 고종 시대의 개막은, 1800년 정조 승하 뒤 발호한 무기력하고 부패한 60년 세도정치가 막을 내리는 결과를 가져왔다.

헐버트의 아버지는 냉철한 사고 속에서 절제된 행동을 하는, 당시 미 국 사회의 주류를 이루었던 청교도의 후예였다. 헐버트가는 헐버트의 9 대 조부Thomas Hulbert가 1635년 영국 국왕 찰스 1세Charles I of England 의 통치에 불만을 품고 미국으로 이주하여 미국 동북부 지역에 정착하면 서 시작되었다. 따라서 헐버트 가문은 미국 건국의 주역인 소위 '와스프 WASP'라 불리는 앵글로색슨계 백인 신교도의 일원이다. 헐버트의 아버지는 신학박사Doctor of Divinity이며, 개혁적 종파인 회중교회Congregational Church 목사였다. 그는 미들베리대학Middlebury College 총장도 지냈다. 그가 대학 총장이 된 것은 학교 측에서 그의 정직성과 청렴성, 종교적 신념을 높이 사 특별히 초빙하였기 때문이라고 한다. 헐버트의 어머니는 미국 동북부 명문인 다트머스대학Dartmouth College 설립자의 후손이다. 그녀는 아버지가 스리랑카와 인도에서 선교사로 활동하여 스리랑카 콜롬보에서 출생하였다. 이처럼 헐버트의 부계, 모계 모두 교육과 그리스도 정신의 피가 흐르는 가문이었다. 헐버트의 어머니는 모성애가 극진하였다. 헐버트는, 어머니는 언제나 희생적이고 헌신적이었으며 격하거나 자애롭지 못한 언행이나 화내는 모습을 한 번도 보여 주지 않았다고 회고했다.

부모 형제와 함께(1893년).
정중앙이 헐버트의 아버지, 바로 오른쪽이 어머니이다.
앞줄 맨 오른쪽이 헐버트이고 바로 왼쪽이 헐버트 부인이다.

인간중심 사상을 바탕으로 성장

헐버트의 부모는 자녀들에게 '원칙이 승리보다 중요하다Character is more fundamental than victory.'라는 가훈을 제시하였다. 이 가훈이야말로 헐버트의 정신 사조와 행동 규범을 제시한 스승의 언어였다. 그가 성장하여 왜 그리 정의감에 투철하였는지를 말해 주고 있다. 이 가훈은 오늘날 한국 사회에 가장 필요한 경구라고 여긴다. 헐버트가 성장할 시기 미국 청교도들은 개혁적 종교관, 충분한 지식, 자유와 정의에 대한 신념을 부르짖었다. 따라서 헐버트도 청교도 정신에 크게 영향받으며 성장하였다고 여긴다. 헐버트의 부모는 자녀들에게 인간중심 사상의 모범을 보였다. 헐버트 집에 제니Jennie라는 흑인 하녀가 있었다. 인종차별이 극심한 시기였지만 헐버트 부모는 가족 기도 때에 그녀의 이름을 빠트리지 않았다고 헐버트는 회고했다. 헐버트의 아버지는 또 자녀들에게 '학식과 교양literacy'의 의미를 일깨우고, 교육의 중요성을 강조하였다. 헐버트는 아버지는 책을 눈에서 떼지 않았다고 증언하였다. 헐버트 역시 인생을 통틀어 배움을 멀리한 적이 없으며, 한국에서도 교육만이 인간을 깨우치고 문명 진화를 이룰 수 있다는 교육 철학에 충실하였다.

전인교육의 산실, 대학생활

헐버트는 소년기부터 모험심이 강했다. 친구들을 이끌고 미국 동북부의 산간지대에서 대자연을 벗 삼아 위험한 놀이도 마다하지 않았다. 덫을 이용해서 날짐승을 잡고, 물살이 빠른 계곡에서 카누를 즐겼다. 헐버트가 6살 되던 해인 1869년 아버지가 뉴저지주 뉴어크Newark의 벨레뷰Belleview회중교회에서 사역을 하게 되자 온 가족이 뉴어크로 이사하였다. 헐버트는 그곳에서 초등학교를 잠깐 다녔다. 9살 때인 1872년 아버지가 다시 버몬트주 베닝턴Bennington으로 이동하자 그곳에 있는 초등학교로 전학했다. 1875년 아버지가 미들베리대학 총장이 되면서 헐버트는 미들베리에서 고등학교를 다녔다. 1879년 고등학교를 졸업하고 같은 주에 있는 세인트존스베리아카데미St. Johnsbury Academy를 1년 동안 다녔다. 이어서 1880년 인근 뉴햄프셔주에 소재한 다트머스대학에 입학하였다. 헐버트의 아버지도 다트머스대학을 졸업하였다. 1769년에 개교한 다트머스대학은 초대 총장 윌락Eleazar Wheelock에 의해 설립되었다. 윌락의 사위이자 이 학교 교수였던 우드워드Bezaleel Woodward가 바로 헐버트의 외고조부이다. 다트머스대학은 설립 당시부터 다른 명문 대학들과는 달리 인디안 자녀들을 받아들이는 혁신을 단행한 대학으로 유명하다.

헐버트의 학창시절은 독서열로 정평이 나있었다. 헐버트의 누이Mary는 헐버트가 어릴 적부터 아버지 서재를 놀이터로 삼으며 탐욕적으로 독서를 즐겼다고 증언하였다. 헐버트는 특히 언어학, 역사, 문학에 관심이 깊었다. 그리스 신화, 셰익스피어William Shakespeare 등 대문호의 고전, 칸트Immanuel Kant 등의 철학 서적을 섭렵했다. 그는 대학에서 그리스어, 라틴어, 프랑스어, 독일어, 철학, 윤리, 역사, 문학, 수학, 기하학, 화학, 천문학, 논리학, 수사학, 심리학, 대중 연설public speaking, 법학, 정치경제학 등을 수강하였다.

헐버트의 성격은 어머니의 인자함과 아버지의 강직함을 바탕으로 형성되었다고 여긴다. 헐버트 자신도 정의감, 일에 대한 열정, 신앙에 대한 투철한 자세는 집안의 내력과 연관이 있다고 보았다. 그러나 자신의 성격은 가문의 전통과 전혀 관계없는 부분이 많다면서 인격 형성은 유전에서

만 오는 것이 아니라고 했다. 헐버트는 세칭 명문가에서 태어났지만 겸손
한 사람이었다. 지은이는 그의 어느 글에서도 출신 배경에 대한 특별함을
풍기는 내용을 발견하지 못했다. 특이한 일은 헐버트 3형제의 생일이 모
두 1월 26일이다. 형은 5살 위고 동생은 10년 아래다. 신기하다.

DARTMOUTH COLLEGE.

MERIT ROLL, ... ACADEMICAL DEPARTMENT.

헐버트의 대학 시절 수강 과목 표.
그리스어, 라틴어 등의 과목이 보인다.
다트머스대학에서 입수

헐버트는 학업에 몰두하면서도 운동과 음악을 좋아하고 봉사활동에도 열심이었다. 합창단에서 활약하고 음악부장을 지냈다. 스케이트, 테니스를 즐겼으며, 체육부장을 지냈다. 1949년 헐버트가 서거하자 다트머스대학 동창회보는 헐버트가 미식축구 대표 선수로 활약할 때 친구들이 '귀여운 악마Beelzebub'라는 별명을 붙일 정도로 투지가 좋았다고 보도했다. 방학 중에는 봉사와 희생을 신조로 하는 'Tri-Kappa'라는 동아리에서 활동하고, 목장에서 일하며 사회를 경험했다. 신입생 면접관도 맡고, 졸업식에서 졸업생 대표 연설을 하였다. 대학은 헐버트를 전인격의 인간으로 성장시킨 참교육의 산실이었다.

대학을 졸업한 헐버트는 1884년 여름 매사추세츠주 우스터Worcester에 소재한 여름학교에서 히브리어를 공부하였다. 같은 해 가을 3년제인 뉴욕의 유니언신학대학Union Theological Seminary에 입학하였다. 헐버트는 신학대학에서 신학뿐만 아니라 역사학, 철학, 어학도 열심히 공부하였다. 그는 2학년을 마친 1886년 여름 조선의 부름을 받고 학교를 중도에 그만두었다. 지은이는 2004년 다트머스대학과 유니언신학대학을 방문하여 헐버트에 관한 자료를 확보하였다. 다트머스대학에는 헐버트에 관한 학교 기록뿐만 아니라 그가 남긴 서한, 사진, 서적, 그리고 대한민국이 서훈한 건국공로훈장 태극장 훈장증 등이 보관되어 있다. 언젠가 헐버트 기념관이 마련되면 그러한 자료들이 필요할 것이다.

육영공원에서 싹튼 한국 사랑

조선이 자주적으로 선택한 근대화 사업, '육영공원'

1882년 임오년은 조선에게 희망과 절망이 교차하는 혼돈의 해였다. 봄의 끝자락 5월에 서양의 강국 미국과 수교를 하더니 6월에는 임오군란으로 나라가 풍비박산 지경에 이르렀다. 가까스로 정국을 수습한 고종은 1883년 봄 초대 미국 공사가 부임하자 답방의 의미와 함께 친선을 도모하고자 미국에 보빙사報聘使를 파견하였다. 보빙사절은 전권대신 민영익을 대표로 홍영식, 서광범, 유길준, 현흥택, 고영철, 최경석, 변수 등이 1883년 7월 미국으로 출발하였다. 이들은 아서Chester Alan Arthur 대통령을 예방하는 등 미국의 문물과 제도를 둘러보았다. 유럽을 거쳐 1884년 5월 귀국한 민영익 등은 조선도 서양식 학교가 필요하다며 신교육기관 설립을 고종에게 건의하였다. 고종은 1884년 9월 건의를 수락했다. 그러나 신교육기관 설립 계획은 1884년 12월 발발한 갑신정변으로 암초를 만났다. 정국이 안정을 되찾으면서 조선은 1885년에 들어 신교육기관 설립을 다시 추진하였다. 조선은 드디어 장차 국가의 동량을 양성할 목적으로 1886년 9월 23일 서양식 학교를 개교하였다. 이 학교가 조선이 세운 최초의 근대식 학교인 '육영공원育英公院'이다. 영재를 기르는 학교라는 뜻의 '육영공원'은 조선과 미국이 협력한 최초의 개화 사업이라는 역사적 의미도 지닌다. 헐버트는 학교 설립과 관련하여 미국 공사관 무관이자 대리대사였던 포크의 노력을 높이 샀다. 포크는 보빙사가 1883년 미국에 갔을 때 보빙사 일행을 안내하였으며, 이후로도 조선에 크게 협력하였다. 혹자는 왜 조선 학교에 미국인 교사가 필요했느냐고 묻는다. 조선은 근대 교육 경험이 전혀 없어 신교육을 이끌어갈 교사가 필요했기 때문이었다. 미국 교사의 초빙으로 조선은 공교롭게도 세관은 청나라가, 우편국은 일본이, 근대 교육은 미국이 맡는 모양새가 되었다.

덕수궁 왼편 오늘날의 서울시립미술관 부근에 자리한 육영공원 터

"서울은 자연에 둘러싸인 원형극장"

헐버트 눈에 비친 서울은 자연의 상쾌함이 넘쳐나는 도시였다. 그는 어머니에게 보낸 첫 편지(1886년 7월 10일)에서 "서울은 쾌적한 도시입니다. 제가 얼마나 맑은 공기를 마시며 잘 지내고 있는지를 알면 어머니는 안도하실 것입니다."라고 썼다. 그는 또 신문 기고문에서, "서울은 높이 치솟은 아름다운 산으로 둘러싸여 마치 원형극장 한가운데에 놓여 있는 느낌이다. 산 정상을 따라 만들어진 서울의 성벽은 거리가 5~6마일 정도나 된다. 높이는 몇몇 곳에서는 2,000피트도 더 된다. 도시가 산으로 둘러싸여 있다 보니 이곳 사람들은 참으로 맑고 상쾌한 공기를 마시며 하루를 시작한다."라며 서울의 공기를 반복적으로 칭찬하였다. 서울에는 매가 머리 위에서 시도 때도 없이 맴돌고, 밖에 나다니면서 정신을 못 차리다간 뱀이 목덜미에 떨어질 판이라고도 했다. 헐버트 일행은 서울에 도착 직후 조선 조정Foreign Office을 방문하였다. 미국 공사관 파커Parker 영사와 함께 조정에서 마련한 가마를 타고 갔다. 헐버트는 표범가죽의 보료를 갖춘 가마가 신기했지만 불편하지 않았다. 담당 판서가 귀양을 가, 협판(오늘날의 차관)을 비롯한 관리들과 긴장된 분위기에서 인사를 나눴다고 헐버트는 회고했다. 조정에서는 헐버트 일행을 위해 많은 편의를 제공했다. 경호를 담당하고 일상생활을 도울 '기수'라 부르는 군인 신분의 일꾼을 보내 주었다. 고종은 교사들에게 말 한 필씩을 선물하였다. 말이 유일한 교통수단이다 보니 무척 반가웠다. 헐버트와 벙커는 정동의 언더우드 집에서 서울 생활을 시작하고, 아내와 함께 온 길모어는 따로 거처를 정했다.

교사들이 처음 해야 할 일은 개교를 준비하는 일이었다. 그런데 콜레라는 복병을 만났다. 서울뿐만 아니라 조선 전체에 콜레라가 만연하였다. 헐버트는 1886년 7월 29일, "도성은 죽음에 대한 공포와 울음으로 가득 찼다. 아침에 소의문昭義門(오늘날의 서소문)이 열리면 매일 300여 구의 시체가 치워졌다. 도성 안팎으로 매일 1천여 명이 죽어갔다."라고 미국 메사추세츠주에서 발행되던 《리퍼블리컨The Republican》에 기고하였다. 당시 도성 안에서는 매장을 할 수 없었다. 서울에는 8개의 문이 있었으며 그중에서 소의문과 광희문 2개의 문으로만 시체를 치울 수 있었다. 헐버트는 아침에 일어나 직접 소의문에 나가 시체를 세었다. 7월 26일에는 920명, 27일에는 842명의 사망자가 보고되었다면서 7월에만 도성 안팎에서 2만여 명의 희생자가 발생했다고 어림잡았다. 콜레라가 창궐하다 보니 조선에 있다는 사실 자체가 위험한 일이었다. 그러나 교사들은 두려움을 떨치고 개교를 하나하나씩 준비해 나갔다. 급하게 세운 육영공원의 시설은 초라할 수밖에 없었다. 썰렁한 나무 바닥에 조악한 칠판과 책상, 등받이가 없는 긴 벤치 형식의 의자가 있을 뿐이었다.

학교 운영 준칙을 만들어 고종의 재가를 받아

교사들은 먼저 학교 운영에 관한 기본 원칙을 만들었다. 내한한 지 10일 만인 1886년 7월 15일 교과 과목, 수업 일정 등 학교 운영의 기본 골격을 만들어 조선 조정에 제시했다. 수업 연한은 2년의 예비 과정 preparatory course을 마친 뒤 4년의 본 과정을 두는 것으로 미국 제도를 본떴다. 본 과정은 공부를 계속하기를 원하는 학생들이 선택하도록 했다. 헐버트는 "조선 조정은 이 안을 한자로 옮겨 고종에게 보고하고, 저는 곧 고종을 알현하여 직접 설명할 것입니다."라고 어머니에게 보낸 편지(1886년 7월 16일)에서 밝혔다. 조정은 교사들의 안을 바탕으로, 9월 초 18개 조로 이루어진 '육영공원설학절목育英公院設學節目'이라는 이름의 조선 최초의 신식 학제를 발표하였다. 학사 일정도 마련하였다. 가을 학기와 봄 학기로 나누고 여름과 겨울에는 방학을 두었다. 수업도 오전 9

헐버트의 동료 교사 벙커. 벙커는 후일 배재학당 교장도 지냈다.

시부터 오후 4시까지, 주 6일제(토요일은 오전만)를 정착시켰다. 학급의 편성은 문무 현직 관료 중에서 선발된 14명의 '좌원'과 양반 자제에서 선발된 21명의 '우원'으로 편성하여 총 35명으로 출발하였다. 학생 중에는 우리가 잘 아는 이완용도 있었다. 이완용은 1년여 동안 육영공원에서 영어 등 신학문을 배운 뒤 1887년 미국 워싱턴의 조선 공사관 참사관으로 임명되어 외교관의 길에 들어섰다.

교사들은 개교 1주일 전인 9월 16일 내무부 독판President of Home Office과 해당 관리들이 참석한 가운데 학생들과 첫 대면을 했다. 첫 대면인지라 분위기가 무거웠으나 헐버트가 서투른 조선말로 인사하자 모두가 웃음을 터뜨리며 분위기가 부드러워졌다. 헐버트는 학생들이 악수를 하지 않는 것을 발견하고 학생들에게 악수하는 법을 가르쳤다. 학생들은 어색하게 손을 내밀며 악수를 했다. 헐버트는 자신이 조선에서 최초로 가르친 것은 미국식 인사법이었다고 회고했다.

교사는 헐버트, 벙커, 길모어 세 명이고, 조선인 교사는 없었다. 교과 과목은 초기에는 영어 읽기, 쓰기, 철자법에 집중하였다. 학생들이 영어에 상당한 실력 향상을 보이자 개교 3개월 만인 12월부터 영어 문법, 지리Geography, 수학Mathematics을 가르치기 시작했다.[4] 벙커는 영어 문법

---

4 어머니에게 보낸 편지(1886년 12월 5일). 누이에게 보낸 편지(1886년 10월 17일)에서는 물리 physics도 추가할 것이라고 하였다.

을, 길모어는 지리를, 헐버트는 수학을 담당하였다. 따라서 이들은 그저 영어 선생이 아니라 제반 과목을 담당한 한국 최초의 근대 학교 교사였다. 교재는 교사들이 미국에서 준비하였으며, 헐버트는 특별히 기초반과 고급반용을 구분하여 가져왔다. 교사들은 이후 도쿄 등에서 새로이 문법서 등을 구입하여 교재를 보강하였다. 조선 조정은 교사들을 위해 통역사를 배치했다. 그러나 통역사들의 영어 수준은 만족스럽지 못했다. 오히려 그들에게 영어를 가르쳐 줘야 했다. 육영공원의 위상은 과거에 급제한 관리 등 학생들의 면면을 보나, 학교의 설립 취지로 보아 지금의 대학에 가깝다고 볼 수 있다. 영어 이름도 'Royal College'라 했다. 고종은 육영공원에 큰 기대를 걸며 육영공원 개교와 관련하여 세세한 일까지 신경을 썼다. 교육 방식을 완전히 미국식으로 해 달라면서 교재, 학용품, 식사 등 모든 학비를 미국 육군사관학교West Point처럼 조정에서 지급케 했다. 고종은 학생들이 태만하면 부모를 처벌한다는 엄명을 내리기도 했다. 미국인 교사 초빙의 역사적 의미는 남다르다. 이들은 조선이 자주적으로 고용한 사실상의 첫 서양인 관리였다. 이들 전에도 조선은 외교, 세관업무 등에서 독일인 묄렌도르프Paul George von Möllendorff, 미국인 데니Owen N. Denny, 메릴Henry F. Merrill 등을 고용하였다. 그러나 이들은 모두 청나라의 영향력 하에 고용되었다. 따라서 이들은 내한 초기에는 청나라의 눈치를 보지 않을 수 없었을 것이다.[5]

---

5 헐버트는 어머니에게 보낸 편지(1886년 11월 30일)에서 "청나라는 조선을 강제 병합하고 임금과 왕비를 유배시킬 계획을 가졌으나, 데니가 서울에 부임한 뒤 이홍장李鴻章을 방문하여 조선 문제에서 러시아, 일본과 평화를 유지할 것을 권고했고, 이어서 이홍장은 고종에게 서한을 보내 청나라는 더 이상 조선의 평화를 해치지 않을 것이라고 했다."라는 말을 데니로부터 들었다고 밝혔다. 데니는 조선에 매우 우호적이었으며, 중국의 횡포를 비난하는 〈청나라와 조선China and Korea〉이라는 글도 썼다.

문장을 암송해야만 학생들을 집에 보내

헐버트는 개교 후 이틀간의 교육 과정을 어머니에게 보낸 편지(1886년 9월 24일)에서 자세하게 소개하였다. 학생들은 대부분 20세가 넘고 30세 가까운 학생들도 있었다. 그는 9월 23일 첫 수업에서 그동안 연마한 조선어 실력을 동원하여 학생들의 이름을 조선식으로 불렀다. 학생들이 깜짝 놀라며 웅성거렸다. 그는 편지에 학생들의 이름을 일일이 적었다. 심계택, 홍순구, 이만재, 조한원, 고희명, 박승길, 조중목, 김삼현, 김필수 등이다. 이 중 일부는 오늘날에도 잘 알려진 역사 인물이다. 첫 공부는 영어 대문자, 소문자를 가르치는 일이었다. 손, 머리, 발, 얼굴, 코 등 신체와 관련한 단어와 숫자, 나, 너 등 이해하기 쉬운 영어 단어도 몇 개 가르쳤다. 헐버트는 학생들의 신뢰를 얻는 것이 중요하다고 판단하여 항상 그들에게 먼저 다가갔다. 학생들을 자신의 집으로 초대하여 미국에서 가지고 온 타자기, 바이올린 등을 보여 주자 학생들은 호기심으로 눈이 번뜩였다. 가을에는 동대문 밖으로 소풍을 가기도 했다. 학생들과 스스럼없게 되자 한 학생이 "내무부 독판이 헐버트 선생에게서 특별한 번뜩임을 보았음이 틀림없다."라며 사적인 이야기도 털어놓았다.[6] 헐버트의 눈에 비친 학생들은 영특하고 이해력이 빨랐다. 헐버트는 오대양 육대주를 그려 보이는 등 다양한 교수법으로 학생들의 흥미를 돋우었다. 학생들의 준칙에 대한 의식이나 태도도 시간이 지나면서 달라졌다. 개교 초기에는

---

6 헐버트는 영문 기록에서 육영공원 관련 관청을 'Home Office' 또는 'Foreign Office'로 표기하였다. Home Office는 내무부(1885~1894 존속)를 Foreign Office는 통리교섭통상사무아문을 말한 것으로 보인다. 육영공원 운영은 내무부 수문사에서 담당하였다. 내무부는 독판이 수문사는 협판이 으뜸 벼슬이었다. 개교 초기 병조판서 민응식과 사헌부대사헌 민종묵이 수문사 협판을 겸직하며 육영공원 운영을 실질적으로 이끌었다.

내무부Home Office의 고위 관직들이 거의 매일 출근하여 학생들의 동태를 살폈다. 한 협판은 학생들 못지않게 자신이 직접 열성적으로 영어를 배우기도 했다. 상위 관직과 하위 관직의 학생들이 어울리기를 꺼려할 것으로 우려하였으나 이는 기우에 불과했다. 헐버트는 개교 후 두 달이 지난 1886년 11월 24일 치러진 첫 영어 시험에서 학생 대부분의 성적이 거의 만점 수준으로 기대 이상이며, 학생들이 공부에 흥미를 잃는 어떤 징후도 나타나지 않는다고 기뻐하였다. 학생들은 첫 2주간 200여 개의 단어를 배웠으며, 1년 뒤에는 3천여 개의 단어를 읽힐 정도로 열심이었다.[7]

헐버트는 영어에서 학생들이 'f', 'r', 'v', 'th' 등의 발음에 어려움을 겪는 것을 발견했다. 'will not'을 'willlot'으로 발음하는 등 연어 발음에서도 어려움이 나타났다. 헐버트는 학생들이 장차 국제무대에서 영어를 원활하게 구사해야 한다면서 발음 교정에 최선을 다했다. 그는 문장 암송이 영어 공부의 첩경이라며, 학생들이 문장을 완전히 암송해야만 집에 갈 수 있게 했다. 학생들은 한문 서예를 공부해서인지 펜으로 영어 쓰기는 아주 잘했다. 일부 학생은 심지어 자신보다 더 잘 썼다고 회고했다.

헐버트 집은 서양인들의 도서관

헐버트와 동료 교사의 월급은 은화 160달러(미국 금화 125달러)였다.[8] 이 금액은 조선의 현실에서는 큰돈이었으나 미국에서는 또래의 월급

---

7 서명일, 〈육영공원의 교과서와 근대 지식의 전파〉, 《한국사학보》 제 56호(2014년 8월), 고려사학회, 188쪽

8 헐버트가 어머니에게 보낸 편지(1886년 12월). 헐버트가 내한한 1886년에는 은화 100달러가 미국 금화 80달러 정도였으나 1902년경에는 100대 500이었다. 한편, 당시 외교 고문이었던 데니의 월급은 1,000달러였다(은화로 추정, 어머니에게 보낸 1886년 11월 5일 자 편지).

에 비해 매력적이지 않았다. 당시 조선에서 일하던 외국인 외교 고문들의 월급은 1,000달러 수준이었다. 교사들은 첫 월급을 조선의 동전으로 받았다. 헐버트는 당시 금화 1달러가 조선 동전 5,000개의 가치라며 동전을 옮기는데 말이 20마리나 필요했다고 회고했다.[9] 교사들은 동전을 묵양은墨洋銀이라 불리는 멕시코 은화Mexican dollar로 바꿔서 사용했다. 멕시코 은화는 개항 이래 외국인들이 들어오면서 조선에서도 같은 은화인 일본 화폐와 함께 무역 통화로 활발하게 유통되었다. 그러나 멕시코 은화는 위조화폐가 너무 많아 안전하지 않았다. 이후부터는 일본 다이찌第一은행 수표로 월급을 받았다. 헐버트는 월급을 참으로 알뜰하게 썼다. 내한 초기에는 월급 대부분을 어머니에게 보냈다. 우선 미국에서 조선에 오기 위해 빌린 여행 경비와 학교 교재 구입 자금을 갚아야 했다.[10] 또한, 부모를 통해 책을 사고 신문과 잡지를 구독했다. 서울에서는 서양의 책이나 신문을 접할 수가 없었기 때문이었다. 헐버트는 서울에 도착하자마자 《센추리The Century》 잡지, 《뉴욕트리뷴New York Tribune》의 구독을 신청했다. 헐버트의 서재에는 다양한 책뿐만 아니라 70여 종의 신문과 잡지 등이 항상 비치되어 있었다. 서양인들은 헐버트의 집을 도서관으로 칭했다고 한다. 그는 독서회까지 조직하였으며, 1890년 초에 회원이 41명에 이르렀다. 그가 어떻게 빼어난 저술가가 되었는가를 뒷받침하는 대목이다. 헐버트의 효성도 지극했다. 그는 매주 가족에게 편지를 썼으며, 부모에게 수시로 용돈을 보내고 형제들의 학비도 보탰다.

---

9 당시 상평통보 동전 1개는 1문(푼)이라 불렸고, 10문은 1전, 10전은 1냥이었다. 1886년 미국 금화 1달러는 조선 돈 50냥 정도였다. '푼'은 1894년 이후 쓰인 화폐 단위이다.
10 조선은 헐버트의 이주 경비로 600달러를 지급하기로 했으나 사전에 지급하지 않고 서울에 도착하면 멕시코 은화로 주기로 하였다(아버지에게 보낸 1885년 12월 30일 자 편지).

고종의 초청으로 경복궁에서 스케이트를 타

헐버트의 서울 생활은 활기를 띠어 갔다. 조선의 풍습에도 흥미가 일어 미국에 있는 동생Archer에게 옷을 보내기도 했다. 고종도 육영공원 교사들을 따뜻하게 대해 주었다. 1886년 9월 초 고종 탄신일을 맞아 30파운드의 쇠고기, 생선 6마리, 사과 100개, 배 100개, 닭 6마리, 200개의 달걀을 선물로 보내주었다. 고종은 이후로도 자신과 왕비의 탄신일이나 명절 때마다 선물을 보내 주었다. 헐버트는 쇠고기는 평소 쉽게 먹어보지 못하는 하인들에게 나누어 주었다고 회고했다. 외국인 친구들과 테니스를 즐기며 친교를 나눴다. 말을 타고 숙정문肅靖門 너머 산모퉁이 오솔길을 달리는 재미는 더할 나위 없는 즐거움이었다. 1886년 10월 6일 과거가 열리는 창덕궁을 관람하였다. 엿장수의 가위질 등 과거장 분위기도 이채로웠지만 숲으로 둘러싸인 창덕궁의 아름다움에 넋을 잃었다. 돋을새김 등 건축물의 예술성에 감탄하며 창덕궁을 스페인의 알함브라Alhambra 궁전과 같은 위상으로 보았다. 조선에서 첫 겨울을 맞으며 스케이트도 즐겼다. 그는 고종이 지켜보는 가운데 스케이트를 탔다고 1887년 1월《리퍼블리컨》에 기고하였다. 고종은 헐버트 등 외국인들이 한강에서 스케이트를 탄다는 소문을 듣고 그들을 궁으로 초청하였다. 당시는 조선에 스케이트가 막 소개되는 시기였기에 헐버트가 남대문 밖 논에서 스케이트를 타면 수백 명이 모여들어 구경을 했다. 헐버트는 몇몇 외국인들과 함께 경복궁 안 향원지로 갔다. 고종은 왕비, 왕자 등과 함께 향원정에 앉아 연못을 내려다보며 구경을 하고, 헐버트 일행은 얼음 위에서 열심히 스케이트를 탔다. 헐버트가 스케이트 기량을 뽐내다가 그만 넘어져 엉덩방아를 찧었다. 순간 향원정에서 웃음과 함께 박수 소리가 터져 나왔다. 조금 뒤 고종은 환관을 보내 헐버트에게 다친 데는 없느냐고 물어보는 자상함을 보였다. 스케이트가 끝나자 고종은 헐버트 일행에게 만찬을 베풀었다. 음식은 한식이었으며 이런저런 요리가 셀 수 없이 나왔다. 만찬은 민영환이 이끌어 갔다. 헐버트는 그날 민영환과 매우 유익한 시간을 가졌으며 그에 대한 좋은 인상을 갖게 되었다고 회고했다. 고종과 왕비는 만찬에 참석하지 않고 옆방에서 저녁 식사를 따로 했다. 만찬 도중 헐버트가 옆방 쪽을 바라보니 고종과 왕비가 문살문 창호지를 살짝 뚫고 헐버트 일행이 식사하는 모습을 들여다보고 있었다.

창의적 방법으로 치열하게 조선 말글을 공부

헐버트는 학생들을 잘 가르치기 위해서는 자신의 조선어 공부는 의무라고 여겼다. 그는 서울에 도착하자마자 어떻게든 한 달 내로 조선말을 어느 정도 구사할 수 있어야 한다는 각오를 다졌다. 그는 서울에 도착한 지 8일 만인 1886년 7월 13일 선생을 초빙하여 조선어 공부를 시작하였다. 그의 공부법은 남달랐다. 열정이 대단했을 뿐만 아니라 공부법이 창의적이었다. 헐버트는 조정에서 제공한 통역관 외에 자비로 조선어 선생을 고용하였다. 헐버트는 영어를 전혀 모르는 선생을 택했다. 그래야만 조선어를 빨리 배울 수 있다고 판단하였다. 첫 번째 선생은 '아버지'를 '부친'이라고 가르쳤다. 헐버트는 '부친'이라는 말은 일반 대화에서 사용하지 않는다는 사실을 알고 선생을 바꿀 수밖에 없었다. 새로운 선생도 여러 면에서 선생으로 적합하지 못했다. 세 번째 선생과는 호흡이 잘 맞았다. 헐버트는 새로운 선생에게 자기를 가르치는 방법을 몸동작으로 먼저 가르쳤다. 헐버트가 달걀을 들어 올리면 선생은 '달걀'이라 대답하고, 달

걐을 깨는 동작을 하면 선생이 '깨졌다'라고 표현하였다. 이런 방법으로 헐버트는 시도 때도 없이 틈만 나면 조선어를 공부하였다. 조선말을 어느 정도 알아들은 헐버트는 선생에게 조선의 전설을 이야기해달라고 졸랐다. 그래야 토속어를 더 많이 배울 수 있다고 보았다. 헐버트는 선생이 전설을 들려줄 때 자신이 모르는 어휘가 등장하면 설명을 중단시키고 어휘를 반복해달라고 요청하였다. 그런 연후에는 새로운 어휘를 직접 한글로 수십 번씩 써가며 암기하였다. 그런 방법으로 한 주에 수백 개의 새로운 어휘를 익혔다. 그는 앉아서 마음을 가다듬고 단어를 되뇌어 한 시간에 오륙십 개를 외웠다고 어머니에게 보낸 편지에서 밝혔다. 그는 또 새로운 어휘를 배우는 족족 실제로 조선인들에게 사용하여 잊어먹지 않도록 노력했다. 특히 그는 낮에 선생에게 들은 조선의 전설을 밤에 자신의 집을 지키는 '기수'에게 들려주며 그가 자신의 조선말을 알아듣는지를 판단했다. 헐버트는 '담뱃대를 물고 호랑이 등에 탔다' 등의 재미있는 대목을 기수가 알아듣고 웃음을 자아낼 때면 희열을 느꼈다고 했다. 그러면서 "조선의 전설은 아라비안나이트Arabian Nights를 무색하게 합니다. 지금 조선의 전설을 모으는 중이며 미국에 돌아가면 많은 전설을 들려드리겠습니다."라고 어머니에게 전했다. 헐버트의 조선어 습득 방법은 3단계였다. 먼저 문장을 암송하고, 둘째, 문장을 조선인에게 반복적으로 사용하고, 셋째, 자신의 조선어 구사에 대해 조선인들의 반응을 확인하는 순서였다. 그는 이러한 방법으로 누구보다 빨리 조선의 말글을 읽혔다.

헐버트의 조선어 공부 열정은 곧바로 효과로 이어졌다. 내한한 지 두 달여 만에 입학식에서 서투르지만 조선말을 구사하고, 5개월 만인 1886년 12월에 조선말을 섞어 학생들을 가르치기 시작했다. 9개월째에는 신의 존재에 대해 조선말로 설명하여 한글 선생을 설득했다고 부모에게 보낸 편지에서 의기양양해 했다. 1년째에는 조선말로 상당한 수준의 강의를 할 수 있었다. 선생을 별도로 초빙하여 한글 문법 공부도 시작하였다. 그는 이때 유일했던 프랑스어로 된 조선어 문법책을 참고하였다. 한글로 글을 써 언론에 기고하고 싶다는 의사도 피력하였다. 내한 2년째에는 조선어 동사 일람표를 만들었다. 그는 동사를 제대로 알면 조선어 문법 90%를 완성하는 셈이라고 했다. 이 무렵부터 헐버트는 조선어에 거리낌이 없었으며, 수업도 불편 없이 조선어로 진행했다고 여긴다. 이때 연마한 헐버트의 조선어 실력은 고종을 비롯한 많은 조선인 친구를 만드는 등 그의 조선 생활을 풍요롭게 했다. 더 나아가 그의 인생을 송두리째 한민족에게 동여매었다. 한글에 매료되고, 조선의 역사, 문화에 탐닉하는 결과로 이어졌다. 헐버트는 당시 조선어 선생에 대해 회고록에서, "그는 영어를 그때도 못 했고 후에도 못 했지만 인성이 좋고, 두뇌가 명석한 평생 빚을 다 갚을 수 없는 사람"이라며 감사를 표했다. 그런데 이 선생은 헐버트 집에서 일하던 하인이었다. 하인이야말로 헐버트 인생의 숨은 공로자였다.

헐버트는 조선어만 열심히 공부한 것이 아니다. 학문 탐구 열정은 헐버트가의 전통이라고 여긴다. 아버지, 형과 수시로 학문 논쟁을 벌이기도 했다. 헐버트는 아버지에게 칸트는 훌륭한 철학자이나 표현이 명확치 않는 것이 흠이라는 의견을 내기도 했다. 서울에 도착한 지 얼마 안 되어 서울 주재 외국인들과 함께 '독일어클럽German Club'을 만들어 독일어 공부를 계속하였으며, 그리스어로 쓰인 성경도 공부하고, 셰익스피어의 명문장을 통째로 외우기도 했다. 해밀턴Sir William Hamilton의《형이상학 강론Lectures on Metaphysics and Logic》, 호핀James M. Hoppin의 《설교 기술 Homiletics》, 에머슨Ralph Waldo Emerson의 《대리인Representative Men》, 《사회와 고독Society and Solitude》 등 고차원의 철학, 신학, 논리학 서적을 탐독하며 학문적 욕구를 채웠다.

"세계사에 유례가 없는 임금이 직접 주관한 시험"

육영공원은 시간이 지나면서 학생들의 면학 태도도 좋아지는 등 긍정적인 모습을 보여 주었다. 특히 고종은 계속하여 육영공원에 관심을 보였다. 고종은 시험을 매달 치르도록 지시했을 뿐만 아니라 방학 때도 학교에 나와 시험을 치르게 하였다. 헐버트는 신교육에 대한 고종의 열의에 대해 1889년 여름 《뉴욕트리뷴》 8월 18일 자에 〈임금이 주관한 시험A Royal Examiner〉을 기고하였다. 그는 이 기고문에서 "고종은 매년 학기가 끝날 때 자신이 직접 시험을 주관하겠다고 선언했으며, 이는 고종의 단독 발상이다. 세계사에 유례가 없는 하나의 기억될 만한 큰 사건이다."라고 평가했다. 헐버트는 궁궐에서 치른 시험 장면을 회고록에 상세히 기술하였다. 고종이 방 중앙에 앉고 탁자가 앞에 놓였다. 세자가 고종 왼편에, 7~8명의 조정 중신들이 방 양쪽 편에 앉았다. 학생들은 밖에서 기다리다가 호명을 하면 안으로 들어가 허리를 굽힌 채 고종 앞에서 무릎을 꿇고 질문을 기다렸다. 헐버트와 교사들은 2,000여 개의 단어를 섞어 문제와 답안을 만들어 고종에게 미리 건넸다. 문제지와 답안지를 3부씩 만들었다. 색깔도 달리해서 고종에게는 노란색, 세자에게는 빨강색을 주었다. 고종과 세자가 볼 질문지와 답안지에는 한글로 영어 발음을 적고 그 밑에 한문으로 뜻을 달았다. 시험은 고종이 직접 물어보고 답변 여하에 따라 通통, 약略, 차次, 벌罰의 4등급으로 나눠 직접 등급을 매겼다. 고종은 등급을 매길 때마다 교사들에게 자신의 평점이 맞는지를 확인하였다. 고종은 영어를 몰랐지만 질문하는 데에 전혀 지장이 없었다. 헐버트는 회고록에서 한글이 완전한 소리글자이기에 임금이 영어를 몰라도 시험이 가능했다고 적었다. 그런데 시험 중 당황스러운 일이 발생했다. 어떤 학생이 문제에 답하기를 'I do not know.' 대신에 'I don't know.'라고 줄임 말로 대답하며 실력을 과시하였다. 그러자 고종이 답이 틀렸다고 했다. 순간 헐버트는 당황했다. 헐버트는 'don't'는 'do not'의 준말이니 맞는다고 설명하였으나 고종은 고개를 갸우뚱했다. 헐버트는 부끄러운 대목도 회고록에 남겼다. 학생들이 시험에서 생각보다 답을 잘하기에 내막을 알아보았더니 왕이 주관하는 시험인지라 극성스러운 부모들이 궁궐의 관리들을 통해 문제를 사전에 알아냈다는 것이다. 예나 지금이나 우리나라 부모들의 자식 사랑(?)은 대단하다는 생각이 든다. 시험이 끝나고 교사, 학생, 그리고 중신들이 궁궐에서 저녁 식사를 같이했다. 헐버트는 "고종은 친절하고 자상했다. 조선 생활이 어떠하냐고 물었으며 잘 웃는 편이었다. 권위적이고 강하기보다는 목소리도 부드러웠고 쾌활한 모습이었다. 고종은 영어를 못했으나 우리에게 친절하게 대해 주었다."라고 회고했다. 고종은 아마도 이때부터 조선말도 잘 하고 열정적으로 일하는 헐버트에게 호감을 갖게 되었다고 여긴다. 이는 신뢰로 이어져 훗날 두 사람은 황제와 밀사라는 운명적 관계를 맺는다. 헐버트는 기고문에서 조선이 외국인들을 손님으로 대접하며 여러 편의를 제공한다는 점도 강조했다. 지방 여행에도 조선의 관리가 여행하듯 편의를 제공하고, 도성 안을 밤늦게 다녀도 문제 삼지 않는다고 했다. 그는 또 육영공원의 수준을 일본의 도쿄대학교와 비교하면 '영원한 절망constant despair'이 밀려오나, 이는 한편으로 육영공원을 유수의 학교로 만들어야겠다는 야망을 불타오르게 한다고 하였다. 육영공원 육성에 대한 강한 의지를 천명한 것이다.

"개혁당이라도 만들어 조선을 깨우고 싶다."

육영공원은 대체로 잘 운영되고 있었지만 좋지 않은 사건도 빈번하였다. 개교한 지 몇 달 안 된 겨울의 문턱에서 고위 관리가 수업시간을 6시간에서 4시간으로 단축한다는 임금의 교지를 들고 왔다. 헐버트는 수업시간을 줄여서는 당초 교육목표를 달성할 수 없다며 이에 반대하는 상소를 임금에게 보냈다. 그러나 관리들은 임금에게 보낸 상소를 중간에서 가로채고 단축을 강행할 태세였다. 헐버트는 미국 공사관 대리대사 포크에게 이 사실을 알리며 도움을 청했다. 포크는 곧바로 고종에게 헐버트가 상소를 올렸음을 알렸다. 그러자 고종이 조정에 상소를 가져오라고 명했다. 관리들은 안절부절못하며 누가 임금에게 보고할지를 논의하였다. 결국 수업시간 단축에 대한 교지가 철회되었다. 뿐만 아니라 헐버트는 학교에 휴일이 너무 많은 것도 반대했다. 그는 계약에 따라 이미 쉬기로 되어 있는 미국 공휴일에도 공부를 했다면서 휴일이 많은 것은 바람직하지 않다는 견해를 어머니에게 보낸 편지에서 밝혔다.

헐버트는 1888년 가을 육영공원 운영문제로 참을 수 없는 분노를 느꼈다. 학교 담당 관리들이 미집행한 예산을 착복하였다. 헐버트는 미국 공사관을 통해 고종과의 면담을 요청하였다. 고종을 단 5분만이라도 직접 만나 관리들의 착복 행태를 고발하고 학교 운영 개혁안을 진언하고 싶었다. 헐버트는 1888년 말부터 육영공원 학생들에게 재정학political

고종을 5분만이라도 만나 학교 개혁을
진언하고 싶다고 밝힌 아버지에게 보낸 편지
(1888년 11월 29일)

economy을 가르치기 시작했다. 작금의 조선 관리의 행태를 볼 때 학생들에게 하루빨리 정치경제학의 원리를 가르치고 싶었기 때문이었다. 그의 눈에는 조선의 행정 방식이나 관리들의 태도는 나라를 파괴하고 있었다. 관리들은 법적으로는 죄가 없는 방법으로 사악한 도둑질을 하고 있으며, 백성의 재산을 약탈하고 있다고 보았다.

그는 형에게 보낸 편지(1888년 12월 16일)에서 "개혁당Reform Party이라도 만들어 조선 개혁의 선봉이 되고 싶다. 그리하여 조선의 개혁이 어느 정도 이루어진다면 내가 조선에 온 목적의 천 배를 달성하는 결과가 될 것 아니겠는가."라며 개혁에 대한 강한 의지를 나타냈다. 헐버트가 정의감의 소유자일 뿐만 아니라 대단한 용기를 가진 청년이었음을 말해 준다. 실제로 헐버트는 조선의 교사로 활동하는 내내 자신의 입지에 불안을 느꼈다. 계약이 연장되지 않으면 조선을 떠나야 하고, 담당 판서가 바뀌면 언제 고용 계약이 파기될지 모르는 불안감에 가슴을 졸였다고 형에게 호소하기까지 했다. 그러나 그는 이에 개의치 않고 조선 관리들에게 심지어 임금에게까지 할 말을 다했다.

헐버트는 1888년 말에도 미국 공사관을 통해 고종에게 상소문을 보냈다. 학생 수가 적으면 국가의 재정만 낭비하는 결과가 되니 학생 수를 늘려달라고 요구했다. 헐버트는 연락이 없자 재차 학교 운영 전반에 대한 개선책을 고종에게 제시했다. 결국 미국 공사관의 롱Long이 고종을 알현하여 문제점을 일일이 짚어나갔다. 고종은 1개월 이내로 학생 40명을 늘리라고 지시하고, 여타 문제들도 긍정적으로 답변하였다. 학생이 1889년에는 112명으로 늘었다. 헐버트의 열정이 효과를 본 것이다. 헐버트는 육영공원뿐만 아니라 제중원에서도 학생들을 가르쳤다. 제중원 의사였던 헤론John W. Heron은 헐버트가 1888년 3월경부터 하루 2시간씩 제중원 학당에서 학생들을 가르쳤다는 기록을 남겼다.

뉴욕에서 결혼, 신혼여행은 조선으로

1888년 여름 헐버트가 조선과 맺은 계약이 갱신되면서 기한도 2년에서 3년으로 연장되었다. 열정을 인정받았는지 급여도 은화 160달러에서 225달러로 인상되었다. 헐버트는 1888년 여름 미국에 일시 귀국하였다. 사랑하는 여인과 결혼하기 위해서였다. 그는 9월 18일, 유니언신학대학 시절 주일학교 합창단에서 만난 메이May Belle Hanna와 뉴욕 맨해튼 5번가 그레이스장로교회Grace Presbyterian Church에서 결혼하였다. 헐버트보다 3살 아래인 신부는 뉴욕의 사범대학Hunter College을 졸업하고 교사로 활동하였으며, 피아노 솜씨가 뛰어났다. 헐버트의 균형 잡힌 사고와 신사도에 반했다고 한다. 헐버트도 신부의 성실성에 이끌려 청혼했다고 술회했다. 두 사람의 신혼여행은 조선 행이었다. 10월 초 캐나다 밴쿠버를 출발 일본을 거쳐 11월 초 제물포에 도착하였다. 선교사 헤론과 동료 교사

벙커가 제물포까지 와서 반갑게 맞았다. 부부는 지금의 덕수궁 옆 정동에 신혼집을 마련하였다.

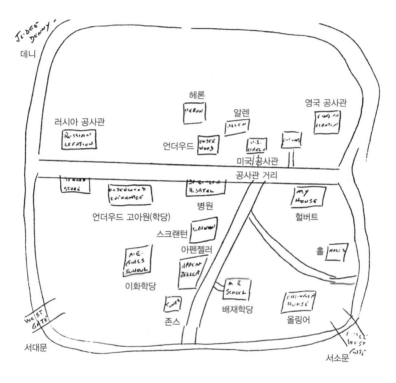

헐버트가 직접 그린 1890년경 정동. 'My House' 표시가 헐버트 집이다.
외국인들은 당시 정동을 '공사관 거리Legation Street'라 불렀다.

헐버트 부인은 금방 서울 생활에 적응하였다. 텃밭을 일궈 상추, 호박, 미나리, 방풍나물 등 채소 가꾸기를 즐겼다. 헐버트는 한 편지에서 사람들은 결혼을 하면 가정 때문에 시간을 빼앗겨 학문 탐구나 대외활동에 지장을 준다고 생각하나 자신은 결혼 뒤 성취도가 오히려 결혼 전보다 배로 높아졌다고 즐거워했다. 헐버트 부부는 이후 외국인뿐만 아니라 조선인들로부터도 무한한 신뢰를 얻었다. 서울의 외국인 집에서 일하는 하인들이 줄 서서 헐버트 집에서 일하고 싶어 했다. 헐버트 집에서 일하던 한 하인은 헐버트가 1891년 조선을 떠났지만, 헐버트 집에서 일하고자 다른 집에 가지 않고 헐버트가 1893년 돌아올 때까지 기다렸다고 한다.

근대 서적에 도전, "조선인들에게 유익한 사람이 되고 싶습니다."

헐버트는 조선에는 학생뿐만 아니라 일반인들도 제대로 볼 책이 없다는 점을 안타까워하면서 자신이 직접 서양에서 가르치는 근대 서적을 출판하겠다고 결심하였다. 그는 부모에게 보낸 편지(1890년 1월 27일)에서 "저는 조선인들에게 유익한 사람이 되고 싶습니다. 그리하여 조선인들이 저를 붙들도록 하겠습니다I am going to make myself so valuable to Koreans that they can not afford to let me go."라면서 조선에 계속 남아 종교뿐만 아니라 역사, 지리, 정치경제, 국제법 등을 망라한 서양의 근대 서적을 조선 글자로 소개하고 싶다는 희망을 피력했다. 더 나아가 "조선의 전설과 신화를 수집하고 있으며 앞으로 책을 낼 예정입니다. 조선어와 여타 언어 사이의 유사성도 연구하고 있습니다."라며 아무도 건드리지 않은 영역에 도전하고 싶다는 욕심을 내비쳤다. 뒤이어 형에게 보낸 편지에서는 선교사들이 성서 번역에만 관심이 있다면서 자신은 수학책도 소개하고 학교용 교과서 출판을 시도하겠다고 밝혔다. 헐버트의 이러한 결기는 조선이 근대국가가 되기를 바라는 진정성에서 비롯되었으며, 이후 《사민필지》의 저술과 교과서 편찬 등의 결과물을 낳는다.

조선에 유익한 사람이 되고 싶다고 밝힌
부모에게 보낸 편지(1890년 1월 27일)

헐버트는 또 형에게 보낸 편지(1890년 2월 15일)에서 외국인들을 주축으로 한 〈조선연구모임Korean Literary Union〉을 조직하여 한국의 역사, 문화에 대한 발표회를 가졌다고 밝혔다. 헐버트는 이 모임에서 자신이 1890년 가을에 〈조선어의 기원과 역사The Origin and History of the Korean Language〉라는 주제로 발표할 예정이며, 앞으로 〈조선의 기념비적 문학 작품Monument Literature of Korea〉, 〈일본의 조선 침략The Japanese invasion〉, 〈불교의 흥망성쇠Rise and Decline of Buddhism〉라는 주제도 발표할 것이라고 했다. 안타깝게도 이 모임의 구체적 성격과 발표 자료는 알려진 것이 없다. 헐버트는 또 1890년 여름 부인과 함께 일본을 여행하며 일본으로 끌려간 조선인 정착지를 방문할 것이라고 했다. 그는 일본에 끌려간 조선인 후예들을 만날 것이며, '선물'이라는 이름으로 일본이 가져간 종bell 등의 역사유물을 살펴보고 잃어버린 조선의 예술품에 대해 글을 쓸 자료를 모을 것이라고 했다. 헐버트가 조선 역사를 공부하자마자 일본의 조선 예술품 탈취에 대해 분노를 느끼고 있었음을 말해 준다.

"조선은 문화의 보고요, 조선인은 학문을 숭상하는 민족"

헐버트는 1891년 12월 조선을 떠나야만 했다. 그는 육영공원 교사 연장 계약에서 조선 조정과 미국 공사관 모두에게 실망하였다며 조선을 떠난 이유를 부모에게 보낸 편지(1891년 12월 13일)에서 상세하게 밝혔다. 그의 주장대로라면 가장 큰 원인은 자국민을 보호해야 할 미국 공사가 오히려 자신을 내팽개친데 대한 분노였다. 그는 계약 연장 과정에서 월급은 동결한 채 정동에 살던 집을 비우고 상당히 떨어진 곳으로 이사하라는 요구를 받았다. 독일 공사관이 자신의 집을 써야 한다는 이유였다. 새로 이사할 집은 위치도 멀 뿐만 아니라 외국인으로서는 위험할 수도 있는 지역이었다. 더구나 현재의 집보다 방 하나가 줄어 결혼한 가정이 살기에는 불편한 집이었다. 막 딸도 얻은 터였다. 미국 공사는 중재는 생각도 않고 새로운 조건을 수락하지 않으려면 무조건 떠나라는 식이었다. 헐버트는 미국 공사와 담당 판서 사이에 이미 1년 전에 자신의 거취에 대한 묵계가 있었다는 사실을 당시 두 사람 간의 통역을 맡았던 사람에게 들었다면서, 미국 공사가 무언가 자신의 입지를 위해 판서와 독일 공사의 비위를 맞췄다고 보았다. 한편으로 조정의 수구파 중신들에게는 바른말을 해대는 헐버트가 달갑지 않았으리라 여긴다. 헐버트가 조선을 떠난다고 하자 학생들이 판서에게 몰려가 항의하였으며, 고종은 자신의 이러한 사정을 모를 것이라고 부모에게 전했다. 헐버트는 5년 반 동안의 조선 생활이 직업적으로나 사교적으로나 종교적으로나 매우 행복했다고 편지에 담았다. 조선인들로부터 과분한 대접을 받았다고도 했다. 그는 조선을 떠나는 북받치는 감정을 억제할 수가 없을 것 같아 조선 생활에서 딱 한 번 지난 일요일 예배에 참석하지 않았다고 고백했다. 헐버트는 1891년 12월 26일 조선을 떠나 중동과 유럽을 거쳐 이듬해 봄 미국에 도착하였다. 그는 후일 당시 조선을 떠난 결정은 사정이 어찌하였든 자신의 중대한 실수였다고 회고록에서 밝혔다.

헐버트는 조선에서 5년 반을 보내며 조선을 어떤 나라로 보았을까? 그는 회고록에서 한민족의 기록 문화에 감동하며 "조선의 문헌은 지식의 보고였다. 나는 한민족에 대한 흥미와 호기심에 빠져 그 짜릿한 기쁨을 어찌 표현할 수가 없다. 한민족은 문민 우위의 원칙을 고수한 학문을 숭상하는 민족"이라고 한민족을 정의하였다.[11] 헐버트가 육영공원에서 보낸 5년 반은 헐버트의 인생 항로를 송두리째 바꿔버리는 한국 사랑의 회임 기간이었다.

육영공원은 초기에는 서양식 교육에 대한 호기심을 자극하여 신교육에 대한 사회적 관심을 유발하였지만, 시간이 지날수록 쇠락하였다. 청나라의 영향력이 줄어들 것을 염려한 수구파의 견제가 큰 요인이었다. 육영공원은 1894년 폐교되면서 관립영어학교로 승계되고, 후일 한성외국어학교로 통합되었다.

---

11 Hulbert, Homer B., 《Echoes of the Orient》, p 61

조선 최초의 언론 외교관

조선을 국제사회에 소개, "모든 나라가 조선의 근대화 노력을 도와야"

헐버트는 육영공원에서 학생들을 가르치면서도 조선에 관한 글을 국외 언론에 기고하여 조선을 국제사회에 소개하였다. 그는 조선이 처한 정치적 현실, 문화, 풍광에 관한 글 25편, 종교에 관한 글 5편, 일본 여행기 4편 등 34편을 미국, 영국, 일본 언론에 기고하였다. 조선 내에서도 1권의 서적을 출간하고 2편의 논문을 발표하였다. 헐버트는 기고문에서 '특파원correspondent'이라는 직함을 사용하였다. 황우선 교수는 "헐버트는 최초의 국내 주재 특파원이라는 기록을 남겼다. 조선 말기 헐버트의 국제사회를 향한 언론 활동은 조선 최초의 언론 외교관이자 글로벌 시민정신의 선구자적 역할이었다."라고 평가하였다.[12] 헐버트의 기고문들을 보면 그의 필력뿐만 아니라 빼어난 관찰력과 미래를 꿰뚫는 통찰력에 감동하지 않을 수 없다. 헐버트의 저술에 대한 열정은 아버지를 비롯한 당시 미국 지식인 사회의 저술 선호 흐름에서 비롯되었다고 여긴다. 헐버트는 조선에 오기 전부터 신문에 기고하겠다는 당찬 포부를 세웠다. 그는 미국에서 출발하기 전《포틀랜드애드버타이저Portland Advertiser》등 몇몇 신문사와 접촉하여 기고에 대해 사전 허락을 받는 등 치밀하게 준비하였다.

---

12 황우선, 〈글로벌 시민정신의 선구자 헐버트의 언론 활동과 한국 독립운동〉,《'헐버트의 내한 초기 활동과 한국 독립운동' 국제학술회의 자료집》, 헐버트박사기념사업회, 2016, 95~114쪽

LETTER FROM KOREA.

Something about Asiatic Cholera in its Native Home.

[Special Correspondence of The Republican.]

SEOUL, KOREA, JULY 29TH, 1886.

The reading public of America has heard much during the last few years in regard to the ravages of Asiatic cholera in the European countries, but it is not until one has seen it in its native home of Asia that he can form an adequate idea of the horrors which it inflicts upon its victims. It will be of a few modern sanitary appliances might procure perfect security. It is to be hoped that Korea will make as rapid strides toward civilization as Japan has made. Korea is just entering upon her career as a civilized nation, and she deserves the encouragement of support and sympathy in her endeavors to advance, and especially now does she need the sympathy of all Christian nations while she is in such distress.

go? for added to the horror of pestilence is that of famine. They would fly to meet starvation immediate and sure. Rice, the principal article of diet, is getting scarce, and the only thing left them is green cucumbers and

헐버트의 최초 신문 기고문.
〈조선의 콜레라 재앙Something about Asiatic Cholera in Its Native Home〉, 《The Republican》, 1886년 7월 29일 기고

그는 부모에게 보낸 편지에서 언론에 기고하면 일정한 원고료 수입이 생기고 또한 명예를 얻게 되어 자신의 사회적 위치도 달라진다는 개인적 욕심도 숨기지 않았다. 헐버트는 내한한 지 24일 만인 1886년 7월 29일 첫 번째 글을 기고한 이래 이듬해 여름까지 1년 사이에 총 12편을 미국 언론에 기고하였다. 원고를 배편으로 미국에 있는 형과 아버지에게 보내고, 그들이 신문사에 전달하였다. 따라서 두 달여의 시간이 흐른 뒤에야 원고가 신문에 실렸다. 첫 번째 글은 《리퍼블리컨》에 기고한 조선의 콜레라에 관한 글이다. 그는 이 글에서 콜레라가 창궐한 데는 환자를 거적에 말아 문밖에 방치하는 조선의 관습도 한몫했다고 보았다. 헐버트는 글 말미에서 "조선은 이제 문명국의 대열에 합류하는 문턱에 서 있다. 따라서 모든 나라는 조선의 근대화 노력을 지원하고 조선인들을 격려해 줘야 한다. 특히 기독교 국가

들이 앞장서서 조선을 도와야 한다."라고 국제사회에 조선을 도울 것을 호소했다. 어떻게 조선을 만난 지 한 달도 안 돼 23살의 서양 청년이 이렇게 진하게 조선에 연분을 느낄 수 있었을까?

"청나라는 조선 근대화의 큰 걸림돌"

헐버트는 내한 1년 동안의 12편의 기고문을 국외 언론에 발표하여 조선의 풍광과 풍습을 정감 있게, 국제정세를 날카롭게 분석하여 국제사회에 소개하였다. 그의 글에는 우리의 군침을 자극하는 대목이 수북하다. 그는 우선적으로 조선의 자연은 삶의 활력소라면서, 북한산 인근 주민들은 영국 시인 쿠퍼William Cowper의 시에 나오는 '대자연의 오두막집a lodge in vast wildness'을 부러워하지 말라며 북한산의 아름다움을 극찬하였다. 헐버트가 조선에 당도하여 가장 충격을 받은 조선의 현실은 이웃나라의 조선에 대한 횡포였다. 그는 내한 3개월 만에 기고한 〈청나라의 횡포Chinese Tyranny in Korea〉에서 청나라를 조선 근대화의 큰 걸림돌로 보았다. 헐버트는 조선이 일본이 향유하고 있는 수준의 근대화에 이르려면 첫째, "조선이 다른 나라들과 관계 개선을 한다 해도 조선에서 청나라의 이익이 침해되지 않는다는 사실을 청나라가 깨닫게 해야 한다." 둘째, "조선은 청나라의 장난에 놀아나지 말고 주체적으로 행동해야 한다."라는 두가지가 선결돼야 한다고 주장했다. 그는 이어서 "조선은 지난 십 수세기 동안 중국과 일본의 틈바구니에서 두 나라 불화의 희생자였다. 한때 두 나라는 조선의 예술, 성장 동력, 그리고 꿈까지 빼앗아 간 흡혈귀 같은 존재들이었다."라고 역사적 악연을 설파했다. 헐버트는 이처럼 내한하자마자 한민족이 역사적으로 중국과 일본에 얼마나 시달렸는지를 속속들이 파악하고 있었다. 헐버트는 이 기고문을 쓰면서부터 조선이 자주독립국이 되어야 한다는 열망을 품었으며, 이 글은 후일 그의 50년 한국 독립운동의 씨앗이었다. 그는 또 1887년 서울에서 첫 새해를 맞으며 답교놀이 등 조선의 세시풍속을 국제사회에 소개하며, "서양에 알려진 조선의 기이한 관습은 예외일 뿐이지 일상적으로 있는 일이 아니라는 점을 기억해 주기 바란다."라고 하여 조선의 관습을 긍정적으로 받아들였다.

헐버트는 1887년 여름 방학을 맞아 일본을 여행하였다. 조선의 남부를 구경하고 싶었으나 미국 공사관에서 지방 여행이 안전하지 않다며 만류하여 일본으로 방향을 틀었다. 헐버트는 두 달여에 걸쳐 일본열도 남부와 도쿄 인근을 여행하며, 4회에 걸쳐 여행기를 미국 신문에 기고하였다. 그는 이 여행에서 특이한 경험을 했다. 1887년 8월 19일에 있었던 세기적인 개기일식을 관측하는 행운을 얻은 것이다. 과학자들은 한 세기가 지나야 이 같은 개기일식을 다시 볼 수 있다고 전망했다. 당시 서울에서는 부분일식만 관측되었다. 미국의 엠허스트대학Amherst College은 개기일식을 가장 잘 관측할 수 있는 일본 시라카와白川 지역에 위치한 아베Abe 가문의 성루에 특별 탐험대를 급파하기까지 했다. 탐구심과 호기심이 발동한 헐버트는 도쿄 북쪽에 위치한 시라카와로 달려갔다. 그는 개기일식의 장관을 구경하고 엠허스트대학 탐험대장과 회견까지 하며, "환호와 흥분이라는 말 외에는 묘사하기 어려운 감동이 부풀어 올랐다."라고 기고문에 자신의 감상을 남겼다.

한편, 헐버트는 1889년 3월 3일 영국 런던의《타임스The Times》에 〈조선의 기근The Famine in Corea〉을 기고하여 당시 조선에서 기근이 얼마나 극심하였는가를 알렸다. 그는 1888년 한반도 남부 삼남지방에 대흉년이 왔다면서 "조선이 총체적으로 기근에 시달리고 있다. 서울의 곳간은 비어 있다. 약간 있다 해도 기근 지역에 쌀 한 가마니를 보내는데 쌀 두 가마니의 운송비가 든다. 조선은 아무리 궁리를 해봐도 방법을 찾을 수 없다고 한다. 누군가 방법을 찾아야 하지 않겠는가?"라며 세계가 조선을 도울 것을 호소하였다. 그러면서 서울 거주 외국인들이 '기근구제 대책위원회'를 구성하여 인근 국가들과 미국에 구제를 요청하는 전보를 쳤다고 했다. 이때 외국인들이 일차적으로 1천 달러의 구제기금을 모아 조선 조정에 전달하였음도 밝혔다.

"조선에서도 언젠가 기독교가 융성하리라 확신한다."

헐버트는 육영공원 시절 미국에서 발행되던 《세계선교평론The Missionary Review of the World》 등에 기독교에 관한 글 5편을 기고하였다. 그는 1887년 말 기고한 〈조선 선교를 위한 호소From The Hermit Kingdom〉에서 조선에서 조상숭배가 절대적 믿음으로 자리 잡고 있으나, 조상숭배가 종교적 감성을 충족시키지는 못한다며, "조선에서도 언젠가 기독교가 융성하리라 확신한다."라고 예견했다. 그는 조선의 조상숭배는 '혈연 우선clannishness'이라는 누구나 쉽게 빠져들 수 있는 인간 본성에 기인하기에 강력한 힘을 발휘한다고 분석했다. 1890년에 기고한 〈선교 기술The Science of Mission〉에서는 "국외 선교지로 떠나는 젊은이들은 세상에 이름을 남겨야겠다는 야망을 품어서는 안 된다. 신학교 졸업생이 금방 출세하고자 하는 인위적인 목표를 세운다면 그를 비난해야 마땅하다."라며, 세상에서 유명해지기란 원한다고 되는 것이 아니고 특출하게 성공적인 활동을 하는 사람은 가만히 있어도 자신도 모르는 사이에 저절로 유명해진다고 충언하였다. 또한, 선교사가 현지 음식을 먹고, 현지 복장을 하고, 현지 풍습을 따르는 행동이 복음 사업을 위한 의도된 행위여서는 안 된다는 말도 덧붙였다.

헐버트는 1890년 《세계선교평론》에 〈로마가톨릭교 조선 선교 약사 A Sketch of Roman Catholic Movement in Korea〉를 기고하여 천주교가 조선에 정착하는 과정을 밀도 있게 묘사하였다. 그는 "이보다 더 기이하고 소설 같은 현실에서 교회가 세워진 경우는 세계 어느 곳에서도 없었다고 감히 말하겠다. 이 이야기는 선교 역사에 유례가 없는 피로 얼룩진 이야기이다."라고 서두를 시작하였다. 헐버트는, 조상의 묘 앞에서 전통적 제사를 지내지 않는다는 이유로 발생한 사건인 1791년의 '진산사건' 등 천주교의 고난의 역사를 세세하게 기술하였다. 1866년 병인박해 당시 베르뇌 Simeon Francois Berneux 주교의 처형 장면을 직접 목격한 듯 생생하게 묘사하며, 주교의 처형을 이 시대의 가장 끔찍한 살육이라고 했다. 헐버트는 당시 떠도는 이야기를 소개하며, 대원군이 천주교를 말살시키겠다고 선포한 배경에는 베르뇌 주교가 조선의 대 러시아 협상에서 조선의 협조 요청을 거부하였기 때문이라고 전했다. 그는 "천주교에 대한 박해로 6천 명에서 1만 명가량이 희생되고 조선 천주교 전체 신자 절반을 순교자로 만들었다. 마치 지옥의 권세가 그리스도의 십자가에 맞서 들고 일어난 듯했다."라고 글을 끝맺었다.

평양 석탄, 질이 너무 좋아

헐버트는 1890년 8월 감리교의 아펜젤러, 장로교의 모펫Samuel Moffett 선교사와 함께 평양을 방문하였다. 헐버트의 여행 목적은 조선 주재 미국 공사의 요청으로 석탄 광산의 실태를 파악하기 위해서였다. 모펫 선교사는 평양이 자신의 선교 임지로 적합한지를 검토하는 목적이었다. 헐버트는 평양 방문 여행기를 일본 영자신문《재팬메일The Japan Weekly Mail》에 1891년 6월부터 10월까지 10회에 걸쳐 〈말 위에서 본 조선Korea As Seen From The Saddle〉을 기고하였다. 그는 이 기고문에서 조선 내륙지 방의 풍광, 조선인들의 생활상, 북쪽 지방의 특성, 평양과 관련한 고조선 의 역사 등을 소개하였다. 조선에서 외국인들이 지방을 여행할 때는 먼저 예조禮曹로부터 여행용 여권을 별도로 발급받아야 했다. 이는 단순한 여 행허가증이 아닌 신변보호 및 편의제공 증명서였다. 외국인 여행자가 여 권을 제시하면 지방 관아는 숙식 제공, 말 관리, 명승지 안내 등 각종 편 의를 제공하였다. 모든 비용은 여행자가 그 지역을 떠날 때 관아에서 일 괄적으로 청구하고, 여행자는 그 금액에 봉사료를 추가하여 지급하는 형 식으로 이루어졌다. 여행자는 서울에 돌아가서 즉시 변제하겠다는 확인 증, 즉 일종의 약속어음을 써주었다. 여행하는 데 필요한 동전을 충분히 짊어지고 가기에는 동전의 부피가 너무 커 현금을 가지고 갈 수 없기 때 문이었다.

헐버트 일행은 1890년 8월 29일 조랑말을 타고 돈의문(서대문)을 나 섰다. 저녁나절 임진강에 도착하여 메주가 대롱대롱 걸려 있는 주막에서 나무로 만든 목침을 베고 잠을 청했다. 특이하게도 주인은 숙박비 계산 시 몇 명이 잠을 갔는지는 따지지 않고 음식상 주문 숫자로만 돈을 받았 다. 헐버트는 조선인들은 여행객이 가정집 문을 두드려 잠을 청하거나 음 식을 요구하면 처음 보는 사람이라도 최대한 친절을 베푼다면서 이를 조 선인들의 독특한 손님 접대 문화로 보았다. 그러나 이는 남과의 구분을

헐버트가 남긴 1890년 전후의 서대문 사진.
헐버트의 외손녀Judith B. Adams로부터 입수

모호하게 하는 구석도 있다고 했다.

헐버트는 평양은 능수버들이 늘어선 대동강과 산언덕이 조화를 이루는 자연 도시의 결정체이며, 도시 형태가 서울과 유사성이 있다고 했다. 군사적으로도 서쪽에서만 공격할 수 있는 지리적 이점을 가진 전략적 도시로 보았다. 그는 능수버들에 대한 시를 지어 기고문에 싣기도 했다. 평양에서 가는 곳마다 주민들이 헐버트를 따라붙었다. 헐버트의 조선말 솜씨에 놀란 것이다. 그는 이 글에서 한민족은 북방계와 남방계로 구분된다며 북방계는 넓은 얼굴, 낮은 코, 두드러진 광대뼈, 두꺼운 입술, 비스듬한 눈을 가진 반면, 남방계는 직선의 눈, 높은 코, 비교적 얇은 입술 등 비몽골 계통의 일반적 얼굴을 가졌다고 했다. 평양 사람의 특징을 강직하고, 기백이 있으며, 불의를 못 참는 성격으로 규정하며 자신의 의견을 직설적으로 표현하기를 두려워하지 않는다고 했다. 평양은 농산물 생산이 그리 많지 않지만 사람들이 검소하고, 열정이 넘치며, 장사 수단도 좋아 부자가 많다고 했다. 전라도는 '조선의 곡창 지대Garden of Korea'로 불리지만 전반적으로 보면 평양보다 가난하다는 말도 덧붙였다. 평양 지역 사과가 조선에서 가장 으뜸 품종이며 남쪽 지방은 기후가 안 맞아 사과 생산이 어렵다고도 했다. 사과의 고장 대구 지역에 사과나무가 처음 소개된 해는 1899년으로 알려지고 있다. 한편, 헐버트는 1895년 자신의 집에서 서울에서 최초로 사과를 재배하였으며, 첫 사과를 고종께 선물하는 것을 고려 중이라고 부모에게 전했다.

헐버트는 여행 목적대로 평양 인근 광산에서 석탄을 채취해 서울로 가져왔다. 석탄을 실험해보니 질이 너무 좋아 300톤을 배편으로 서울로 들여와 그해 겨울 외국인들이 연료로 사용하였다. 미국 공사관도 헐버트의 석탄 발굴을 본국에 보고하였다. 이때를 기점으로 조선의 석탄과 광물이 국제사회에 본격적으로 알려졌다고 여긴다.

훈민정음을 부활시킨 한글 전용의 선구자

한글은 조선의 국문으로 인정받지 못해

한글은 한민족의 가장 값진 문화유산이자, 우리의 국력이다.[13] 한글은 1945년 광복 후 우리나라를 교육 강국으로 만들었으며, 오늘날 우리가 정보통신 강국이 되는 데에도 크게 기여하였다. 세종은 소리글자 한글을 창제하여 1446년 반포하였다. 그러나 한글이 진정한 백성의 문자가 된 것은 그리 오래전의 일이 아니다. 한글은 조선시대 내내 나라의 공식 문자로 대접받지 못했다. 한글 창제 이후 성종 때까지는 한글에 대한 관심이 이어졌으나, 연산군이 1504년 한글 사용을 엄금한 이래 조선 중후기는 한글 암흑기나 다름없었다. 조선 사대부들은 한자를 많이 안다는 우월감에 취해 한글 쓰기를 거부하였다. 실학의 대가로 지칭되는 박지원, 정약용도 한글 서적을 한 권도 남기지 않았다. 그나마 조선 중기 허균의 《홍길동전》, 김만중의 《사씨남정기》 등의 한글 문학과, 민간 특히 아녀자들이 한글을 사용한 덕분에 한글은 사라지지 않고 생명력을 유지하였다. 고종은 1894년 12월 17일 모든 공식 문서에 국문을 기본으로 하고, 한자나 국한문 혼용을 같이 쓸 수 있도록 하는 '국문 칙령'을 발표하였다. 이로써 한글이 처음으로 국문의 지위를 인정받는 듯했다. 그러나 1895년 발표한

---

13 조선시대에는 한글을 '언문'이라 불렀다. '한글'은 주시경이 1910년 처음 사용하였다. 이 책에서는 시대를 가리지 않고 '한글'로 통칭하였다.

'홍범 14조'를 한글, 한자, 국한문 혼용의 세 형태로 표기한 것을 빼고는 조선의 공문서에서 한글은 그다지 찾아볼 수 없었다. 결국 고종의 국문칙령은 선언으로 끝난 셈이다. 한글은 일제 강점기를 맞아 더더욱 국문으로 자리 잡지 못하고, 1945년 광복을 맞을 때까지 500년 동안 국문의 지위를 누리지 못했다.

한글이 그토록 천대받는 상황에서도 조선 말기에 한글 자강 운동이 일었다. 조선중후기에 한글로 책을 저술하고, 훈민정음의 우수성을 언급하고, 한자음을 훈민정음으로 표기하는 음운학을 연구한 학자 등은 있었으나 한글을 나라의 문자로 세우자는 신념을 가진 한글 자강 운동가는 19세기 말 개화기까지 거의 존재하지 않았다. 서포 김만중만이 《서포만필》을 통해 우리나라 시문을 우리 문자로 써야 진정한 맛이 난다면서, 국어 문학의 독자성과 가치를 인정해야 한다고 주장하였다. 개화의 시작과 함께 한글을 나라의 문자로 세우자는 운동이 거세게 일었다. 비록 종교적 목적이었지만 1882년 만주에서 〈누가복음〉이 한글로 출간되고, 1884년경 중국 책 《이언易言》을 언해한 작자 미상의 《이언언해易言諺解》가 한글로 간행되었다. 1891년 헐버트가 최초의 순 한글 교과서 《사민필지》를 저술하여 배우기 쉽고 쓰기 쉬운 한글을 쓸 것을 강렬하게 호소하면서 한글 자강 운동의 깃발이 올랐다. 1896년 《독립신문》, 1897년 《조선그리스도인회보》(원명: 죠선크리스도인회보)가 한글 전용으로 탄생하면서 한글 운동이 탄력을 받았다. 1906년 주시경이 《대한국어문법》을 저술하고, 헐버트, 김가진, 지석영, 주시경 등의 활약으로 1907년 고종의 윤허 아래 국문연구소가 설치되고, 1908년 조선어학회가 태동하면서 본격적인 한글 시대를 예고하였다. 조선어학회는 한글 맞춤법을 정비하고 사전을 편찬하는 등 한글 발전을 위해 온 힘을 기울였다. 일제 강점기 많은 문인들이 시, 소설을 한글로 발표하면서 한글의 어문일치 효능을 입증하였다. 조선어학회 33인 선열을 비롯한 한글 운동가들은 국어말살정책을 편 일제에 맞서 싸우다가 옥고를 치르면서도 굳건하게 한글을 지켰다. 1945년 광복을 맞아 최현배를 중심으로 한 조선어학회 인사들의 투쟁으로 교과서를 한글로 편찬하여 한글이 창제 이래 최초로 국문의 품위를 지켰다. 그러나 공문서나 신문은 한자투성이의 국한문 혼용으로 쓰여 국민의 알 권리는 크게 제한당했다. 1988년 한 신문이 한글 전용으로 창간되면서 한글 전용은 모든 부문에서 급물살을 타고, 정보화시대의 도래와 맞물려 오늘날 우리는 완전한 한글 시대에 살고 있다. 북한은 주시경의 제자 김두봉과 조선어학회의 중심인물이었던 이극로 등의 주도로 1949년 한자를 완전 폐지하고 한글 전용을 실시하였다. 개화기 한글 자강 운동 과정에서 한 이방인이 한민족보다 더 한글을 사랑하며 훈민정음을 부활시켰다. 그는 왜 한글이 우수한 문자인가를 밝혀내고, 왜 조선인들이 한자 대신 한글을 써야 하는지를 답했다. 그가 바로 헐버트이다.

한글을 배운 지 1주일 만에 조선인들이 한글을 무시하고 있음을 발견

헐버트는 내한하여 학생들을 잘 가르쳐야겠다는 책임감으로 조선 말글을 공부하였으나, 한글을 접하자마자 한글에 매료되었다. 그는 "한글을 배운 지 4일 만에 한글을 읽고 썼으며, 1주일 만에 조선인들이 위대한 문자인 한글을 무시하고 있다는 사실을 발견했다."라고 회고록에 적었다. 조선인들이 자신들의 문자인 한글을 무시하고 있다는 사실을 1주일 만에 발견했다는 대목은 코페르니쿠스적 통찰이 아닐 수 없다. 헐버트는 곧바로 한글의 문자적 우수성을 학술적으로 증명하여 한글의 가치에 혼을 불어넣으며, '한글을 통해 교육을 넓히고, 교육 확장으로 문명 진화를 이뤄야 한다'는 확고한 교육 철학을 세웠다. 더 나아가 한글로 교육하여야 모든 백성의 지식이 넓어져 반상 타파와 남녀평등을 이룰 수 있다며 한글을 사회 개혁의 기본 개념으로 인식하였다. 이어서 역사상 최초로 한글 교과서를 저술하고, 한글 보급운동을 펼치며 그의 교육 철학을 실천에 옮겼다. 그는 가히 한글 혁명가였다. 헐버트는 육영공원에 재직하면서 한민족의 말글 역사에서 세 가지 선구적 업적을 남겼다. 첫째는 조선 말글의 우수성을 최초로 국제적으로 소개한 일이고, 둘째는 우리나라 최초의 순 한글 교과서를 저술하여 한글 전용을 부르짖은 일이다. 마지막으로 한글 창제 배경을 최초로 학술적으로 고찰하여 한글의 독창성과 세종대왕의 위대성을 밝혀낸 일이다.

조선 말글의 우수성을 최초로 국제사회에 소개

헐버트는 외국인이지만 조선의 말과 글을 과학적으로 고찰한 최초의 근대적 언어학자이다. 그는 조선에 당도한 지 3년 만인 1889년 《뉴욕트리뷴》에 〈조선어The Korean Language〉라는 7쪽 분량의 글을 기고하였다. 《뉴욕트리뷴》은 당시 뉴욕에서 발행부수가 가장 많은 신문이었다. 한글의 우수성을 소개하고, 조선어를 구문론적 관점에서 영어와 비교분석한 이 글에서 헐버트는 "조선에는 각 소리를 고유의 글자로 표기할 수 있는 '진정한 소리글자true alphabet'가 존재한다."라고 서두를 시작하였다. 이어서 "모음은 하나만 빼고 모두 짧은 수평, 수직의 선 또는 둘의 결합으로 만들어진다. 한글 조합의 과학성은 환상적이다."라면서 모음 'ㅏ', 'ㅗ',

THE KOREAN LANGUAGE.

BY PROF. H. W. HULBERT, SEOUL, KOREA.

Korea has a true alphabet, each articulate
sound being expressed by means of its own let-
ter. It differs widely from the Japanese, which
has not an alphabet, but a syllabary, each char-
acter representing a combination of consonant
and vowel sounds. I need hardly say that it
differs as widely from the Chinese as our own
alphabet does. For in the Chinese the charac-
ters bear no relation to the sounds of the
words. We find, then, placed between the two
great Asiatic powers, a written language radi-
cally different from either, and bearing in its
orthographical structure a strong resemblance
to our own.

The Korean alphabet has been compared
with the Sanskrit, but it will appear, upon ex-
'Take the twelve consonants, b, d, g, k, l. m,
n, p, s, t, v, and z, and we find, by simply ap-
plying the formula, that with those letters we
can form 4,905,332 words containing more
than one and less than eight letters. Add four
vowels, with which to join the consonants to-
gether, and you have an alphabet of sixteen
distinct sounds with which millions of words
can be formed. The most lavish waste which
we can discover in any human institution is right
here. Think of the lifetimes which have been
wasted in the writing of superfluous consonants,
and in the pronunciation of pollysyllabic words.

But we are dealing not with what might have
been, but what is. The Korean alphabet has
not its equal for simplicity in the construction
of its letters. The vowels are, with one excep-
tion, made either by a short horizontal line, or
a perpendicular one, or a union of the two.
Thus | - represents the broad sound of a, —|
the broad sound of o, | the continental sound
of i, — the sound of u. These can all be in-
stantaneously distinguished and all the end-
less difficulty in regard to illegible writing

조선 말글의 우수성을 최초로 국제사회에 소개한
《뉴욕트리뷴》 기고문(1889). 한글 자모가 이채롭다.

'ㅣ', 'ㅜ' 자를 직접 그려서 보여 주었다. 국제사회에 최초로 한글 자모를 소개한 것이다. 헐버트는 한글 자모 수의 적정성과 편리성을 소개하며 "글자 구조로 볼 때 한글에 필적할만한 단순성을 가진 문자는 세상 어디에도 없다."라고 선언하였다. 그는 또 "영국이나 미국에서 그토록 오랫동안 갈망했고, 식자들이 심혈을 기울였으나 그다지 성공을 거두지 못했던 글자 하나당 발음 하나의 과제가 이곳 조선에서 수백 년 동안 존재했다. 감히 말하건대 아이가 한글을 다 떼고 언어생활을 시작하기까지 걸리는 시간이, 영어 'e' 하나의 발음과 용법의 규칙과 예외를 배우는 시간보다 적게 든다."라고 조선어가 영어보다 우월함을 설파했다. 그는 이어서 "어떤 문장에 영국인들이 스무 단어를 써야 할 때 조선인들은 열세 단어만 쓰면 된다."라고 조선어의 언어학적 우수성을 갈파하였다. 또한, 동사의 어형 변화 형태를 설명하면서 영어 'give'와 우리 말 '주다'를 비교하였다. 그는 "'주'는 '준다'의 어근이며, '주게'는 미래시제의 어근이고, '주어'는 과거시제의 어근이다. 직설법 형태의 어미는 모두 '다'이지만 어간과 어미 사이에 음절 '난'이 들어가 '주난다'가 되고, 이를 '준다'로 줄여서 말한다."라고 풀이하여 언어학의 천재성을 과시했다.

이 기고문은 역사상 최초로 한국어에 대한 근대적 의미의 언어학적 고찰이자, 한국어의 우수성에 대한 최초의 국제적 소개이다. 이 글을 읽으면 도저히 26살 외국인 청년의 글이라고는 상상하기 어렵다. 헐버트는 형에게 보낸 편지(1889년 12월 25일)에서, 훈민정음 창제 시의 28개 글자에서 없어진 세 글자인 옛이응(ㆁ), 여린히읗(ㆆ), 반시옷(ㅿ)을 찾아냈다고 기뻐하였다.[14] 반시옷을 그려서 보여 주고, 그리스어 의 '디감마

---

14 지금 없어진 아래아(ㆍ)는 헐버트가 활동하던 조선 말기에는 존재하였다.

digamma' 같은 이치라는 설명도 덧붙였다. 그는 어떤 한글 문장은 없어진 글자 없이는 해독이 불가능한데 이번에 없어진 글자를 찾게 되어 기쁨이 배가한다고 흥분을 감추지 못했다.[15]

역사상 최초로 한글의 기원을 탐구

헐버트는 한글의 우수성을 발견하면서 한글의 태동이 큰 호기심으로 다가왔다. 그는 1892년 영문 월간지《조선소식The Korean Repository》1월호와 3월호에 2회에 걸쳐 17쪽의 논문 〈조선 글자The Korean Alphabet〉를 발표하였다. 이 글은 한글의 기원과 문자적 우수성, 세종대왕의 위대성을 파헤친 최초의 학술 논문이다. 헐버트는 1891년 말 미국으로 출발하기 전에 논문을 완성하여《조선소식》의 발행인인 감리교의 아펜젤러에게 맡겼다. 논문의 중요성을 인식한 아펜젤러는 우리나라 최초의 월간지인《조선소식》창간호 첫 장에 이 논문을 실었다.

헐버트는 "언어는 자연적 산물이고, 문자는 인공적 산물이다. 언어는 인류사의 흐름에서 생성되고, 문자는 학자들에 의해 만들어진다."라고 논문의 서두를 시작하였다. 그는 문자 기원 연구는 '내적 단서'와 '외적 단서'를 구분해서 분석해야 한다며 외적 단서 연구의 주안점 4가지와 내적 단서 연구의 주안점 12가지를 구체적으로 열거하여 오늘날의 문자 연구자들에게도 유용할 연구 방법을 제시하였다. 이어서 한글 창제 당시 조선과 일본, 명나라, 거란 등 이웃 나라들과의 관계를 소상하게 밝히면서 "조선의 첫 한 세기 동안의 시대정신은 오래된 관습을 털어내고 중국 것의

---

15 〈조선어〉기고문은 헐버트 후손으로부터 신문 이름과 날짜가 없는 채로 신문 스크랩을 확보하였다. 지은이는 헐버트가 어머니에게 보낸 편지(1889년 6월 9일) 등을 바탕으로 신문 이름과 발행 연도를 추정하였다.

모방이 아닌 완전히 새로운 관행을 세우는 것이었다."라며 한글이 독창적으로 탄생한 배경을 입증했다. 그는 세종의 근검 정신, 애민정신, 법치 정신을 설파하면서 세종의 한글 창제는 백성의 삶을 개선하기 위함이었다고 단언했다.

헐버트는 한글을 만주 문자, 티베트 문자, 산스크리트 문자와 비교한 도표를 제시하며 세밀하게 네 나라 글자의 구조적 차이를 분석하였다. 그는 한글은 음소가 모여 하나의 음절을 이루는 순전히 음절 중심의 문자라는 점에서 이들 나라 문자들과 큰 차이가 있다고 주장했다. 그는 결론적으로 한민족이 스스로 문자를 발명했다면서 "모음의 발명, 글자를 조합하는 방식의 창조, 대기음과 된소리 표기법의 고안, 완전한 표음철자법phonetic method of spelling의 발명"에 탄성을 자아냈다. 그러나 자음은 티베트 문자에서 따왔다고 보았다. 이는 그가 1940년에 발견된 《훈민정음 해례본》을 보지 못한 채 이 논문을 썼기 때문이다. 헐버트는 이에 대해 후일 한글 창제 당시 만들어진 책 《훈민정음訓民正音》을 보지 않는 이상 자신의 견해가 절대적으로 확실하다고 할 수는 없다고 했다. 헐버트는 글 말미에서 당시 널리 전해진 한글과 격자문에 관한 전설을 소개하면서, "이 멋진 가설을 믿는다면 우리는 한글이 그 어떤 문자보다도 간단하고 과학적인 방법으로 발명되었음을 인정해야 한다. 왜냐하면, 완벽한 문자란 최대한 단순하면서도 광범위한 표음능력을 지닌 글자이기 때문이다."라고 한글을 정의하였다. 헐버트는 이 논문을 쓰기 위해 조선의 사료는 물론 프랑스어 서적 《타타르어 연구Recherches de la Langue Tartare》 등 6개 외국 문헌을 참고하였다.

	한글 KOREAN.	만주 문자 MANCHOU.			티베트 문자 THIBETAN.	산스크리트 문자 SANSCRIT.
		Initial 초성	*Medial* 중성	*Final* 종성		
A	아					
O short	어					
O long	오					
U	우					
I	이					
E short	애					
K soft	ㄱ					
K hard	ㄲ					
G	ㄱ					
H	ㅎ					
M	ㅁ					
N	ㄴ					
L	ㄹ					
R	ㄹ					
F	—					
NG	ㅇ					
P	ㅂ					
P asp.	ㅍ					
S	ㅅ					
S hard	ㅆ					
T soft	ㄷ					
T asp.	ㅌ					
TS	—					
CH	ㅈ					
CH hard	ㅉ					
CH asp.	ㅊ					
Y	doubling dash of vowel.					

헐버트가 만든
한글, 만주 문자, 티베트 문자, 산스크리트 문자 비교표

최초의 교과서이자 최초의 한글 교과서
《사민필지》

'조선인들도 꼭 알아야 할 보편적 지식'을 담은 최초의 근대서적

헐버트는 조선에 온 지 4년 반 만인 1891년 1월 170쪽의《사민필지》를 순 한글로 출간하였다.[16] 우리나라 최초의 교과서, 그것도 한글 교과서가 탄생한 것이다. 《사민필지》는 천문, 지리, 각 나라의 정부 형태, 사회제도, 풍속, 산업, 교육, 군사력 등을 담은, 학생뿐만 아니라 일반인에게도 유용한 책이다. 이 책은 서양의 근대사상을 전하고, 어문일치의 전형을 보여 주는 사실상 최초의 근대서적이기도 하다. 지금까지 최초의 교과서로 알려진《국민소학독본》이나, 최초의 근대서적이라 일컫는 유길준의《서유견문》보다 4년 앞서 출간되었다. 헐버트는 '선비, 백성 모두가 반드시 알아야 할 지식'이라는 의미로 책 이름을 '사민필지'라 했다. 한자로는 '士民必知', 영어로는 'Knowledge Necessary for All'을 뜻한다.

헐버트는 미국에서 가져온 교육 자료와 자신의 지식을 바탕으로 1889년 초부터 책 출판을 준비한 것으로 보인다. 그는 1890년 봄 가족에게 보낸 편지에서 아메리카 대륙을 제외한 주요 국가에 관한 기술을 마쳐 여름이면 꽤 분량이 큰 책이 출간될 것이라면서, 형에게 신시내티의 출판사에 연락해 육대주 지도 및 자오선이 나오는 해도 판을 구해달라고 부탁

---

16 원 이름은 《ᄉᆞ민필지》이나 오늘날 아래아(·)는 쓰지 않기에 현대어인 《사민필지》로 썼다.

《사민필지》 초판본 표지.
배재학당역사박물관 제공

하였다. 그는 이 책은 한글은 물론 한자로도 유사한 책이 없는 조선에서 아주 특별한 책이 될 것이라며, 가격은 8냥 또는 0.5달러로 정할 것이고 이 가격은 조선의 현실에서 합리적이라고 했다. 돈을 버는 것이 책 출간의 목적이 아니며, 미국에서 모두가 배우는 보편적 지식을 조선인들도 배우게 하는 것이 목적이라고 하여 저술 의도를 분명히 밝혔다. 헐버트는 조정의 담당 판서President of Foreign Office를 방문하여 책의 목적과 발행 후 기대되는 효과를 설명하자, 판서는 '이러한 책이 현재 조선인에게 가장 필요한 책'이라며 책 출간에 적극적으로 호응하였다고 부모에게 전했다. 그는 또 "이 책은 어떤 국가의 결점도 숨기지 않고 사실을 기반으로 썼으며 상상력을 바탕에 둔 것은 없다. 영국의 아편 거래에 대해 비판적으로 썼기에 영국인들이 이 책을 싫어할지 모르나 어떠한 비난도 감수하겠다."라며 책에 대한 책임감을 표출했다.

목판본 세계지도 9장을 삽입

《사민필지》 출판은 결코 쉬운 일이 아니었다. 개화기 서울에서 한글로 책을 대량으로 출판하기란 거의 불가능하였다. 납 활자가 제한적이고, 목판 인쇄로는 다량의 책을 출판할 수 없었다. 또한, 지도를 삽입하기 위해서는 고차원의 목판 제작 기술이 필요하였다. 《사민필지》는 161쪽의 본문 외에 세계지도 9장을 담았다. 헐버트는 지도에서 각 나라의 수도, 하천, 산맥 등에 색을 칠하여 구분 표시함으로써 우리나라 최초의 천연색 세계지도를 탄생시켰다. 김정호가 대동여지도를 편찬한 지 30년 만의 일이었다. 헐버트는 책에 지도를 삽입한 점을 스스로 자랑스럽게 여겼으며 조선인들의 손재주에 감동하는 흔적을 남겼다. 그는 어머니에게 보낸 편지(1890년 11월 23일)에서 "아주 힘든 목판 지도 작업을 조선인이 아주 정교하게 완성하였으며, 지금까지 이렇게 정교한 기술을 갖춘 목판 지도는 만들어진 적이 없습니다. 제가 그에게 강철 칼과 세계지도를 주고 작업을 부탁했을 때 저는 그가 이렇게 훌륭한 목판을 만들어 낼 것이라고는 꿈도 꾸지 않았습니다. 지도에 작은 글씨를 남기는 일도 감쪽같이 해냈으며, 해안선도 제가 그림으로 그리는 것보다 더 정교하게 만들어냈습니다. 지도 사본을 받아보시면 조선인들의 손재주가 어느 정도인지 어머니도 놀랄 것입니다."라며 목판 지도 작업에 크게 만족하였다. 책의 인쇄는 한글 납 활자 시설이 잘 갖춰진 일본 요코하마에서 이루어졌다. 당시 서울 거주 서양인들은 사전, 성경 등을 대부분 양면 인쇄와 대량생산이 가능하고, 비용이 적게 든 일본에서 출판하였다. 헐버트는 글씨가 커야 조선인들이 읽기에 편하다며 큰 활자를 사용하였다. 300달러를 지급하고 요코하마에서 완성된 인쇄물을 서울로 들여와, 감리교 출판 기관을 통해 지도를 삽입하여 제본을 완성하였다. 헐버트는 비용은 괘념치 않고 책을 출판하였으며, 실제로 금전적 손실을 보았다고 그리피스와의 편지(1892년 5월 10일)에서 밝혔다. 열악한 한글 서적 출판환경에서 순전히 헐버트 개인의 열정으로 1년여의 씨름 끝에 당시로서는 매우 두꺼운 앞뒤 양면의 170쪽 책을 출판하였다.

한글 사용을 절절히 호소하고 평등사상을 주창한 《사민필지》 머리말

헐버트는 호소력 넘치는 서사적 문장의 《사민필지》 머리말을 썼다. 그는 머리말에서 "조선 언문이 중국 글자에 비하여 크게 요긴하건마는 사람들이 요긴한 줄도 알지 아니하고 오히려 업신여기니 어찌 안타깝지 아니하리오!"라며 한글 사용을 절절히 호소하였다. 또한, 선비와 백성, 남자와 여자 모두를 차별 없이 평등하게 가르칠 것도 주창하였다. 이러한 한글 사용 호소와 평등사상 주창은 한자만을 고집하던 사대부들에게 경종을 울리고, 엄격한 신분 사회에 상당한 충격을 주었을 것으로 여긴다. 그는 머리말 말미에서 "말씀의 잘못됨과 언문의 서투름은 용서하시고 이야기만 자세히 보시기를 그윽이 바라옵나이다."라고 하여 겸손함을 잃지 않았다.

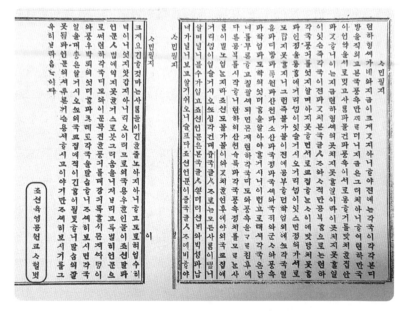

《사민필지》 머리말 원문. 헐버트는 자신을 '조선 육영공원 교사'라고 소개했다.

《사민필지》 머리말(현대문)

    천하 형세가 옛날과 지금이 크게 같지 아니하여 전에는 각국이 각각 본국만을 지키고 본국 풍속만 따르더니 지금은 그렇지 아니하여 천하만국이 언약을 서로 믿고 사람과 물건과 풍속이 서로 통하기를 마치 한 집안과 같으니 이는 지금 천하 형세의 고치지 못할 일이라. 이 고치지 못할 일이 있은즉 각국이 전과 같이 본국 글자와 사적만 공부함으로는 천하 각국 풍습을 어찌 알며 알지 못하면 서로 교접하는 사이에 마땅치 못하고 인정을 통함에 거리낌이 있을 것이오. 거리낌이 있으면 정리가 서로 두텁지 못할지니 그런즉 불가불 이전에 공부하던 학업 외에 각국 이름, 지방, 폭원, 산천, 산야, 국경, 국세, 재화, 군사, 풍속, 학업과 도학이 어떠한가를 알아야 할 것이요. 이런 고로 대저 각국은 남녀를 막론하고 칠, 팔세가 되면 먼저 천하 각국 지도와 풍속을 가르치고 나서 다른 공부를 시작하니 천하의 산천, 수륙과 각국 풍속, 정치를 모르는 사람이 별로 없는지라 조선도 불가불 이와 같게 한 연후에야 외국 교접에 거리낌이 없을 것이요. 또 생각건대 중국 글자로는 모든 사람이 빨리 알며 널리 볼 수가 없고 조선 언문은 본국 글자일뿐더러 선비와 백성과 남녀가 널리 보고 알기 쉬우니 슬프다! 조선 언문이 중국 글자에 비하여 크게 요긴하건마는 사람들이 요긴한 줄도 알지 아니하고 오히려 업신여기니 어찌 안타깝지 아니 하리오. 이러므로 한 외국인이 조선말과 어문법에 익숙지 못한 것에 대한 부끄러움을 잊어버리고 특별히 언문으로 천하 각국 지도와 목견한 풍기를 대강 기록할 새 먼저 땅덩이와 풍우박뢰의 어떠함과 차례로 각국을 말씀하니 자세히 보시면 각국 일을 대충은 알 것이요 또 외국 교접에 적이 긴

요하게 될듯하니 말씀의 잘못됨과 언문의 서투른 것은 용서하시고 이야기만 자세히 보시기를 그윽이 바라옵나이다.

조선 육영공원 교사 헐버트

도량형 단위를 조선식으로 바꿔

《사민필지》는 단순한 세계지리 책이 아닌 각 나라의 사회제도를 폭넓게 담은 일반사회책이기도 하다. 헐버트는 서양에서 출판된 지리, 사회책을 바탕으로 자신의 사회과학 지식을 동원하여 《사민필지》를 저술하였다. 《사민필지》는 머리말에 이어 태양계, 땅덩이(지구)를 설명하고, 이어서 유럽, 아시아, 아메리카, 아프리카, 오스트레일리아 순서로 각 대륙의 나라를 개별적으로 소개하였다. 각 나라 설명에서 조선인들의 상식이 미치지 못하는 종교, 군사력, 정치체계, 사회제도 등을 담았다. 헐버트는 각 나라의 정치체계를 설명하면서 정사를 임금이 마음대로 하는 나라와 백성의 주장을 존중하는 나라로 구분하였다. 미국은 대통령을 4년마다 선출하고, 국민 대표기관인 의회가 있고, 재판이 독립적으로 이루어진다고 기술하였다. 이 땅의 청년들에게 주권재민 사상을 심어주는 데 핵심적인 역할을 하였다고 여긴다. 헐버트는 또 각 나라를 4등급으로 분류하여 정치체계의 좋고 나쁨을 구분하였다. 1등급은 미국을 포함한 12개 나라이고, 러시아, 일본은 2등급에, 조선은 청나라와 함께 3등급에 분류되었다. 조선은 전제군주의 나라로 신분제가 있고, 한자를 힘써 공부하고 유교만을 준행하며, 신앙의 자유가 없다고 기술하였다.[17]

---

17 박용규, 〈우리나라 교과서에서 헐버트의 《사민필지》가 가지고 있는 위상〉, 《'헐버트의 내한 초기 활동과 한국 독립운동' 국제학술회의 자료집》, (사)헐버트박사기념사업회, 2016, 81쪽

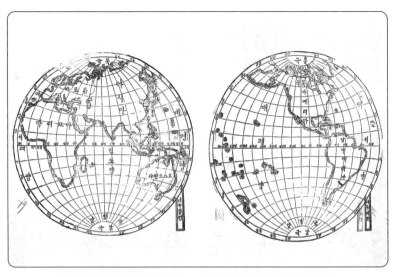

《사민필지》에 수록된 세계지도. '태평양'을 '대평양'이라 하였다.

헐버트는 이 책에서 모든 도량형 단위를 조선식으로 표기하여, 조선 인들이 쉽게 이해할 수 있도록 특별하게 배려하였다. 거리를 말하는 '리', 높이를 말하는 '척', 곡물의 단위인 '석' 등을 썼다. 한반도의 폭은 남북이 삼천리요 동서가 육백리라 하고, 수출입액도 달러 대신 원으로 표기하였 다. 우리나라가 파는 물건(수출), 사들이는 물건(수입)은 각각 몇 십만 원 대라 하였으나, 일본은 구체적으로 파는 물건이 오천이백만 원이고 사들 이는 물건은 사천오백만 원이라 하였다. 서양의 도량형 단위를 조선의 단 위로 환산하기 위해 상당한 정성이 필요했을 것이다. 기후에 있어서도 조 선의 기후를 중심으로 다른 나라 기후와 비교하였다. 생소한 내용에는 작 은 글자로 원문 옆에 설명을 덧붙임으로써 오늘날의 각주 기능을 대신하였다. 우리나라 최초의 각주 표기이며, 헐버트 특유의 창의력의 산물이라 여긴다. 각 나라의 이름이나 수도 등 지명 표기에서 '유로바' 등 원 이름을 직접 외래어로 음역하여 처음으로 한자어 번역의 차용을 넘어서며 외래어 국문 표기의 선구적 역할을 하였다. 《사민필지》는 '사이시옷'이 사용되는 등 음운 표기에서도 현대 국어와 유사한 모습을 보이고 있다. 한글이 조선 말기에 어떻게 쓰였는가를 보여 주는 한글 변천사 연구에 크게 도움을 줄 수 있는 책이기도 하다.

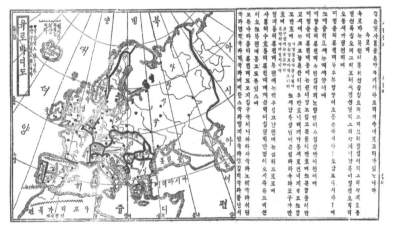

《사민필지》 내용의 일부 – 유럽 편

한글 전용의 지평을 열고 근대사상에 눈을 뜨게 해

《사민필지》의 역사적 의미는 한두 마디로 정의할 수 없다. 교육사 측면에서 보면 최초의 교과서이자 순 한글 교과서요, 근대 지리교육의 효시로서 근대 교육의 새 장을 열었다. 더 나아가, 조선인들에게 평등사상을 심어주고, 근대사상과 신학문의 길을 열어준 계몽서적으로 육영공원, 배재학당, 이화학당 등 기독교 학교뿐만 아니라 일반 학교에서도 교과서로 사용되면서 조선의 선각자 배출에 크게 기여하였다.[18] 이 책은 또 조선인들에게 서양 세계에 대한 꿈을 품는 계기를 제공하였다. 한미 이민사를 연구한 아담스Daniel J. Adams는 "《사민필지》가 한국인들에게 서양을 알게 하여 많은 하와이 이민자들이 이민 결심을 하게 되는 주요 동기가 되었다."라고 주장했다.[19] 한글사 측면에서 보면《사민필지》는 한글의 교육적, 미래적 가치를 예고하며 이 땅에 한글 전용의 지평을 열었다. 뿐만 아니라《사민필지》는 한자만을 고집하던 조선 사대부에 대한 도전장이었다. 헐버트는 "사대부들에게 언문을 아느냐고 물으면 그들은 실은 알면서도 입에 거품을 물고 모른다고 답했다."라고 회고하였다. 《사민필지》는 그러한 사대부들에게 한글의 가치를 자극하는 계기를 제공하였다고 여긴다.

《사민필지》의 가치는 그동안 소수에 의해서만 인정받았다. 한글학자 최현배는 "《사민필지》는 문 닫고 살던 조선사람 일반에게 세계 지식을 계몽하기에 큰 공헌이 있었을 것이다."라고 평가하였다.[20] 《사민필지》에 대해 최초로 학술 논문을 발표한 이기석 교수는 "외국인이 왜곡된 지식이 없이 한글만으로 쓴 《사민필지》는 지리교육의 목표인 민주시민으로서의 기초지식 제공과 애국애향심 함양, 국제이해의 증진에 완전히 부합하는 개화기의 대표서적이다. 1895년 학부 설립 이후 여러 지리교과서 편

---

18 이화학당은 1892년부터 《사민필지》를 교과서로 썼다: 이화 100년사 편찬위원회, 《이화100년사 자료집》, 이화여자대학교 출판부, 1994, 340쪽

19 Daniel J. Adams, 〈Koreans in Transition: Americanization at the University of Dubuque, 1911~1935〉, 《Transactions》Vol. 80, Royal Asiatic Society Korea Branch, 2005, p 89

20 최현배, 《고친 한글갈》, 정음사, 1961, 257쪽

찬에 직간접의 영향을 끼쳤으며, 한글의 우월성을 보여 주었다. 사대사상을 견제하며 민족의식을 고취시킨 계몽적 역할을 하고, 조선시대에 출간된 책이지만 현대 지리 교육에도 유용할 책이라는 역사적 의의를 지니고 있다."라고 《사민필지》를 정의하였다.[21] 헐버트박사기념사업회는 2006년 《사민필지》 영인본을 발간하여 《사민필지》의 존재를 세상에 알렸다. 이후 《사민필지》가 새롭게 평가되고 있다. 이대로 한말글문화협회 대표는 "헐버트의 사민필지는 세계 최초의 한글 교과서로서 우리 역사뿐만 아니라 세계 말글 역사에도 길이 빛날 큰 사건이다."라고 평가하였다[22]. 김슬옹 교수는 《사민필지》가 고종이 1894년 말에 발표한 국문사용 칙령에 결정적인 영향을 끼쳤을 것으로 보았다.[23] 박용규 교수도 "《사민필지》가 1896년의 한글 전용 신문인 《독립신문》의 탄생과 1945년 최초의 한글 전용 국정교과서 탄생에 직간접적으로 기여하였다."라고 주장했다. 그는 최현배가 《사민필지》의 가치를 알고 있었던 점에 주목하였다.[24]

학부, 한문본 《사민필지》를 출간

학부學部는 《사민필지》의 내용이 새롭고 유익하다 보니 1895년에 《사민필지》를 한자로 옮겨 한문본 《士民必知》를 출간하였다. 한문본 출간은 한글로는 공부할 수 없다는 한글암흑기의 부끄러운 단면이다. 이는 한편으로 《사민필지》의 내용이 절대적으로 중요한 가치를 지녔다는 사실을

21 이기석, 〈ᄉ민필지에 관한 일고찰〉, 《사대학보》11, 서울대학교사범대학, 1969, 69~70쪽
22 헐버트박사기념사업회, 《'한국인보다 한글을 더 사랑한 미국인 헐버트' 학술대회 자료집》, 2010, 55쪽
23 김슬옹, 〈8월에는 헐버트 박사의 책을 읽자〉, 《한글 새소식》 552호, 한글학회, 2018년 8월, 16쪽
24 박용규, 〈우리나라 교과서에서 헐버트의 《사민필지》가 가지고 있는 위상〉, 《'헐버트의 내한 초기 활동과 한국 독립운동' 국제학술회의 자료집》, (사)헐버트박사기념사업회, 2016, 83~87쪽

학부도 인정하였음을 의미한다. 최현배는 《사민필지》의 한문본 출간은 "한글 뒤침의 역현상의 산물이다."라고 질타하였다.[25]

한편, 헐버트는 《사민필지》 '조선' 편에서 대마도를 조선 땅이라고 기술하였다. 《사민필지》는 1948년 대통령에 취임한 뒤 70여 차례나 줄기차게 일본에 대마도 반환을 요구한 이승만에게 상당한 영향을 미쳤다고 여긴다. 이승만은 《사민필지》로 공부하였기에 대마도가 당연히 조선 땅이라고 인식하고 있었을 것이다. 이승만이 배재학당 시절 헐버트와 함께 역사를 심도 있게 공부했다는 증언도 존재한다.[26]

1891년 1월에 첫 책을 출판

《사민필지》를 보면 저자의 이름은 나와 있으나 책 출간일은 나와 있지 않다. 책의 인쇄와 제본이 한꺼번에 이루어지지 않았기에 날짜를 인쇄 당시 예견할 수 없었기 때문이다. 헐버트는 아버지에게 보낸 편지(1890년 12월 21일)에서 인쇄물이 일본에서 도착하여 12월 중에 지도 목판 인쇄를 시작하겠다고 밝혔다. 따라서 1891년 1월에 인쇄물에 지도를 넣고 제본을 완성하여 《사민필지》가 최초로 탄생하였다는 추정이 가능하다. 다트머스대학 동창회보 1891년 2월 27일 자에 "헐버트가 조선어로 된 사회지리 책을 출판하였다."라는 기사가 실렸다. 이 기사도 첫 책이 1891년 1월에 출판되었다는 추정을 뒷받침한다. 그렇다면 《사민필지》는 몇 부나 출판되었을까? 헐버트는 형에게 보낸 편지에서 주위에서 많은 부수를 인쇄토록 권유하여 2천 부를 찍기로 예정했다고 밝혔다. 그러나 이 책이 처

---

25 최현배, 《고친 한글갈》, 정음사, 1961, 257쪽

26 이원순, 《인간 이승만》, 신태양사, 32쪽. 이원순은 미국에서 이승만과 함께 독립운동을 했다.

음부터 2천 부가 출판된 것은 아니다. 2천 부 출판을 목표로 책을 인쇄하였지만 출판은 수년에 걸쳐 이루어졌다고 여긴다. 당시에는 지금처럼 하루에 대량의 책을 생산할 수 없었다. 인쇄물에 지도를 삽입하고 책등에 구멍을 뚫어 노끈으로 묶는 작업을 손으로 해야 했기에 책 한 권을 완성하는 데에 상당한 시간이 걸렸을 것이다. 또한, 대량 유통이 불가능한 시대여서 책의 수요에 맞춰 오랜 기간에 걸쳐 책을 필요에 따라 출판하였을 것으로 추정된다. 현존하는 《사민필지》를 보면 노끈으로 묶어 제본한 책도 있고, 근대식 제본을 한 책도 있다. 이는 출판 초기 노끈으로 묶는 전통적 제본에서, 시간이 흐름에 따라 근대식 제본으로 바뀌었음을 의미한다.

《사민필지》는 1891년 초판에 이어 1906년과 1909년에 각각 2판과 3판의 수정판이 나왔다. 2판과 3판은 헐버트가 1905년 10월 이후 고종 황제의 밀사로 맹활약하였기에 헐버트의 제자들이 책 출판에 크게 기여했다고 여긴다. 2판과 3판은 초판의 골격을 유지했으나 질문하고 답하는 형식을 추가한 교육용 책이다. '조선'을 '대한'이라 하고, "대한은 동양에서 어떠한 나라이뇨, 국체는 어떠하뇨"라는 식의 '묻는 말'을 넣었다. 국명과 지명도 많이 바뀌었다. '엥길리' 국도 '영국英國'으로, '합즁국'도 '미국美國'으로 바꿔 썼다. 일제는 1909년 《사민필지》가 국민 사상 교육에 자극적이라는 이유로 《사민필지》의 출판과 판매를 금지하였다.[27] 이는 《사민필지》가 일반에게 알려지지 않은 이유이기도 하다.

《사민필지》는 근대 교육의 초입에서 조선인들에게 서양에 대한 관심과 근대사상에 대한 욕구를 불어넣었을 뿐만 아니라, 한글을 통해 민족적 자긍심을 일깨운 교육사와 한글사의 금자탑이다.

---

27 이기석, 〈스민필지에 관한 일고찰〉, 《사대학보》11, 서울대학교사범대학, 1969, 69쪽

2부
교육자요 언론인이자 선교사

- 크리스천의 이상형
- YMCA를 탄생시킨 계몽주의자
- '명성황후시해사건'에 분노하며 일본을 국제사회에 고발
- 근대 교육의 초석을 놓다
- "한국인들이여! 당신들의 살길은 교육뿐"
- 언론인이자 언론 독립운동가
- 한국 간섭을 중지할 것을 국제사회에 호소

헐버트는 "한국인들은 뛰어난 지적 능력을 지녔다.
한국인 천만 명이 교육 우월감의 열병을 앓았으면 좋겠다."라며
근대 교육이 온 백성에게 확장되기를 바랐다.
그는 또 "교육에 대한 투자에서 가장 크게 효과를 낼 수 있는 나라는 한국이다.
이 말은 한국인들을 깊숙이 아는 사람이 아니면 할 수 없는 말이다."라며
한민족의 교육 유전자를 확신하였다.

크리스천의 이상형

그리스도교의 전래

　그리스도교는 언제 조선에 전래되었을까? 조선 천주교는 첫 영세자 이승훈이 1783년 겨울 '동지사冬至使'의 일원으로 청나라에 갔다가 로마 가톨릭교 대목을 만나 그리스도를 영접하면서 시작하였다.[1] 개신교는 이보다 근 1세기 뒤에 이 땅에 전래되었다. 1880년대 초반 만주와 일본에서 조선 선교가 꿈틀대고 이전에도 몇몇 기독교인들이 한반도를 스치긴 했으나, 대체적으로 언더우드, 아펜젤러 선교사가 제물포에 도착한 1885년 4월 5일을 개신교의 출발점으로 인식한다. 이들이 입국한 배경을 보자. 1883년 초대 미국 공사 푸트가 부임하여 고종을 알현하면서 고종에게 조선이 기독교를 받아들이기를 청했다고 당시 통역을 맡은 윤치호가 증언하였다.[2] 다음 해인 1884년 김옥균의 주선으로 미국 감리교의 맥클레이Robert S. Maclay 선교사가 서울에 와 조선 조정에 선교사 파견을 타진하여 묵시적 승낙을 받아냈다. 같은 해 9월 중국에서 선교사로 활동하던 알렌Horace N. Allen이 주한 미국 공사관 의무 요원으로 입국하여, 1884년

---

1 '동지사'는 조선이 동지 절기를 전후하여 청나라에 사신을 파견하여 진상품을 바치고 정사를 보고하는 사절이다. '그리스도교'는 예수를 받드는 모든 종파를 포괄하는 의미로 썼다. '기독교'는 필요에 따라 개신교Protestant Church의 의미와 예수를 받드는 모든 종파를 포괄하는 두 의미로 썼다.

2 《배재학당 창립 50주년 대담 특집》, 《조선일보》, 1934년 11월 23일. 면담은 일본인이 푸트 공사의 영어를 일본어로 윤치호에게, 윤치호는 조선어로 고종에게 전하는 삼각통역으로 진행됐다.(유영렬, 《개화기의 윤치호 연구》, 한길사, 33쪽)

12월 발생한 갑신정변에서 치명상을 입은 민 왕비의 조카인 민영익을 서양 의술로 살려냈다. 이때 고종과 왕비는 서양 의술과 개신교에 대해 호의적인 시각을 갖게 되었다고 여긴다. 이러한 일련의 과정을 거쳐 조선은 선교사들의 입국을 허락하고, 서양 의술을 전하고 근대 학교를 세운다는 명목하에 개신교 선교사들이 1885년 4월부터 공식적으로 조선 땅을 밟았다.

교파를 초월한 개신교 초기의 중심인물

헐버트는 1886년 내한하자마자 육영공원에서 학생들을 가르치면서도 초교파적으로 활동하며 조선 복음화에 협력하였다. 조선은 복음화와 교육으로 근대화의 물꼬를 터야 한다고 인식하였기 때문이었다. 그는 장로교의 언더우드, 감리교의 아펜젤러 등 선교사들과 우정을 나누며 선교 지역에서 흔하게 발생할 수 있는 교파 간 갈등을 조정하는 역할도 맡았다. 헐버트는 내한 초기부터 조선 선교에 큰 희망을 품었다. 한민족의 타고난 합리성으로 볼 때 어느 민족보다도 기독교를 빠르게, 그리고 크게 받아들일 수 있다고 보았기 때문이었다. 헐버트의 신앙은 아버지가 소속한 회중교회의 개혁적 성향과 궤를 같이 한다. 그는 조선에 도착하자마자 《회중교도The Congregationalist》라는 잡지를 구독하였다. 회중교회는 모든 교회의 문제를 독립적이고 자치적으로, 개별 교회 차원에서 해결한다는 원칙을 가진 종파였다. 그는 기독교의 권위주의를 경계하였다. 기독교의 가장 큰 폐단으로 '교회의 권위적 조직화'와 '성직자의 특권의식'을 꼽으면서, 예수그리스도는 어느 누구에게도 심지어 복음을 전하는 데 있어서도 특권을 허락하지 않았다며 교회는 평등과 겸손이 우선해야 한다고 형에게 보낸 편지에서 주장했다.

헐버트가 서울에 와 보니 외국인들이 기도 모임을 갖지 않았다. 그의 제안으로 미국인들은 1886년 7월 15일 처음으로 합동 기도 모임을 가졌다. 이 모임이 100년 넘게 지속한 주한 외국인들의 예배 모임인 '연합교회Union Church'의 모태이다. 1886년 7월 기독교 역사에 획기적인 사건이 벌어졌다. 조선 내에서 첫 번째 개신교 세례가 행해진 것이다. 헐버트는 밖에서 망을 보고 언더우드는 3~4명의 선교사가 지켜보는 가운데 문을 잠근 채 안에서 세례 의식을 집전하였다.[3] 헐버트는 1887년 2월에 발족한 '성서번역위원회Committee for Translating the Bible into the Korean Language'에 참여하여 종교서적 번역 사업에 협력하고, '개신교쇄신위원회Protestant Revising Committee'에도 참여하였으며, 1890년 6월에 초교파적으로 설립된 '조선성교서회The Korean Religious Tract Society'에서 부회장으로 활약하였다. 그는 언더우드가 1890년 《한영자전A Concise Dictionary of the Korean Language》(원명: 한영ᄌ뎐)을 출간할 때 영한 부문 편찬을 맡았다. 헐버트는 또 선교사들이 휴가 등으로 목회를 할 수 없을 때에는 그들을 대신하여 목회자 역할도 했다. 특히 언더우드의 빈자리를 메꾸었다.

선교사로 조선 땅을 다시 밟아

헐버트는 1891년 말 조선을 떠나 이듬해 봄 미국에 귀환하여, 오하이오 주 제인스빌Zanesville의 한 교회에서 운영하는 '풋남군사학교Putnam

---

3 Hulbert, Homer B., 《Echoes of the Orient》, p 58. 어머니에게 보낸 편지(1886년 7월 10일). 조선에서 최초로 개신교 세례를 받았다고 알려진 노춘경('노도사'로도 불림)을 말한다.

Military Academy' 교장이 되었다. 얼떨결에 조선을 떠났으나 마음은 조선을 한순간도 잊지 못했다. 헐버트가 조선에 다시 가게 해 달라고 기도하고 있던 중 하나님의 응답이 돌아왔다. 헐버트는 1893년 10월 감리교 선교사 신분으로 다시 조선 땅을 밟았다. 그가 다시 조선에 돌아오기에는 감리교 대표 선교사 아펜젤러의 역할이 컸다. 아펜젤러가 1892년 7월 휴가 차 그의 고향 펜실베이니아에 갔을 때 헐버트에게 감리교 선교사로 조선에 귀환할 것을 제의했다. 조선에 꼭 돌아가고 싶었던 헐버트는 아펜젤러의 제의에 즉각 화답하였다. 아펜젤러가 헐버트를 간절히 원한 배경에는 두 사람 간의 인간적 신뢰와 감리교의 헐버트에 대한 필요성이 결정적 요인이었다. 헐버트의 재능과 인품을 높이 산 아펜젤러는 헐버트가 감리교 교세 확장에 크게 기여할 것으로 보았다. 이미 헐버트가 1891년 말 조선을 떠날 때 감리교 송별연에서 헐버트의 귀환이 회자되었다. 특히 헐버트의 조선에 대한 이해도와 유창한 조선어 실력은 감리교에 꼭 필요한 미래 자산이었다. 헐버트 역시 1886년 내한하여 아펜젤러를 만나자마자 그의 인품에 매료되었다. 그는 한 편지에서 "아펜젤러는 내가 만난 그리스도인 중에서 가장 훌륭한 사람 중 한 명으로서 조선 선교사 사회에서 거의 유일하게 완전히 자격을 갖추고 균형적 사고를 하는 사람이다."라고 평가했다. 헐버트는 1893년 9월 미국 뉴욕에서 감리교 임원들과 면접한 후 채 5분이 안 되어 감리교 조선 선교사로 임명되었다. 이 자리에는 아펜젤러도 참석하였다. 한 임원은 감리교 선교사 파송 역사에서 가장 빠른 결정 중 하나라고 했다. 그에게 부여된 사명은 삼문출판사Trilingual Press 책임자, 배재학당 교사, 교회 사역 세 가지였다. 헐버트는 하나님이 길을 열어주어 조선에 가게 되었다고 즐거워하였으며, 아펜젤러 역시 기뻐하였다고 부모에게 전했다. 헐버트의 2차 내한은 그와 한민족의 인연을 이어가는 신이 내린 축복이었다. 만약 헐버트가 다시 조선에 오지 못했다면 조선과의 인연을 이어갈 수 없었을 뿐더러 그의 한민족 사랑과 빛나는 업적도 존재하지 않았을 것이다.

활자 수를 획기적으로 줄여 출판 혁명을 이끌어

1893년 9월 12일 샌프란시스코를 출발한 헐버트는 1893년 10월 14일 조선에 귀환하여 감리교 출판부인 '삼문출판사'를 책임 맡았다. '삼문三文'은 한글, 한문, 영어로 출판한다는 뜻이다. 헐버트는 출판 일을 하면서도 배재학당에서 틈틈이 학생들을 가르쳤다.[4] 그는 배재학당에서 주시경, 이승만, 서재필 등 한국 근대사의 핵심 인물들을 만났다. 글쓰기와 책을 좋아하는 헐버트에게 출판 업무는 낯설지 않았다. 이미 조선성교서회에서 출판을 경험하였기 때문이다. 헐버트는 삼문출판사를 통해 기독교 발전을 도왔을 뿐만 아니라 우리나라 출판문화 근대화에도 크게 공헌하였다.

헐버트는 서울에 오기 전 미국의 한 출판사에서 교육을 받는 등 새로운 임무를 위해 철저히 준비했다. 미국 신시내티에서 신식 인쇄기를 들여오고, 수시로 상하이와 일본을 방문하여 활자와 부품을 교체하는 등 인쇄기의 질을 획기적으로 개선하였다. 헐버트는 매형Edwin에게 보낸 편지에서 음절 중심의 980여 개 활자 수를 음소 중심의 40개로 줄여 출판 혁명을 일으키겠다고 다짐했다. 이는 책 가격을 3분의 1 정도 낮추는 효과를 가져와, 가난한 사람도 저렴한 가격으로 책을 살 수 있어 조선인들은 엄

---

4 배재백년사편찬위원회, 《배재백년사》, 배재학당, 1989, 160쪽

1898년 감리교 연례총회 사진. 맨 뒷줄 오른쪽 끝이 아펜젤러 선교사이고
바로 왼쪽이 헐버트(○표)이다. 밑에서 두 번째 줄 모자를 쓴 부인이
헐버트 부인(○표)이고, 그 왼편이 이화학당을 설립한 스크랜턴 부인이다.
헐버트의 외손녀Judith로부터 입수

청난 혜택을 누릴 것이라고 했다. 헐버트의 사회변혁을 위한 창의성의 승
리라 아니할 수 없다. 그는 삼문출판사를 기독교 출판물의 중심 기관으로
거듭나게 하였으며, 경영 수완도 발휘했다. 삼문출판사는 1893년 10월
부터 1894년 8월까지 10개월 동안 밤낮없이 작업하여 2백만여 면의 주
보, 전도지, 종교 서적을 인쇄하였다. 1년이 안 되어 출판사를 자급자족
수준까지 끌어올렸다. 종교 관련 출판물뿐만이 아닌 일반 서적도 출판하
며 조선 출판계를 이끌었다. 《독립신문》, 《조선소식》, 《협성회회보》, 《천
로역정》(원명: 텬로력뎡) 등 개화기의 핵심적인 잡지, 신문, 서적을 출판
하였다. 조선 조정이 발주한 콜레라 예방 포스터 5만 면, 조선 관리들의
명함도 인쇄했다. 헐버트는 부모에게 보낸 편지에서, "삼문출판사는 세

계 선교 출판사 중에서 몇 안 되는 수준급의 출판사가 되었으며, 이는 누가 보아도 대단한 성과로서 자부심을 느낍니다."라고 기뻐하였다.

동대문 밖 굶주리는 주민들을 교회로 불러

헐버트는 삼문출판사를 운영하면서 목회자로도 활동했다. 그는 1893년 10월부터 스크랜턴William B. Scranton 목사에 이어 동대문교회 2대 담임 목사가 되었다.[5] 동대문교회는 1887년 가난하고 병든 자들을 돌보는 진료소에서 출발하여 1892년 미국 감리교 선교부 총무인 볼드윈 부인 Mrs. L. B. Baldwin의 기부로 새로운 예배실을 건축하면서 교회로 거듭났다. 기부자의 이름을 따 당시에는 볼드윈예배소Baldwin Chapel로 불렸다. 헐버트는 1894년 3월 한 편지에서 성도 수가 45명이라면서, 일주일에 두 번씩 예배를 인도하고 빈곤층의 생활 의욕을 북돋우는 데에 중점을 두었다고 했다. 그는 이 무렵 'devotion헌신', 'consecration봉헌', 'grace은총' 등 성경의 추상적 영어 단어에 대응하는 적절한 조선어 단어를 찾는 일에도 열중하였다.

헐버트는 동대문교회에서 사역하며 동대문 밖 조선인들의 가난에 절망하였다. 하루에 한 끼 밖에 못 먹고 굶주리는 사람들 때문이었다. 그는 이들을 교회로 불러 밥을 먹였다. 그런데 문제는 남자들이 일을 하지 않으려 한다는 사실이었다. 헐버트가 한 남자 성도에게 일거리를 주었지만 그는 일을 하지 않으려 했다. 그로 인해 온 가정이 굶주림에 허덕인다는 사실이 너무 안타까웠다. 아녀자들에게 밥을 주면 그녀들은 먹는 척만 하

---

5   스크랜턴 목사는 이화학당을 세운 스크랜턴Mary F. Scranton 부인의 아들이다.

고 음식을 치마에 숨겨 집에 가져가, 놀고 있는 가장과 식구들을 먹였다. 헐버트는 일을 안 하는 사람에게도 먹을 것을 주는 것이 유일한 해결책이라고 한숨지었다.

"신은 한국 기독교를 위해 오백 년 전부터 준비"

헐버트는 1901년 말 한국인들을 향한 한 설교에서 '두려움은 모르는 데서 오는 결과Fear is the result of ignorance'라고 설파하였다. 그는 사람들이 죽음을 알지 못하기에 죽음을 두려워하고, 신의 구원 능력을 모르기에 마귀devil를 두려워한다고 주장했다. 사랑은 가장 현실적이고 섬세한 지식이라며 '완전한 사랑perfect love'은 모든 두려움을 던져버린다고 했다.

헐버트는 1906년 노량진교회 설립을 인도하여 무당들을 교인으로 전환시켰다. 일본이 노량진에 수원지를 만든다면서 인근 지역을 몰수하려 했다. 주민들을 쫓아내고 일본인들을 살게 하려는 흉계였다. 이 지역에는 많은 무당들이 살았으며, 일제는 땅을 몰수하면서 변변한 보상도 없이 주민들을 무조건 내쫓으려 했다. 주민들은 삶의 터전을 지키기 위해 그 지역에 교회 설립을 추진하고 헐버트를 인도자로 초빙했다. 헐버트는 보상도 없이 땅을 빼앗기는 한국인들을 돕고자 기꺼이 응했다. 그러자 일제는 발을 빼며 지금의 흑석동 지역에 대신 집을 지었다. 헐버트는 노량진교회 설립을 무사히 인도하고, 지역민들은 재산권을 보호받았다. 이때 많은 무당들이 교회 성도가 되었다고 한다.

헐버트는《세계선교평론》1908년 3월호에 〈한국에서의 일본과 선교사Japanese and Missionaries in Korea〉를 기고하여, 기독교가 한국에서 어떻게 기여하였는지를 설파하였다. 그는 이 글에서 "기독교가 한국인들에게 단결력을 길러 주고, 품위를 존중하는 마음, 부정을 증오하는 마음, 이기심을 버리고 공동선을 추구하는 마음을 갖게 했다."라고 기독교의 역할을 평가하였다. 또한, 헐버트는 1910년 개신교 선교사들이 발행하던 잡지 〈한국선교현장The Korea Mission Field〉 1월호에 기고한 〈한국은 국가 이상이 필요하다The Needs of a National Ideal for Korea〉에서 "한국인은 정치적이지도 못하며, 군사적 야망도 없으며, 그렇다고 장사꾼 기질이 강한 것도 아니다. 정직하고 검소하며, 경작지도 충분하여 탐욕도 없다."라고 한국인의 기질을 정의하였다. 그는 결론적으로 "한국인의 유일한 자원은 기독교 정신의 구현the development of Christian spirit"이라면서, "한국은 기질이나 자신들의 우월성을 과시할 수 있는 기회로 보아 순수 기독교 국가a genuinely Christian nation가 되어야 한다고 주장하였다. 한편, 헐버트는 1916년《북미학생The North American Student》에 기고한 〈신이 한국 기독교를 위해 예비하신 길How God Prepared the Way in Korea〉에서 신은 한국 기독교를 위해 500년 전부터 준비하였다면서, 그 준비물로 조선의 배불정책과 한글 창제를 들었다. 특히 한글로 기독교 교리를 손쉽게 전할 수 있어 한국에서 기독교가 빠르게 번창하였다고 보았다. 그는 이 글에서 자신의 딸이 한글을 24시간 만에 깨우쳤다고도 했다.

헐버트는 한국이 기독교를 통해 도덕적 문명국가가 되길 바라면서 교육, 계몽 운동에 앞장섰을 뿐만 아니라, 후일 일본의 침략주의에 맞서 싸우며 기독교 정신의 진정한 가치가 무엇인지를 보여 주었다. 헐버트야말로 기독교 정신을 참되게 실천한, 어느 위대한 성직자 못지않은 자랑스러운 크리스천이었다.

YMCA를 탄생시킨 계몽주의자

소신과 의지로 YMCA의 목적을 교육, 계몽, 선교에 두어

세계 기독교청년회Young Men's Christian Association는 1844년 영국 런던에서 격심한 정치적 변동과 산업혁명의 와중에 탄생하였다. 한국에서는 1899년부터 선교사들을 중심으로 Y운동의 요구가 일어 1903년 황성기독교청년회가 창립되면서 YMCA가 출발하였다. 이후 한국 YMCA는 청년운동을 통해 민족의식을 고취시키고, 사회체육 발전에 공헌하며 구국 운동의 핵심 단체로 발전하였다. 그러한 한국 YMCA 탄생 중심에 헐버트가 있었다. 미국 YMCA 국제위원회는 1901년 질레트P. L. Gillett를 한국에 파견하여 YMCA 창립 작업을 맡겼다. 질레트는 서울에 도착하자마자 YMCA창립준비위원회Advisory Committee를 조직하고, 헐버트를 위원장으로 선출하였다. 헐버트는 1902년 여름 YMCA 아시아 지역 이사로도 임명되었다.[6]

헐버트는 Y운동이 왜 한국에 꼭 필요한 지를《한국평론》1903년 4월호에서 명백히 밝혔다. 그는 "한국 청년들은 총명하고 열정이 넘치지만 갈 데가 없어 방황하고 있다. 방황하는 청년들을 잘 보살핀다면 일본이 지난 30년간 배출한 훌륭한 청년들 못지않게 이들도 훌륭하게 성장할 것

---

6 부모에게 보낸 편지(1902년 8월 3일)

이다. 한국 청년들은 다만 자극이 필요하다."라고 한국 청년에 희망을 품었다. 그러나 헐버트의 이러한 계몽주의적 자세는 Y운동을 순수 신앙 운동으로만 전개하려는 선교사들과 충돌을 빚었다. 헐버트는 Y운동은 선교를 넘어 교육, 계몽을 포괄하는 사회단체로 발전해야 한다는 주장을 굽히지 않으며 한국 YMCA의 성격과 목적을 다음과 같이 선언하였다.

"YMCA는 정치적 의미를 두지 말아야 한다. 진정한 개혁은 안으로부터 나오는 것이지 밖에서 들어오는 것이 아니며, 개혁이 필요하다는 여론이 성숙해지면 개혁은 마치 태양이 자연스럽게 솟아오르듯 소리 없이 이루어지는 법이다. 그러므로 모든 중심을 교육에 두어야 하며, 한국의 애국자는 개혁가라기보다 계몽가이어야 한다. 이것이 YMCA의 입장이다. 따라서 YMCA의 목적은 '교육, 계몽, 선교educate and enlighten, as well as to evangelize'에 두어야 한다."

이 선언이 바로 헐버트가 기초한 한국 YMCA 헌장의 핵심 요소이다.

창립총회 의장으로 YMCA를 출범시켜

《한국평론》은 1903년 10월호에서 "1903년 10월 28일 유니언클럽Seoul Union에서 YMCA 창립총회가 열렸다. 헐버트가 의장elected chairman으로서 총회를 진행하였으며, 질레트는 서기secretary를 맡았다. YMCA 창립이 결의되었고, 헌장을 통과시켰으며, YMCA의 출발이 공식화되었다."라고 기록하였다. 한국에서 YMCA가 정식으로 출범한 것이다. 한국 YMCA를 출범시킨 헐버트는 1907년 한국을 떠날 때까지 Y운동에 열정을 쏟았다. 먼저 회관을 마련하는 특별위원회 책임자가 되어 1903년 11월 11일 인사동의 태화궁 자리에 회관을 정하였다. 이어서 교육과 계몽 운동에 앞장서며 많은 청년들에게 영향을 미쳤다. YMCA는 많은 독립운동가와 애국적 민족주의자를 배출하였고, 오늘날까지도 사회 개혁의 첨병 역할을 하고 있다. 한국 YMCA가 기독교인 비기독교인 모두가 이용할 수 있는 교육, 계몽의 장으로 기능하고, 시대적 요구에 따른 사회 참여에 활발한 데에는 헐버트의 공이 결정적이었다. 만약 창립 당시 YMCA의 목적을 선교로 국한하고 교육과 계몽을 넣지 않았다면 YMCA 의 사회 참여적 발전은 제한적이었을 것이다. YMCA 연구가들은 헐버트 의 Y운동에 크게 찬사를 보내고 있다. 민경배 교수는 "우리나라에서 헐버트처럼 YMCA 사업에 대하여 열정과 조리로 거듭 그 의미와 사명을 소리 높여 외친 사람은 없었다."라고 헐버트를 평가하였다.[7] 한편, 이동일 목사는 헐버트의 신학 사상 및 YMCA 정신을 가장 잘 이어받은 인물은 YMCA에서 크게 활약한 이상재라고 보았다. 그는 "헐버트의 사상은 이상재에게 전이되었고 YMCA를 통해 근대 지식인들에게 확산되었다."라고 주장했다.[8]

YMCA 창립총회가 열린 유니언클럽은 체육 동호인 모임으로 헐버트 의 주도로 1894년 탄생하였다. 헐버트는 운동 애호가로서 특히 테니스, 스케이트, 승마, 자전거 타기를 즐겼다. 1896년 6월 서울에서 미국 해병대와 야구를 겨룰 때에 헐버트는 서울 대표로 참가하여 포수로 활약했다. 1902년 여름 서울테니스대회에서는 단식과 복식 모두를 휩쓸었다. 그는 체스에도 일가견이 있어 시베리아 횡단 열차 안에서 러시아인들의 자존 심을 건드리곤 했다고 둘째 아들이 증언하였다.

---

7 서울YMCA, 《서울YMCA 100년사 1903~2003》, 상록문화, 2004, 72쪽
8 이동일, 〈헐버트의 선교신학에 대한 연구〉(학위논문), 서울장신대학교, 2018, 63~67쪽

'명성황후시해사건'에 분노하며
일본을 국제사회에 고발

"일본은 조선에 천 년의 빛을 갚아라!"

헐버트가 1893년 말 재 내한한 직후 한반도에는 격랑이 일었다. 1894년 초 조선 역사에서 가장 심오한 민중 봉기인 동학농민항쟁이 폭발했고, 곧바로 청나라 군대와 일본 군대가 한반도에서 맞붙는 청일전쟁이 발발하였다. 청나라를 가볍게 제압한 일본은 여세를 몰아 조선에서 패권의 입지를 구축하고 친 일본 세력을 앞세워 갑오개혁을 촉발시켰다. 뿐만 아니다. 일본은 1895년 10월 조선의 국모를 처참하게 시해하였다. 극동에서 일본의 힘의 우위가 현실로 나타나자 소위 '3국간섭'이 발생했다. 프랑스, 러시아, 독일 3국이, 청일전쟁의 전리품인 랴오둥遼東반도를 청나라에 다시 반환하라고 일본에 요구하며 일본의 세력 확장에 제동을 건 것이다. 이 와중에 러시아의 남진정책과 조선의 일본 견제 의도가 맞물려 러시아는 조선에서 급격하게 세력을 넓혀갔다. 국모 시해 4달 뒤인 1896년 2월 공포에 시달린 고종이 러시아공사관으로 처소를 옮기는 '아관파천俄館播遷'이 발생한 것이다. 1년의 세월이 흐른 뒤인 1897년 2월 고종은 러시아공사관에서 경운궁(지금의 덕수궁)으로 환궁한 후 10월 12일 '대한제국'을 선포하고 황제로 등극하였다. 자주독립국을 건설하고 근대화에 박차를 가하려는 의지의 발로였다. 이러한 일련의 격동기에 헐버트는 선교사로 활동하면서도 언론 활동과 현실 참여로 조선의 자주독립국 건설에 힘을 보탰다.

일본은 1894년 7월 경복궁 점령사건을 일으키며 고종을 겁박하여 내정개혁을 요구하였다. 고종은 군국기무처軍國機務處라는 조직을 신설하고 영의정 김홍집을 총재관으로 임명하여 대대적인 개혁을 단행했다. 이 개혁이 바로 1894년 여름에 시작하여 1896년 초까지 3차에 걸쳐 추진된 갑오개혁이다. 갑오개혁은 행정, 사법, 경제, 교육 등 국가 기능의 모든 부분에서 대변혁을 가져왔다. 조선은 갑오개혁을 통해 중국으로부터 완전 독립을 선언하며 청나라 연호를 청산하고 조선개국朝鮮開國 기원 연호를 처음으로 사용하였다. 연호는 1896년 다시 '建陽건양'으로 바뀌었다. 또한, 노비제도 폐지, 관제 개편, 태양력 사용, 단발령 실시 등의 개혁을 단행했다. 헐버트는 1895년 1월《조선소식》에 〈갑오개혁Korean Reforms〉이라는 글을 발표하여 갑오개혁 의안에 대한 소신과 견해를 밝혔다. 그는 먼저 "역사에는 보상의 법칙이 있다. 오늘날 일본의 국력은 한반도에서 넘어간 문명화의 물결 때문이다. 일본은 조선에 진 천 년의 빚을 갚아라!"라고 일본을 겨냥했다. 이어서 "이번 전쟁에서 일본이 부담해야 할 조선에 대한 채무를 변제하려는 일본의 진정한 결심이 섰는지를 묻고 싶다."라며 청일전쟁에서 일본이 진 유무형의 빚을 갚으라고 촉구했다. 헐버트는 이 글에서 무엇보다도 조선의 독립국 선언에 환호를 보냈다. 반상 타파, 연좌제 폐지, 조혼금지, 과부의 개가 허용 등을 반기며 그의 사상적 중심이 인간애와 평등에 있음도 보여 주었다. 그는 또 "갑오개혁이 비록 일본의 주도로 추진되었지만 일본은 조선의 병폐를 비교적 정확히 진단했다. 일본이 어떤 실수를 저질렀건 간에 갑오개혁 의안의 실천을 통해 조선의 정치가 깨끗해질 수만 있다면 일본의 속셈은 그다지 중요하지 않다."라면서 실용주의 입장을 분명히 하였다. 그는 글 말미에서 "갑오개혁 결의안에 신앙의 자유를 포함시켜 최상의 개혁안이 되게 하여야 한다."라고 주장하여 신앙의 자유의 중요성을 일깨웠다.

불침번을 서며 고종을 지켜

1895년 10월 8일 조선의 왕비가 일본에 의해 처참하게 시해되었다. 이를 명성황후시해사건 또는 을미사변이라 한다. 헐버트는 왕비가 시해된 직후 고종 침전에서 불침번을 서며 고종을 지켰다. 고종은 왕비가 시해되자 격통과 공포 속에서 식음을 제대로 할 수가 없었다. 미국인들이 보내 준 식사만 들었다. 헐버트는 음식은 주로 언더우드 집에서 만들었으며, 음식을 상자에 담아 자물쇠를 잠가 고종에게 전달했다고 회고했다. 일본 또는 친일 분자들이 음식에 독을 탈지도 모르는 우려 때문이었다. 뿐만 아니라 고종은 밤이면 시해에 대한 공포를 견디지 못했다. 고종은 믿을 수 있는 외국인들을 자신의 침실 가까이에 두고 싶었다. 그들이 보호막이 될 수 있다고 보았다. 고종은 미국 공사관에 도움을 요청하였다. 헐버트, 언더우드 등 선교사들이 3인 1조로 돌아가며 불침번을 서며 고종을 안심시켰다.

헐버트는 왕비가 시해된 지 달포 뒤에 발생한 춘생문사건을 생생하게 기억하였다. 춘생문사건은 1895년 11월 27일 친 고종파가, 반역의 무리로부터 임금을 보호한다는 명분으로 고종을 경복궁에서 빼내기 위한 작전이었다. 언더우드가 11월 27일 오후 헐버트를 찾아와 궁궐로 가자고 재촉했다. 7명의 친일파 대신들의 감시 아래 지내는 고종을 지켜야 한다는 것이다. 헐버트, 언더우드, 에비슨Oliver R. Avison 3인은 어둠이 깔릴 무렵 궁궐로 향했다.[9] 정문에서부터 실랑이를 벌인 후 겨우 궁 안으로 들어섰다. 왕실의 경호를 맡고 있는 다이William M. Dye 장군을 만나 리볼버 권총을 받아들었다. 혹시 모를 위험에 대비하기 위해서였다. 곳곳에서 경비병들이 헐버트 일행에게 총부리를 겨누었다. 총을 발사할 뻔한 아찔한 순간도 있었다. 다행히 무사하게 고종의 처소에 다다르자 2명의 경비병이 일행을 막았다. 고종 보호가 급박하다며 자초지종을 이야기했으나 경비병들은 완강했다. 순간 처소에서 고종의 음성이 들렸다. 일행은 경비병들을 밀치고 안으로 들어갔다. 고종과 세자가 불안에 떨고 있었다. 고종이 일행의 손을 반갑게 잡았다. 일행은 고종을 안심시키며 안전해 보이는 방으로 안내했다. 친일파 대신들이 한쪽 방에서 안절부절못하며 서성거렸다. 만약 춘생문을 넘어 시위대가 몰려온다면 대신들은 그 자리에서 처참하게 살해당할 것이 뻔했다. 궐 밖에서 소란이 심해지자 대신들이 고종에게 다른 처소로 피신해야 한다고 주장했다. 대신들은 자신들에게 유리한 곳에서 고종을 볼모로 잡고 있어야 시위대로부터 목숨을 보전할 수 있다고 보았다. 일행은 고종의 피신은 고종을 해하려는 무리들에게 구실을 줄 수 있다며 반대했다. 그러나 대신들은 막무가내로 고종을 앞세웠다. 헐버트 일행이 대신들을 막아서자 대신 한 사람이 화를 내면서 무슨 권한으로 외국인들이 이곳에 왔느냐고 따졌다. 고종의 요청으로 왔다고 답하며 대신들에게 당신들은 고종의 요청이 있어서 이곳에 있느냐고 되물었다. 그날 밤 백성들의 궁궐 진입 시도는 성공하지 못했다. 궁궐 문을 열기

---

9 이때 언더우드는 알렌으로부터 연락을 받았다고 윤치호는 그의 영문 일기(1895년 12월 9일)에서 밝혔다. 윤치호는 일본의 《Japan Mail》이 언더우드가 춘생문사건의 주동인물이라고 보도하자 언더우드 부인이 《Japan Mail》에 사실이 아니라고 항의하였다는 기록도 남겼다. 윤치호는 알렌은 스스로 위험하다고 판단하여 궁궐에 가지 않았다고 보았다.

로 한 사람이 배신했다는 사실을 후에 알았다. 헐버트 일행은 고종, 세자와 함께 날밤을 샜다. 이튿날 날이 밝아 상황이 끝난 뒤에야 고종에게 작별을 고하고 궁궐을 나섰다. 아침 8시였다. 도시는 텅텅 비어 있었다. 외국인으로서 남의 나라 임금을 지키기 위한 참으로 용기있는 행동이었다.

"왕비 시해 사건에 대한 침묵은 서양 문명의 한계"

헐버트가 공동 편집인으로 있던 《조선소식》은 1895년 10월호에서 〈조선 왕비의 시해The Assassination of the Queen of Korea〉라는 제목으로 왕비 시해 사건을 소상히 다루었다. 기사는 우선적으로 경복궁에 침입했던 자객들이 나라를 벗어나지 못하기를 희망하였다. 11월호에서도 누가 시신을 발견했는지, 그리고 시신은 어떻게 처리되었는지 등의 의문점을 제기했다. 12월호에서는 춘생문사건 관련자들은 체포하고 고문하면서 왕비 시해 사건 관련자들은 한 사람도 처벌되지 않았다고 비난하였다. 헐버트는 왕비 시해 사건에 대해 《한국사》 등 자신의 저술에서 시종일관 일본 정부 책임론을 폈다. 그는 이 사건은 일본 정부가 계획적으로 무관 출신인 미우라三浦梧樓를 주한 일본 공사로 임명함으로써 발생했다면서, "미우라는 시해 사건의 총 연출을 맡은 장본인으로서 미우라를 임명한 일본 정부는 공범의 책임이 있다."라고 주장하였다. 헐버트는 일본뿐만 아니라 당시 조선과 조약을 맺고 있던 서양 국가들도 성토했다. 그는 회고록에서 세르비아의 드라가Draga 왕비가 자국민에게 살해되었을 때 영국 정부가 항의의 표시로 영국 공사를 수개월 동안 보내지 않았음을 상기시키며, "조선과 조약을 맺은 어느 국가도 이 사건을 문제화하지 않았다. 일본에게 조선에서 손을 떼라고 요구하지 못하는 것은 서양 문명의 한계로서 우울한 역사이다."라고 기술하였다.[10] 심지어, 만약에 미국이나 영국에서 이러한 일이 일어났다면 어떠했겠느냐며 당시 조약 상대국들의 침묵에 분통을 터뜨렸다. 왕비가 1895년에 시해되었지만 장례식은 대한제국이 선포된 뒤인 1897년 11월 21~22일 양일간에 걸쳐서 치러졌다. 헐버트는 고종 황제의 초청을 받아 명성 황후 장례식에 참관한 뒤 참관기를 미국 신문에 기고하였다. 헐버트는《샌프란시스코크로니클San Francisco Chronicle》1898년 1월 9일 자 기고문 〈동양 황후의 장례The Burial of an Oriental Empress〉에서 조선 황실의 전통 장례 절차를 상세하게 묘파하였다. 헐버트가 새벽 3시에 일어나 경복궁에 당도하자 궁 앞은 인산인해를 이루며 장례 준비로 혼란스러웠다. 아침 의식을 마치고 황후의 상여가 출발하자 각종 만장과 깃발 등 화려하고도 장엄한 행렬이 이어졌다. 헐버트도 고종과 상주 일행의 뒤를 따랐다. 해질녘에야 동대문을 지나 지금의 홍릉 숲에 다다르니 병사와 일꾼 9천여 명이 분주하게 움직였다. 급조한 임시 야영지는 마치 중세 시대 군대의 원정 전야의 모습이었다. 간이 숙소에서 자정쯤 잠이 들었으나 두어 시간 뒤에 "장례를 시작합니다."라는 외침에 눈을 떴다. 차례를 기다려 황후의 관 앞에 나아가 황제와 세자가 지켜보는 가운데 두 번 절하며 예를 표했다. 매장 행사가 시작되면서 세 여인네의 통곡과 흐느낌이 장례의 백미로 다가왔다. 황제는 하관과 봉분 작업을 직접 지휘하였다. 황제의 명성 황후에 대한 애절함이 지극해 보였다. 장례가 끝나자 황제는 헐버트를 비롯한 외국인들에게 따뜻한 감사를 표하였다. 헐버트는 이 글에서 총 장례비용을 미화 백만 달러 정도로 어

---

10 Hulbert, Homer B.,《Echoes of the Orient》, p 179

림잡으며 과다한 비용 지출을 걱정하였다. 명성 황후는 이때 홍릉 숲에 안장되었으나 1919년 고종 황제가 승하하자 지금의 남양주시 홍릉으로 이장되어 고종의 능에 합장되었다. 헐버트의 《샌프란시스코크로니클》 기고문에는 명성 황후의 삽화가 등장한다. 그러나 삽화의 주인공이 명성 황후라고 단정할 수는 없다.

명성 황후 장례에 관한 헐버트 기고문

근대 교육의 초석을 놓다

"한국인들은 교육 유전자가 남달라"

헐버트에게 교육은 그와 한민족을 잇는 탯줄이자 삶의 활력소였다. 그는 1886년 내한하여 개화기 근대 교육의 요람이었던 육영공원, 배재학당, 한성사범학교, 관립중학교에서 학생들을 가르치며, 1907년 일본의 박해로 한국을 떠날 때까지 20여 년을 교육자로 살았다. 헐버트는 교육만이 문명사회를 이룬다는 교육 철학을 실천한 사람으로 '근대 교육의 아버지'라 불려도 전혀 손색이 없는 사람이다.

헐버트는 내한하자마자 조선 교육을 희망으로 받아들였다. 한민족의 인종적 우수성과 교육적 자질을 직감했기 때문이다. 헐버트의 아버지가 1899년 《교육의 독창성The Distinctive Idea in Education》이라는 책을 발간하여 미국 언론으로부터 대단한 찬사를 받았다. 헐버트는 이 책을 한국어로 번역하여 한국에 소개하고 싶다는 뜻을 부모에게 전하면서 "한국인들은 교육 유전자가 남다르고 항상 교육을 최우선 순위에 두기에 아버지의 책을 잘 소화해 낼 것입니다."라며 한민족의 교육 유전자가 특별하다고 증언하였다. 헐버트는 《그리스도신문》 1906년 7월 12일 자에 한글로 기고한 〈한국의 교육〉에서 3육, 즉 '심육心育', '지육智育', '체육體育'을 현장의 교육 목표로 제시하며, 전인교육을 통한 문명국가 건설을 강조하였다. 이어서 1906년 7월 19일 자에 기고한 〈한국 청년의 힘쓸 일〉에서는 "청년의 기상이 부패하면 나라 집이 쇠잔하고 청년의 기강이 강경하면 나라 집이 흥왕하는 법이라"라며 청년 교육의 중요성을 강조하였다.

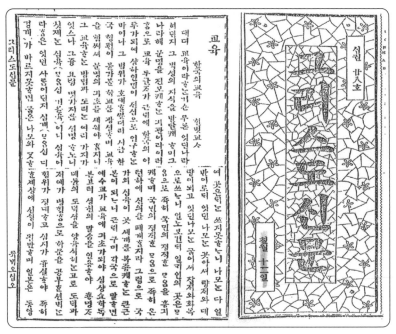

'심육', '지육', '체육'의 중요성을 역설한 헐버트 기고문.
《그리스도신문》, 1906년 7월 12일

사범 교육을 반석 위에 올려놓아

1897년 봄 헐버트 가족에게 아픔이 몰아쳤다. 큰아들 쉘던Sheldon이 세상에 나온 지 1년 갓 넘어 하늘나라로 떠난 것이다. 헐버트 부부는 아펜젤러와 언더우드의 주관으로 간단한 기도회를 가진 뒤 아들을 양화진 언덕에 묻고 주변에 하얀 클로버를 심었다. 헐버트 부인은 상당 기간 마음고생을 했다.

조선은 1886년 최초의 근대식 관립 학교인 육영공원을 설립하였지만 1895년에 가서야 보통교육 시대를 열었다. 고종은 1895년 2월 '교육조서'를 발표하여 교육입국 의지를 천명하였다. 이어서 '소학교령'과 '한성사범학교관제'를 공포하고 초등학교와 사범학교를 세웠다. 1896년 겨울 중추원 고문 서재필이 헐버트를 찾아와 대한제국의 사범 교육을 맡아달라고 제안하였다.[11] 헐버트는 서재필의 제안을 기꺼이 수락했다. 조선의 교육 현실을 누구보다 잘 아는 헐버트는 잘해낼 수 있다는 자신감에 마음이 들뜨기까지 했다. 그는 매형에게 보낸 편지에서, "한자를 우월시하는 편견을 부수고 한글 발전에 매진하겠다."라며 우선적으로 한글을 조선의 문자로 만들겠다는 각오를 다졌다. 한글로 교육시켜야만 진정한 교육의 목적이 달성된다고 보았기 때문이다. 헐버트가 한자의 문자적 의미를 전혀 무시하는 것은 아니었다. 그는 한자의 뜻글자로서의 오묘함을 인정하였다. 그러나 배우기 어렵고 쓰기 불편한 한자는 보통교육을 저해한다고 보았다.

　　헐버트는 1897년 5월 한성사범학교 책임자가 되었다. 계약서상 직함은 '교습敎習'이었으나, 자율권을 가지고 학교를 운영하는 특별한 위치였다. 한성사범학교는 법관양성소와 함께 오늘날 서울대학교의 뿌리이다. 헐버트가 조선과 맺은 계약서를 보면 헐버트는 학교에 관한 전권을 행사하며 학부대신의 지시만 준행한다고 되어 있다.[12] 한성사범학교 교장은 학부學部의 국장이 맡았으나 교장은 학부대신을 통해서만 헐버트와 소통

11　부모에게 보낸 편지(1896년 12월 5일)

12　1897년 6월 10일 자 고용계약서를 보면 계약기간은 5년이며, 월급은 은화 225달러에서 시작하여 순차적으로 올리기로 했다.

할 수 있었다. 즉, 학부의 교장은 행정지원에 집중하는 역할이었다. 따라서 헐버트의 역할은 교관(당시의 교사)이나 교장의 지위를 넘어 학교를 자율적으로 운영하는 책임자였다고 여긴다. 그는 또 학부대신을 자문하는 학부의 고문이었다. 한성사범학교에서 교사로 근무하고 후일 임시정부 2대 대통령까지 오른 박은식도 그의 저서 《한국독립운동지혈사》에서 헐버트를 '대한제국 학부 고문'으로 소개하였다.[13]

헐버트가 한성사범학교로 가게 된 경위와 헐버트의 사범 교육에 관한 철학이 담긴 내용이 《독립신문》 영문판 1897년 6월 12일 자 사설에 실렸다. 사설은 서울에 사범학교가 설립되었지만 중국 고전 외에는 산수만 가르친다면서, 5월 1일 통역 없이 가르칠 수 있는 헐버트가 이를 바로잡는 적임자로 결정됐다고 보도했다. 이어서 헐버트의 사범학교 운영계획과 목표를 소개했다. 헐버트는 "모든 학생은 여학생까지도 자기 나라의 지리, 역사 및 나라 형편을 먼저 알고 보통교육에 임해야 하며, 동시에 기초 산수를 알아야 한다. 교육은 자신의 나라 문자로 이루어져야 한다. 중국에 관한 공부에 빠지게 되면 보통교육은 조선에 자리 잡지 못할 것이다. 당장 시급하게는 한글로 된 교과서와 자격을 갖춘 교사가 필요하다. 나는 한글 교과서와 능력 있는 교사를 2년 내에 어느 정도 확보하도록 최선을 다할 것이다."라고 입장을 밝혔다. 헐버트가 이미 조선 교육의 지향점에 대해 완벽하게 준비를 하고 있었음을 보여 준다. 조선 교육에 다시 종사키로 한 헐버트는 1897년 여름 교재를 구입하고 일본 역사도 공부할 겸 일본을 여행하였다. 이때 그의 가족은 강화도의 한 사찰에서 여름을 보냈

---

13 박은식(김도형 역), 《한국독립운동지혈사》, 소명출판, 2008, 421쪽

다. 그는 한 달에 25달러를 주고 불상을 치운 외딴방을 빌려 세 달을 지냈다고 편지에서 밝혔다. 그는 여타 서양인들과는 달리 여름휴양지로 관악산, 북한산 등의 사찰을 즐겨 찾았다. 북한산의 한 사찰에서는 티베트어와 산스크리트어로 된 책을 발견하여 이 책들을 통해 한글의 기원을 추적했다. 강화도에서는 참성단을 답사하며 단군에 대해 깊게 공부하였다.

헐버트가 한성사범학교를 맡은 1897년 가을 학생 수는 2학급에 40여 명이었다. 한성사범학교는 그동안 일본인 선생이 교육을 주도해 오다가 통역 없이 가르칠 수 있는 헐버트를 맞아 새로운 국면을 맞았다. 헐버트는 한국인 조교를 채용하는 등 사범 교육에 열정을 쏟았다. 그러나 학생들의 자질은 헐버트의 기대에 크게 못 미쳤다. 따라서 사범 교육보다 기초 교육에 치중할 수밖에 없었다. 그는 한성사범학교 외에 영어학교에서도 학생들을 가르쳐 바쁜 나날을 보낼 수밖에 없었다.

헐버트의 '학교 개량 건의서', "학교 운영이 실패하면 정부는 헛돈만 쓰게 돼"

헐버트는 1898년 여름 부모에게 보낸 편지에서 나라 전반에 걸쳐 근본적인 변화가 없다면 결국 대한제국은 무정부상태를 초래할지 모른다고 우려하였다. 그는 "대한제국에게 자주 국가를 유지하는 일은 참으로 힘겨운 일이다. 나라 전반에 걸쳐 관리들은 백성의 고혈을 짜는 데만 혈안이다. 심지어 서울의 외교가는 이 상태로 간다면 몇 년 안에 대한제국에 '외국간섭foreign intervention'이 도래할 것으로 예견한다. 말하기 미안하지만 고종은 참으로 운이 없는 지도자이다I am sorry to say the king is the worst of the lot."라고 안타까워했다.

헐버트의 자녀들(둘째 딸, 큰딸, 둘째 아들).
둘째 아들이 한국 지게를 지고 있다. 1903년으로 추정

　　헐버트는 한성사범학교를 1년쯤 운영하였으나 제대로 되는 일이 없었다. 정부의 학교 육성 의지가 읽히지 않았으며, 학부의 관리들은 학교 예산을 쥐어짜 배를 채울 뿐 학교 발전에는 털끝만큼도 신경을 쓰지 않았다. 헐버트는 1898년 7월 4일 자로 장문의 '학교 개량 건의서'를 작성하여 미국 공사관을 통해 외부대신 서리 유기환에게 전했다. 그는 이 건의서에서 강경하게 자신의 요구 사항을 밝혔다.[14] 그는 학생들 수준이 제각각이니 학생 충원을 제도적으로 해줄 것, 학생 대부분이 선생 자격이 없으니 1개월의 수습기간 뒤에 입학 자격을 줄 것, 수학을 잘하는 조교를 보충해

14 《구한국외교문서》 제 11권. 고려대학교 아세아문제연구소, 1967, 385~389쪽

줄 것 등 3가지 사항을 요구하였다. 그는 자신이 겸직하고 있던 영어학교에 대해서도, 유능한 조교 2명을 보충해 줄 것, 결석에 대한 벌칙 제도를 만들 것, 화장실이 교실에서 떨어져 있도록 조치해 줄 것 등 6가지 사항을 요구하였다. 그는 특히 영어 문장 암송시간을 빼먹은 학생은 개별적으로 선생과 시간을 가져 문장 암송을 완전히 마칠 수 있도록 제도화해 줄 것을 요구하였다. 헐버트는 건의서 말미에 "현재의 환경으로는 학교 운영이 제대로 될 수가 없으며, 학교 운영이 실패하면 나의 명예가 훼손되고 정부는 헛돈만 쓰는 결과가 되니, 학교를 재건할 의사가 없으면 차라리 학교를 폐쇄하는 편이 낫다."라며 학교 운영이 자신의 명예를 지키고 정부에도 득이 되는 결과를 가져오지 않는다면 자신은 사직하겠다고 초강수를 두었다.

정부는 헐버트의 건의서에 대해 1898년 7월 8일 답변을 보내 건의 사항을 전향적으로 검토할 것을 밝혔으며, 헐버트는 1898년 7월 11일 학부대신을 직접 면담하여 학교 운영을 지원하겠다는 약속을 받아냈다. 그는 또 학교의 겨울방학 기간도 단축했다. 학교가 신년을 맞아 방학에 들어가면 음력 새해 때까지 쉬어버리니 거의 2개월을 방학으로 보내야 했다. 헐버트는 학부를 방문하여 음력 새해 무렵에만 쉬게 하자고 건의하여 이를 관철시켰다. 또한, 계약에 의하면 헐버트는 하루에 4시간만 가르쳐야 하나 그는 이에 개의치 않고 하루 5시간 반 이상을 가르쳤다고 부모에게 보낸 편지에서 밝혔다. 선생의 도가 무엇인지를 말해 준다.

한편, 헐버트가 한성사범학교에 재직할 당시 헐버트 부부는 집을 비워줘야 하는 일이 벌어졌다. 헐버트는 먼저 살던 선교사 집을 비워야 했기에 1898년 3월 지금의 소공동에 융자까지 얻어 새 집을 지어 이사했다. 그런데 정부가 갑자기 1898년 7월, 원구단 부근으로 입지가 좋은 헐버트 집을 외국 손님 숙소로 쓰고 싶다면서 헐버트에게 새롭게 마련한 보금자리를 내놓기를 원했다. 헐버트는 당장 갈 데도 없었지만 고종 황제에게 누를 끼치고 싶지 않아 집을 내주었다. 이사할 집을 구하지 못한 헐버트는 1898년 가을 정부로부터 휴가를 얻어 가족을 미국으로 데리고 갔다. 일본을 거쳐 배편으로 태평양을 건너, 5년 만에 미국을 다시 찾은 것이다. 그는 미국에서 유수 잡지 《포럼The Forum》과 《인디펜던트The Independent》에 접촉하여 대한제국을 둘러싼 국제정세에 관한 자신의 기고문을 실어 달라고 요청하여, 내락을 받아냈다. 또한, 영국 런던을 방문하여 '왕립지리학회Royal Geographical Society'로부터 회원 자격을 약속받았다. 영국에서 다시 미국으로 돌아온 헐버트는 가족을 남겨둔 채 1899년 초 홀로 서울로 귀환하고, 가족들은 가을에야 합류했다. 헐버트 가족은 선교사 빈튼Charles C. Vinton 집에서 임시로 기거하다가 1900년 지금의 회현동 지역인 남산 밑자락에 집을 구해 이사했다. 이어서 1903년 바로 인근에 새롭게 집을 지어, 1907년 서울을 떠날 때까지 살았다.

한편, 정부는 헐버트의 소공동 집을 증개축하여 외국 손님용으로 쓰면서 '대관정大觀亭'이라 이름 지었다. 1905년 을사늑약 당시 일본의 하세가와長谷川好道 대장 등이 대관정을 을사늑약 지휘본부로 사용하였다. 최근 대관정 터에 수치의 현장 표식을 하여 회한의 역사 공간으로 기억하자는 움직임이 일고 있다.

"한국인들이여! 당신들의 살길은 교육뿐"

헐버트의 장대한 교육 호소문, "한국 교육은 혁명적 변화가 필요하다"

대한제국은 1899년 서대문-동대문 간 전차를 개통하고, 제물포-노량진 간 철도를 완공하는 등 20세기의 문턱에서 나름대로 근대화를 진행하고 있었다.[15] 그러나 정치적으로는, 1898년 말 독립협회 해산에 이어 정국의 혼란이 극에 달했다. 일본과 러시아의 위협도 상존하였다. 그러한 혼란 속에서도 대한제국은 1900년 우리나라 최초의 중등 교육기관인 관립중학교(경기고등학교 전신)를 설립했다. 헐버트도 1900년 가을 새로이 출발하는 관립중학교로 자리를 옮겼다. 관립중학교는 갑신정변의 주역 김옥균의 집에 터를 잡았다. 관립중학교에서 학생들에게 2차 방정식을 가르치는 등 교육에 열중하고 있었지만 헐버트의 눈에는 한국 교육의 앞날이 회의적으로 다가왔다. 그는 1904년 《한국평론》에 3회에 걸쳐 〈한국 교육의 당면 과제The Educational Needs of Korea〉라는 25쪽의 교육 호소문을 발표하여, 한국 교육은 혁명적 변화가 필요하다고 외쳤다. 그는 호소문에서 먼저 "한국 교육은 한국보다 중국 공부에 치중하고, 실생활에 필요한 공부는 외면하고, 자연의 이치를 알려주지 않고, 오늘이나 내일보다 과거를 더 예찬하고, 산 사람보다 죽은 사람을 더 중히 여긴다."라며 한국

---

15 서울의 전차 개통은 일본 도쿄보다 3년 빨랐고, 교토보다는 4년 늦었다.

교육이 실용적이고도 미래지향적이기를 촉구하였다. 이어서 사회 환경을 바꾸는 유일한 길은 교육뿐이라면서, "한국인들은 뛰어난 지적 능력을 지녔다. 한국인 천만 명이 교육 우월감의 열병을 앓았으면 좋겠다."라며 교육열이 온 백성에게 확장되기를 바랐다. 그는 또 교육 정책의 문제점을 낱낱이 열거하며, 교육 예산을 늘리고, 교과서를 마련하고, 선생의 급료를 올리고, 학교 수를 늘리자는 등 정부에 현실적 대안을 제시했다. 그는 한글 사용을 거듭 주장하며 "한자를 고집하는 한 한국 문학에는 자연스러움과 활력은 물론이고, 짜릿함이나 번뜩임도 있을 수 없다. 상층 계급과 하층 계급사이의 장벽을 허물 수 있는 유일한 방법은 평민들에게 훌륭한 한글 문학을 선사하여 한자 시대를 뒤집어 진정한 교육이란 소수가 아닌 다수에게 있다는 인식을 널리 퍼뜨리는 것이다."라며 한글로 쓰인 문학작품을 통한 보통교육 시대를 열자고 호소했다.

헐버트가 관립중학교에서 대수학을 가르치고 있다.
이돈수 • 이순우의 《꼬레아 에 꼬레아니》(2009)에서

헐버트는 글 말미에서 한국인들에게 지금 가장 필요한 것은 양질의 학교 육성이라면서, "학교 수준은 높아야 하고 졸업생들은 정부를 존중하고 국가에 충성해야 한다. 결국 양질의 학교 졸업생들이 후일 중요한 자리에 올라 나라의 운명을 결정하는 자리에 설 것이기 때문이다."라고 졸업생들에게 애국심을 호소했다. 헐버트의 이 글이야말로 오늘에도 유용할, 이 땅의 교육자들이 꼭 읽어야 할 교육 헌장이라고 여긴다.

헐버트는 이 글에서 1904년 9월 설립된 애국계몽단체인 '국민교육회'에서 이준 등과 함께 활동하였음을 암시하였다. 지금까지 국민교육회에는 한국인들만 참여했다고 알려졌으나 헐버트는 외국인도 참여하였음을 증언하였다. 그는 한 편지에서도 '국민교육회Educational Association of Korea'에서 활동하며 학문 용어를 한글로 정리하는 작업을 했다고 밝혔다. 헐버트는 1905년 10월 고종 황제의 특사로 미국으로 떠나면서 관립중학교를 사직하였다.

교과서 체계를 정착시켜

헐버트는 한국 교육에 종사하면서 교과서 체계를 갖추는 일을 우선 과제로 삼았다. 그는 한성사범학교에 재직하던 1900년 봄 새로 부임하는 학부대신을 만나 교과서 편찬을 도와 달라고 요청하여 긍정적 답변을 들었다고 한 편지에서 밝혔다. 여름에는 수학책을 완성하여 학부에 넘겼다며 곧 책이 출판될 것이라고 했다. 학교들로부터 여러 종류의 교과서 주문이 쇄도하고 있다고도 했다. 관립중학교 시절인 1902년에도 교과서 발간을 위해 자금을 댈 단체를 고위 직급의 한국인들과 함께 구성하였으며, 보통학교에서 사용할 12권의 책을 결정하여 곧 인쇄에 들어갈 것임을 밝했다. 그동안 자금 사정이 여의치 않아 책 발간이 어려웠는데 문제가 해결되었다고 어머니에게 보낸 편지에서 기뻐하였다. 각 책 당 5,000부를 찍고 책값도 비용을 감당하는 수준에서 책정하겠다고 밝혔다. 이 책들이 전부 한글로 출판되기에 한자에 대한 오랜 투쟁의 승리라고도 했다. 안타깝게도 이러한 책들이 어떤 형태로 출판되었는지 확인하지 못했다. 그러나 그가 남긴 기록을 통해 그가 교과서 편찬에, 그것도 한글로 된 교과서 편찬에 얼마나 심혈을 기울였는지를 짐작케 한다.

헐버트는 다트머스대학에 남긴 신상정보 자료에 1906년과 1908년 사이에 '헐버트교과서시리즈Hulbert Series'라는 이름 아래 15권의 교과서를 발간하였다는 기록을 남겼다. 그는 또 1907년 7월 《뉴욕헤럴드New York Herald》와 가진 회견에서 자신은 최근 한글로 된 교과서시리즈를 종합적으로 갖추는데 사비로 15,000달러를 썼다고 했다. 교과서시리즈에 의해 어떤 책들이 출간되었는지는 알 수 없다. 현재 세 책만이 확인되고 있다. 하나는 1906년에 출판된 《초학지지》(원명: 초학디지)이다. 《초학지지》는 순 한글로 된 초급 지리 교과서로, 정신여학교 교장을 지낸 미국인 선교사 밀러 부인Mrs. E. H. Miller이 저술하고 헐버트가 추천사를 썼다. 또 하나는 1906년 교육용으로 개편된 《사민필지》이다. 또 다른 확인된 책은 《대한력사》(원명: 대한력ᄉ)이다. 이 책은 헐버트의 영문 《한국사The History of Korea》를 우리말로 옮긴 책으로, 우리나라 최초의 순 한글 역사책이기도 하다. 헐버트는 관립중학교 제자 오성근과 함께 1908년 307쪽의 《대한력사》 상권을 출간하였다. 《대한력사》는 단군 시대부터 고려 말까지를 다루었다. 원래 상, 하권으로 기획되었으나 하권은 출간되지 못했다고 여긴다. 《대한력사》의 출간은 헐버트의 역사 교육 철학에서 비롯하였다고 본다. 그는 역사 교육은 그 나라의 장래를 결정한다면서, "자기 나라 역사를 알지 못하는 자는 금수와 같다. 외국과의 경쟁에 참여할 수도 없고, 설령 참여해도 패배할 수밖에 없다."라며 역사 교육을 중요시하였다. 오성근은 《대한력사》 머리말에서 "학문이 고명하고 사상이 특수한 북미합중국 문학박사 헐버트 씨는 수십여 년을 국민 교육을 담당하고 특별히 매양 우리 국문 발달이 더딤을 근심하면서 우리나라 각종 교과서를 국문으로 편찬하여 전국 남녀노소가 편히 쓰고 급히 세우기를.....나에게 편찬역술을 위임한지라.....'라고 하여 자신이 번역과 출판을 주도하였음을 밝혔다. 일제는 1909년 2월 출판법 공포와 함께 사전 검열제도를 도입하여 《대한력사》를 불온서적으로 낙인찍고, 사용 금지 처분을 내렸다.[16]

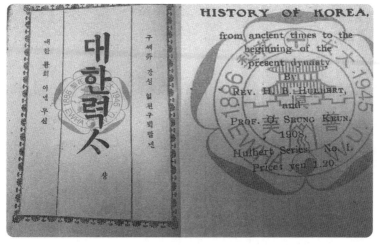

최초의 한글 역사서 《대한력사》의 표지와 영문 소개

16 홍정훈, 〈한말 개신교 학교의 민족의식 교육〉, 울산대학교, 2007, 27쪽

한편, 허재영 교수는 2020년 발표한 논문 〈근대 지식 수용 과정에서 헐버트 시리즈 교과서의 의의〉에서 앞서 소개한 《초학지지》, 《사민필지》, 《대한력사》와 1907년 밀러M. H. Miller가 저술한 《미국스긔》, 1908년 베어드W. M. Baird가 저술한 《텬문략히》, 1908년 베어드 부인Mrs. W. M. Baird이 번역한 《싱리학초권》, 밀러 부인이 번역한 《동물학》(1906)과 《식물학》(1909) 등 8권이 헐버트교과서시리즈로 출간되었을 것으로 추정하였다. 허재영은 헐버트교과서시리즈는 근대 지식 보급을 위해 모든 분야의 학문을 대상으로 기획된 점, 순 한글로 출판한 점, 교수법 및 학습방법을 위해 묻는 말을 넣은 점에서 역사적 의미가 크다고 주장하였다.

"한국은 교육으로 일본의 멸시를 상쇄할 수 있는 능력을 길러야"

헐버트는 대한제국이 을사늑약으로 사실상 주권을 잃자 을사늑약 다음 해인 1906년 출간한 《대한제국의 종말The Passing of Korea》에서 '한국의 살길은 교육뿐'이라면서 한국인들에게 교육에 전념하여 힘을 기르기를 호소하였다. 그는 "한국인들은 미개해서 자치 능력이 없다고 국제적으로 떠들고 다니는 일본인들의 멸시를 상쇄할 수 있는 능력을 길러야 한다."라며 한국인들에게 교육을 통해 일본을 따라잡고, 빼앗긴 주권을 되찾기를 바랐다. 그는 또 미국에게 조미수호통상조약 정신을 위배했다며 지금이라도 일말의 양심이 있다면 한국에 교육 투자를 강화하라고 요구하였다. 그러면서 "교육에 대한 투자에서 가장 크게 효과를 낼 수 있는 나라는 한국이다. 이 말은 한국인들을 깊숙이 아는 사람이 아니면 할 수 없는 말이다."라며 한민족의 성공 잠재력을 정확하게 꿰뚫었다.[17]

---

17 Hulbert, Homer B., 《The Passing of Korea》, 1906, p 466

헐버트는 한국 교육에 종사하면서 개인적 꿈이 있었다. 한국에 세계적인 최상의 대학을 육성하는 것이었다. 그는 1886년 일본을 거쳐 조선에 처음 올 때 도쿄대학교의 발전된 모습을 보고 장차 자신이 가르칠 조선의 '육영공원'도 언젠가는 도쿄대학교 수준의 학교가 되어야 한다는 꿈을 가졌다. 1889년《뉴욕트리뷴》기고문에서도 조선에서도 도쿄대학교 같은 대학이 나오길 희망했다. 1905년 고종 황제의 대미 특사로 미국을 방문했을 때는 그 바쁜 와중에도 교육 투자자를 만나 최상의 대학을 한국에 설치하는 구체적 약속을 받아냈다. 그는 이 무렵 부모에게 보낸 편지에서, "한국에서 좌절할 일이 미국에서 좌절할 일보다 훨씬 많지만 좌절하지 않고 잠자고 있는 한국인의 기개를 깨우겠습니다. 저는 이 일을 위해 모든 힘 있는 세력과 싸울 것이며, 이것이 제가 가장 잘 할 수 있는 일이기도 합니다."라고 한국 교육에 대한 집념을 불태웠다.

오늘날 우리 교육은 크게 확장되었지만 아직도 중요한 과제는 인성을 겸비한 창의적 인재를 양성하는 일일 것이다. 인성과 창의력을 갖춘 인재 육성이 곧 헐버트 교육 정신의 도착점이다. 개화기 헐버트의 교육에 대한 확고한 철학과 열정은 우리가 오늘날 세계적으로 자랑하는 교육열의 씨앗이었다고 여긴다. 시공을 초월하여 헐버트의 교육 정신을 본받아 21세기를 이끌어갈 많은 창의적 인재가 배출되기를 바란다.

헐버트 부인, 이화학당에서 학생들을 가르치고 외국인학교를 개설

헐버트 부인도 이화학당에서 음악을 가르쳐 부부가 함께 한국의 교육 발전에 이바지하였다. 그녀는 제중원에서 환자를 돌보기도 했다. 특별한 일은 헐버트 부인은 서울에 살던 외국인 자녀들을 위한 학교를 1896년 자신의 집에 개설하여 최초의 외국인학교Seoul Foreign School를 출발시켰다. 외국인 자녀가 다닐 수 있는 학교가 없기 때문이었다. 한때는 외국인 학교 학생이 20명도 넘었다고 한다. 헐버트의 자녀들도 어머니 학교에서 공부하였다. 결혼 전 뉴욕에서 교사로 활동했던 헐버트 부인은 초등 과목뿐만 아니라 그리스 고전, 프랑스어 등을 가르치고, 헐버트도 라틴어, 그리스어를 틈틈이 가르쳤다. 언더우드 선교사의 아들Horace H. Underwood에 따르면 이때 헐버트 부인이 학생들에게 강조한 3 'R'은 당시 공부했던 선교사 2세대들에게 소중한 인생 교훈으로 자리 잡았다고 한다. 3 'R'이 무엇인지는 확인할 수 없었으나 헐버트 부부의 성향으로 보아 'read', 'respect', 'responsibility'라고 추측해 본다.

1904년 5월 헐버트의 큰딸Helen이 미국에서 중학교를 다니기 위해 서울을 떠났다. 헐버트 자녀들은 한국말을 곧잘 했다고 한다. 큰딸이 떠나자 겨우 4살에 불과한 셋째 아들이 한국말로 "누나가 미국 갔어."라고 울음을 터트렸다고 헐버트 부인이 편지에서 밝혔다. 큰딸은 미국에서 헐버트의 누이, 즉 고모 집에서 학교를 다녔다. 헐버트는 딸에게 고모 부부에 대한 고마움을 잊지 말기를 강조하였다. 헐버트가 딸에게 보낸 편지를 보면 그의 자녀교육관을 엿볼 수 있다. 그는 자신이 부모에게 한 것처럼 딸에게도 매주 편지를 쓸 것을 주문했다. 헐버트는 또 딸에게 "친구를 만드는 길은 상대방을 어떻게 행복하게 해줄 수 있는가를 끝없이 생각하는 것이다. 나보다는 남을 돕는 데에서 더 많은 기쁨을 얻어야 한다."라고 충언하였다. 딸이 미국에 간 지 얼마 안 되어 학급에서 1등을 했다는 소식을 보내왔다. 헐버트는 딸에게 자만하지 말라면서 "상냥한 성품을 갖추는 것이 어떤 지혜를 얻는 것보다 값지다developing a lovable character is better

헐버트 부인(중앙), 외국인 학교 학생들과 함께(1903년 7월)

than all ordinary wisdom."라며 겸손을 가르쳤다. 인성에 대한 최고의 금언
이 아닐까. 그는 또 딸에게 다양한 인문서적을 읽어야 한다며 독서목록을
보내라고 요구하였다. 자상하면서도 엄격하게 자녀들을 가르쳤다고 여
긴다. 헐버트의 둘째 아들 윌리엄William도 언론 회견에서 "아버지는 온
화하면서도, '매를 아끼면 아이를 망친다Spare the rod and spoil the child'는
성경 말씀을 신봉하였습니다."라고 증언하였다.

여성 보호를 유달리 강조, "문명국가는 여성 보호 장치를 마련해야"

헐버트는 《사민필지》에서 남녀평등 교육을 최초로 주창한 사람이다.
그는 문명국가의 척도는 여성이 어떻게 보호되느냐로 가늠된다면서 서
양인 중에서도 유달리 여성 보호를 강조하였다. 헐버트는 1904년 발표한
《한국 교육의 당면 과제》에서 "조선 양반네들은 딸아이가 죽어도 조상 묘
의 한 귀퉁이가 파헤쳐진 정도로만 여긴다."라며 조선 사대부의 여성에 대
한 인식을 세차게 비판했다. 그는 회고록에서 인류가 문명사회로 전환하

는 과정에서 여성의 보호는 남성들의 도덕성과 기사도 정신이 없이는 달성할 수 없다고 단정하였다. 남성의 여성 소유 욕망이 도덕적으로 절제되지 못하면 여성은 완력을 쓰는 남성에게 반드시 희생당할 수밖에 없다는 것이다. 따라서 남성의 의식이 고취되기 전까지 준 문명사회에서는 일종의 여성 보호 장치가 필요하다고 인식했다. 따라서 조선에서 여성이 외출할 때 장옷으로 얼굴을 가리는 풍속을 여성을 보호하기 위한 문명적 배려에서 비롯한 제도로 보았다. 그러나 일본은 문명사회로 발전하면서 여성 보호 장치가 전혀 없었다고 지적했다. 일본의 봉건시대가 반역과 찬탈, 즉 무조건적 승자 원칙의 시대였기에 그러했다고 진단했다. 그는 조선은 서양인들이 놀랄 정도로 술 문화와 성이 잘 절제되고 있는 나라라고 덧붙였다. 자신이 조선에 온 이후 10년 동안 매춘이라는 이야기를 들어보지 못했다고 했다. 매춘이 있었는지도 모르지만 호객 행위는 전혀 없었다고 증언했다. 그러나 일본인들이 밀려오고부터는 한국에서도 분위기가 달라졌다고 했다.

헐버트는 여성들의 꿈을 키우는데도 적극적이었다. 덕성여자대학교 설립자인 차미리사車美理士는 남대문 안 감리교 상동교회에 다녔으며, 신앙심이 두터웠다. 그녀는 장차 여성 계몽에 앞장서고자 미국에서 공부하길 원했으나 유학할 길이 없었다. 차미리사가 헐버트를 찾아 자신의 이상을 전하자 헐버트는 차미리사의 당찬 포부에 감동하여 유학길을 열어 주었다.[18] 차미리사는 헐버트의 도움을 받아 1901년 23살의 나이에 중국 상하이로, 1905년 중국에서 미국으로 건너가 공부하였다. 그녀는 1912년 귀국하여 여성계몽에 힘쓰다가 1920년 덕성여자대학교의 전신인 '조선여자교육회'를 설립하였다.

---

18 최은희, 《씨 뿌리는 여인 – 차미리사의 생애》, 학교법인 덕성학원, 1957, 51쪽

언론인이자 언론 독립운동가

조선 최초의 월간지 《조선소식The Korean Repository》

헐버트는 내한 초기 기고 활동으로 우리나라를 국제사회에 소개한 이래 다양하게 한국 언론 발전에 기여하였다. 개화기에 우리나라 언론 역사를 빛낸 두 영문 월간지가 있었다. 1892년 감리교에서 창간한 우리나라 최초의 월간지 《조선소식The Korean Repository》과 헐버트가 1901년에 창간한 《한국평론The Korea Review》을 말한다. 두 월간지는 소식지, 학술지, 시국 여론지로서 한국의 현실과 역사, 문화를 국내외에 알렸으며, 학자들에게는 지식 교류의 장이었다. 두 월간지 모두 영어로 발행되어 아쉽게도 많은 한국인이 참여할 수 없었다. 그럼에도 불구하고 두 월간지는 오늘날 근대사 연구에서 역사의 증인 역할을 톡톡히 하고 있다. 헐버트는 이 두 월간지의 편집과 경영에 직접 참여했을 뿐만 아니라 차원 높은 글들을 기고하여 두 잡지의 위상을 한껏 높였다. 헐버트는 《조선소식》에 조선의 역사, 언어, 풍습 등에 대해 29편을 기고하며 한국학 탐구에 불을 댕겼다.

《조선소식》은 올링어Franklin Ohlinger 선교사가 초대 편집장을 맡아 1892년 1년 동안 발행한 뒤 인력 부족 등의 사정으로 2년 동안 휴간하다가 헐버트가 감리교에 합류한 뒤인 1895년 1월에 복간되었다. 이때 《조선소식》의 편집은 아펜젤러, 존스George H. Jones, 헐버트가 공동으로 맡

앞으며, 헐버트는 더하여 '운영 책임자Business Manager' 역할도 했다.[19] 따라서 헐버트는 공동편집자이자 운영책임자였다. 《조선소식》은 발행 부수가 1896년 들어 3,000부가 넘었으며, 일본과 중국은 물론 구미 국가에서도 구독하였다. 헐버트는 1897년 5월 한성사범학교로 이동하면서 《조선소식》 일을 그만두었다. 《조선소식》은 운영상의 어려움으로 1898년 말 폐간하였다.

《독립신문》의 숨은 산파 헐버트, "조선인을 위한 조선이어야"

갑신정변의 주역 중 한 사람인 서재필이 1895년 12월 미국에서 귀환했다. 그는 갑신정변 후 일본 망명을 거쳐 미국으로 건너가 1892년 의사가 된 후 11년 만에 필립 제이손Philip Jaisohn이라는 이름의 미국 시민권자가 되어 조선에 돌아온 것이다. 서재필은 귀국하자마자 헐버트를 만나 신문 제작에 관한 협의를 했다. 헐버트는 "누구와 상의도 없이 서재필을 지원할 것을 즉석에서 결정했다."라고 회고했다. 헐버트는 이때 이미 윤치호와 함께 한글 신문 창간을 계획하고 있었다. 윤치호는 1895년 12월 2일 영문 일기에서 "헐버트와 나는 신문을 창간하려고 한다. 그러나 미국 공사관이 반대한다."라는 기록을 남겼다. 이로 미루어 서재필이 조선에 돌아오기 전부터 헐버트는 한글 신문 발행에 큰 관심을 가졌다가 서재필이 협의해오자 크게 호응하였다고 여긴다. 서재필은 미국에서 귀환한 지 4개월 만인 1896년 4월 7일 우리나라 최초의 한글 신문인 《독립신문》을

---

19 헐버트는 1896년 1월 19일 자 부모에게 보낸 편지에서 존스가 휴가 차 미국에 갔기에 아펜젤러와 자신 둘이서 사설을 쓰는 등 모든 일을 했다고 기록하였다. 《조선소식》 기사에도 헐버트가 편집 일을 맡았음을 암시하는 글이 자주 등장한다.

탄생시켰다. 한철호 교수는 "서재필이 단시일 내에 한글과 영문으로《독립신문》을 창간할 수 있었던 결정적인 이유는 헐버트의 삼문출판사 시설을 이용했기 때문이다."라고 주장했다.[20] 《독립신문》은 한글판뿐만 아니라 영문판도 발행하였으며, 영문판은 한글판의 단순 번역이 아닌 별도의 편집물이었다. 헐버트는《독립신문》 발행과 관련한 자신의 역할을 편지에서 구체적으로 밝혔다.[21] 그는 각종 설비와 인력을 서재필에게 제공했다고 밝혔다. 우편망이 닿는 모든 곳에 신문을 배송하기 위해 1파운드에 3센트의 배달료로 신문 운송계약을 조선 조정과 체결했다고도 했다. 6개월 안에 8,000부가 팔릴 것으로 예상하면서 신문 1부의 값은 1센트(조선 돈 1푼을 말한 것으로 보인다)라고 했다. 조선인에게 매우 유익한 신문이 발간되어 매우 기쁘다면서 서재필을 재능이 뛰어난 인물로 평가하였다. 헐버트가 이렇게 세세한 부분까지 알고 있었다는 것은 그가《독립신문》의 운영과 편집 전반에 걸쳐 상당한 역할을 하였다는 것을 의미한다. 그가 단순 협조자였다면 이렇게 자세하게 알 수는 없었을 것이다. 헐버트는 또 영문판 기사 전체를 자신이 직접 썼다면서, 이 일에 하루 한 시간만 할애해도 되기에 그리 부담스럽지 않아 당분간 계속할 것이라는 말도 덧붙였다. 그는 회고록에서도 "서재필은 한글판을 담당하고 나는 영문판을 책임 맡았다Dr. Jaisohn took charge of the Korean part and I assumed the English part."라며 영문판 편집자였음을 밝혔다.[22] 한편, 헐버트의 동생 아처Archer B. Hulbert가 1897년 10월 미국에서 건너와《독립신문》에서 일

20 한철호, 〈턴로력뎡, 배재학당 삼문출판사와 개화기 문화〉, 《배재학당 역사박물관 연구집 2》, 2010, 16쪽

21 부모에게 보낸 편지(1896년 4월 5일, 4월 20일, 4월 26일)

22 Hulbert, Homer B., 《Echoes of the Orient》, p 209

했다. 동생은 서재필을 대신하여 각국의 공사를 만나는 등 기자 역할을 하고, 편집 일도 도왔다고 한 언론 회견에서 밝혔다.[23] 따라서 상당기간 헐버트가 영문판 편집을 전담하다가 동생이 합류하면서 헐버트는 서서히 손을 떼고 서재필과 동생이 이어받았다고 여긴다. 아처는 한국에서 1년여를 살다가 미국으로 돌아가 콜로라도에 정착하였다. 그는 후일《제주도의 여왕The Queen of Quelparte》,《미국의 고속도로 역사Historic Highways of America》,《캘리포니아 금광을 찾아, 1849Forty-niners: the Chronicle of the California Trail》등의 저서를 남겼다.[24]

《독립신문》1896년 4월 7일 자 초판 한글판과 영문판을 비교하면 흥미로운 대목이 나온다. 한글판은 금요일로 표시되었으나 영문판은 화요일로 나와, 요일이 상충된다. 지은이가 따져보니 이날은 화요일이었다. 한글판이 오류인 것이다. 이는 한글판과 영문판을 각각 다른 사람이 맡았다는 방증이기도 하다. 《독립신문》영문판 창간호 사설은 한글판에는 없는 일련의 국가 개혁 과제를 제시했다. 사설은 "조선은 조선인을 위한 조선이어야 하고, 부패를 추방해야 하고, 한글을 쓰는 것이 창피하다는 생각을 버려야 하고, 교과서를 하루빨리 한글로 보급하여야 한다."라고 주장하였다. 이는 헐버트의 평소 지론으로서 헐버트가 사설을 썼음을 뒷받침한다. 한편, 1897년 1월 조선에서 두 번째 순 한글 신문이 탄생하였다. 감리교가 창간한 《조선그리스도인회보》이다. 헐버트는 아펜젤러와 함께 《조선그리스도인회보》의 편집을 맡았다.[25]

---

23 Hulbert, Archer B., 《Sunday Morning》, May 29, 1904
24 당시 서양인들은 제주도를 Quelparte 또는 Quelpart로 불렀다. Forty-niners란 미국 동부에서 1849년 금을 캐러 서부로 몰려든 사람들을 말한다.
25 《독립신문》영문판《The Independent》, 1897년 2월 9일

《독립신문》1896년 4월 7일 자 창간호 한글판과 영문판.
금요일과 화요일로 다르게 나와 있다.

일본 규탄의 선봉 《한국평론》을 창간

헐버트는 1901년 1월, 《조선소식》과 같은 형식의 영문 월간지 《한국
평론The Korea Review》을 창간하였다. 그는 편집장이자 주필이었으며 운
영도 직접 맡았다. 헐버트는 관립중학교에서 학생들을 가르치면서도 《한
국평론》을 1906년 말까지 6년간 발행하였다. 《한국평론》은 한국의 역사,
문화를 소개하면서도, 시국에 관한 정론을 펼치며 일본 규탄의 선봉에 섰
다. 1901년 12월 일본의 《고베크로니클Kobe Chronicle》이 한국의 쌀 수출

금지 조치에 대해 비난하는 기사를 썼다. 이에 대해 헐버트는《한국평론》 1902년 1월호에서 "한국인들도 쌀이 부족하여 제대로 못 먹는다. 수출해서 돈만 받으면 한국인들이라고 쌀 대신 돈을 먹을 수 있느냐?"라고 반박하며 쌀 수출은 한국인들에게 생사가 달린 문제라고 주장했다. 헐버트는 주식인 쌀이 한국인들에게 충분히 공급되지 않는 현실을 안타깝게 여기고 있던 차였다. 헐버트는 1905년 6월〈보호통치A Possible Protectorate〉라는 글을 통해 "보호통치 소문이 꼬리를 물고 있는데 1904년에 체결한 한일의정서가 왜 지켜지지 않는지 일본은 답해야 한다."라고 일본을 압박했다. 이어서 7월호 사설에서 일본인들의 한국인들에 대한 횡포를 고발하며, "일본인들을 양국이 합의하여 개방한 항구도시에서만 살게 해야 한다."라고 일본인들에 대한 주거 제한을 요구했다.

놀라운 일은 매달 50여 쪽이 넘는《한국평론》에 나오는 글 대부분을 헐버트 혼자 저술하였다는 사실이다. 그는 부모에게 보낸 편지에서 하루하루가 너무 바빠 편지를 쓸 시간도 없다고 했다. 그는《한국평론》에도 언어, 문학, 예술, 민담 등 한민족의 문화적 정체성에 관한 글을 왕성하게 기고하였다. 사설을 합친 논문 형식의 기고가 195편이나 된다.

《한국평론》은 일본, 영국, 미국, 러시아, 중국, 독일 등 5대륙 19개국에서 구독하였으며, 뉴욕과 런던에는《한국평론》을 전담 취급하는 보급 대행사도 있었다. 이러한 국제적 인기는《한국평론》을 세계적 언론으로 부각시켰으며, 헐버트는 언론인으로서 국제적인 명성을 얻었다. 뉴욕의 시사 주간지《네이션The Nation》은 1905년 4월《한국평론》에 소개된 서울-부산 철도 개설에 관한 기사를 인용하며 서울-부산 철로가 시베리아 횡단선 철로보다 더 견고하다고 보도하기까지 했다.

"일본의 만행이 사실이 아니면 어떠한 죗값도 받겠다."

헐버트는 을사늑약 후 분풀이라도 하듯《한국평론》을 통해 일본을 규탄하였다. 일본은 헐버트가 허무맹랑하게 국제 여론을 선동한다며《한국평론》의 구독을 중단하고 국외 발송도 방해하였다. 고종 황제 특사로 미국에 갔다가 1906년 5월 돌아온 헐버트는《한국평론》1906년 7월호에 〈한국과 아편Opium in Korea〉을 기고하였다. 그는 이 글에서 일본인들이 한국으로 아편을 유입하고 있다며, "일본은 사악한 아편 장사를 당장 멈추어라. 그렇지 않으면 국제 언론에 알릴 것이다."라고 경고하였다. 그는 경제 문제에도 글을 발표하여 이민법, 광업법, 수출 관세법 등이 한국인을 위한 것이 아닌, 일본인에게만 유리하게 제정되었다면서 즉각 개정되어야 한다고 주장했다. 9월호에서는 〈일본인들의 한국 이주Japanese Immigration〉를 발표하여, 일본인들의 대량 이주는 한국을 완전히 집어삼키겠다는 의도라며 일본이 곧 한국을 병합할 것으로 예견하였다. 그는 또 지방에서 올라오는 일본인들의 횡포에 관한 소식을 사설, 통신란을 통해 폭로하였다. 목포에서 22살의 일본 청년이 50대 한국인을 장대에 묶어 기둥에 매달아 죽인 사건이 발생했다. 헐버트는 이 사건을《한국평론》10월호를 통해 고발하며 일본인들의 유입을 통제하는 것만이 해결책이라고 주장했다. 헐버트는 12월호에서, 민영환 자결 1주년을 맞아 민영환이 설립한 흥화학교興化學校에서 거행된 추모식에서 김규식이 민영환의 강점으로 청렴성을 꼽았다고 밝혔다. 헐버트는 "합리적 인물은 자결은 있을 수 없는 일로 여긴다. 민영환이 살아 있다면 더 큰 일을 하였을 것이다. 그러나 우리는 그의 행동을 심판할 수 없다."라고 주장했다. 이어서 지금 한국은 한규설이나 민영환 같은 애국자가 절실히 필요한 시점이라며, "역사는 자체적으로 벌을 내리고 또한 자체적으로 보상도 한다. 일본은 한국을 강탈하기 위해 약속을 파기한 데 대해 언젠가 복리이자까지 합쳐 한국에 진 빚을 갚아야 할 것이다."라고 글을 끝맺었다.

헐버트는 12월호에 발표한 〈긴급동의An Eminent Opinion〉에서 외국인들에게 뜨겁게 호소하였다. 그는 "외국인들은 누구나 내가 말한 일본의 만행을 와서 확인하라. 만약 내 말이 사실이 아니면 어떠한 죗값도 받겠다. 그런데 사실이라면 당신에게 요구하겠다. 무도한 만행을 저지르는 일본 당국에 항의하는 데에 참여하라. 누구든 와라, 아니 모두 와서 참여하라."라고 외쳤다. 헐버트의 분노 지수가 어느 정도인지를 가늠케 한다. 헐버트는 이 격한 외침을 끝으로 《한국평론》의 발행을 마감하였다. 그는 부모에게 보낸 편지에서 "제가 《한국평론》을 그만두면 일본은 춤을 출 것이고, 한국인들은 저에게 욕설을 해댈 것입니다. 남는 시간에 한국을 위해 더 좋은 일을 할 수 있다고 위안 삼으며 이제 끝내려 합니다."라며 진한 아쉬움을 토로했다. 《한국평론》은 허무하게 종간되었지만 헐버트는 《한국평론》을 통해 한국의 억울함을 세계에 알렸고, 정의가 살아 있음을 보여 주었다. 한편, 헐버트는 1907년, 《한국평론》에 기고한 일본의 비행에 관한 글 36편을 묶어 《한국 내의 일본인Japanese In Korea》이라는 책을 출간하여, 일본의 극동에서의 횡포는 세계 평화에 대한 협박이라며 국제사회가 한국 문제의 심각성을 깨닫기를 호소했다.

헐버트는 1903년 《타임스The Times(London)》 객원특파원을 맡고, 1904년에는 《AP통신》 임시특파원으로 러일전쟁을 취재하였다. 헐버트는 개화기 언론 발전에 크게 기여하였을 뿐만 아니라 필봉으로 독립운동을 펼친 언론 독립운동가였다.

한국 간섭을 중지할 것을 국제사회에 호소

"한국은 지구상에서 절대 없어질 수 없는 나라!"

헐버트는 1898년 여름 가슴이 벅차올랐다. 조선이 처음으로 진정한 자치국가의 길로 들어섰다고 판단하였기 때문이었다. 헐버트는 미국의 유수 잡지《북미평론North American Review》1898년 6월호에 〈한국의 자치The Enfranchisement of Korea〉를 기고하였다. 그는 "요즈음 대한제국은 축복의 나날red-letter days을 보내고 있다. 한민족은 처음으로 지난 몇 달 동안 완전한 독립을 누리고 있기 때문이다."라고 서두를 시작하였다. 이어서 중국은 한국의 내정이나 외치에 간섭하지 않고 후견인patron으로만 존재해 왔으나, 임오군란을 계기로 청나라의 간섭이 도를 넘었다고 한국과 중국의 역사적 관계를 설명하였다. 그러면서 "정확한 속내는 알 수 없지만 현재 청나라, 일본, 러시아 모두 한국에서 손을 떼 한국은 처음으로 완전한 독립국이 되었다."라고 기뻐하였다. 헐버트는 또 대한제국이 당장 해결해야 할 문제점 두 가지를 지적하였다. 하나는 엽관제spoils system와 족벌주의 타파이고, 또 하나는 무인들이 긍지를 갖지 못해 군대가 약하다며 무인들에 대한 처우 강화였다. 그는 대한제국의 긍정적 측면도 소개하였다. 외국의 부당한 간섭이 없어져 고위 관리들이 열강에 뒷배를 대는 현상이 없어지고 있고, 한국 교육이 중국 고전에서 벗어나 보통교육으로 전환되고 있다고 즐거워하였다. 그는 글 말미에서 "한국은, 이야생트

Pere Hyacinthe[26] 신부가 말한 신의 손으로 형성된 유대Judaea처럼, 지구상에서 절대 없어질 수 없는 나라이다."라고 결론지었다.

독립협회에서 연설, "대한제국은 어느 나라로부터도 종속관계에서 벗어나야"

1896년 탄생한 독립협회는 한국 최초의 근대적 의미의 정치사회단체이다. 독립협회의 탄생에는 1894년 출발한 정동구락부가 일정하게 영향을 미쳤다. 독립협회의 중심 회원들이 대부분 정동구락부 출신이라는 점에서 더욱 그러하다. 정동구락부는 외교관, 선교사를 비롯한 서양인들과 민영환, 이완용, 윤치호 등 조선인들도 참여한 사교모임이었다. 고종도 정동구락부에 호의적이었으며, 헐버트도 참여하였다. 헐버트는 독립협회 활동을 개화기에 '가장 희망을 줬던 시기most promising period'로 평가하였다. 많은 독립협회 회원들이 헐버트의 제자이거나, 헐버트와 교류가 깊은 사이였다.

독립협회는 1898년 9월 1일 조선 개국 506주년 기념행사를 주최했다. 새로 건축한 독립문 앞에서 열린 이 행사는, 당초 초대한 2천 명의 두 배가 넘는 5천여 명이 모인 전례 없는 집회였다. 첫 번째 연사로 독립협회 회장 윤치호가 나서서 지나간 5백 년보다 앞으로의 5백 년이 더 중요하다는 요지의 연설을 하였다. 이어서 헐버트가 등단하였다. 그는 이 연설에서 독립에 대한 자신의 철학을 감동적으로 밝히며 청중들을 매료시켰다.

---

26 이야생트Pere Hyacinthe(1827~1912) 신부는 파리 노트르담 성당에서 명 강론을 펼쳤으며, 가톨릭교에 현대적 사고를 불어넣은 신학자이다.

연설 일부를 소개한다.[27]

"대한제국의 안녕과 근대화는 나를 비롯한 이곳 외국인들도 마음속 깊이 원하고 있다. 대한제국의 독립은 한국인들에게만큼 나에게도 중요하다. 왜냐하면, 나의 삶은 한국인들의 삶과 일체감을 형성하고 있기 때문이다. 독립이란 마음대로 행동하는 방임이 아니다. 타인의 희망과 권리를 무시하는 독립은 무정부상태가 뒤따른다. 진정한 독립이란 국가든 개인이든 자연물이든, 어떤 존재가 추구하는 최상의 목적을 무엇으로부터도 방해받지 않고 성취할 수 있는 기회와 가능성을 제공받는 것이다. 대한제국은 아직 자유를 살짝 들여다보기만 하였다. 앞으로 대한제국은 어느 나라로부터도 종속관계에서 벗어나야 한다. 오랜 세기에 걸쳐 응고된 자만심, 이기심, 편견의 족쇄도 걷어차야 한다. 국가의 모든 힘을 인민의 삶의 질 향상에 쏟아부어야 한다. 대한제국은 방해받지 않고 자신이 세운 최상의 목표를 달성하는 길로 들어서고, 행복과 번영을 추구하는 교양 있는 충성스러운 인민을 양성하는 방향으로 들어섰을 때만이 자유를 얻었다고 할 수 있을 것이다. 여기 대한제국의 안녕을 참으로 바라는 한 사람이 한민족의 행운을 간곡하게 빈다." 대한제국이 어떤 독립을 이뤄야 하는가를 명쾌히 제시하였고, 헐버트의 한민족 사랑이 오롯이 담겼다. 《독립신문》 영문판은 헐버트의 연설을 "대한제국이여 전진하자Advance Korea!"라고 이름 지으며, "헐버트의 연설은 모든 참석자의 가슴을 뜨겁게 달구었다."라고 보도하였다.

한편, 윤치호는 일기에서 "헐버트는 항상 긍정적이었으며, 감성도 풍

---

27 《독립신문》 영문판, 1898년 9월 3일

부하여 만날 때마다 유쾌했다."라고 헐버트를 평가했다.

"한국이 이웃나라로부터 얻은 것은 약탈을 당한 것뿐"

헐버트는 1899년 봄 미국 언론에 호소력 넘치는 2편의 글을 기고하여 국제사회가 대한제국의 자주독립국 건설을 도울 것을 호소하였다. 그는 뉴욕에서 발행되던 월간지《포럼The Forum》1899년 4월호에 〈한국과 한국인Korea and The Koreans〉을 기고하여 "한국이 강대국인 러시아, 중국, 일본 사이에서 꿋꿋하게 살아남았으나 한국은 아직 손과 발이 묶인 형국"이라고 서두를 시작하였다. 이어서 한국을 에워싼 열강들의 압박이 계속되는 한 한국은 정신적 노예상태에서 벗어날 수 없다며 인접 국가들이 한국을 더 이상 간섭하지 말기를 호소했다. 헐버트는 또 족벌주의를 정치적 근친상간political incest으로 규정하고, 가문에 대한 사랑이 나라 사랑보다 앞설 수 없다며 족벌주의가 한국 역사에서 완전히 제거돼야 한다고 호소했다. 헐버트는 곧바로 5월 4일 뉴욕에서 발행되던 주간지《인디펜던트The Independent》에 〈한국Korea〉을 기고하였다. 그는 장기적으로 보면 민족적 기질이 그 민족의 운명을 결정한다며, 한국의 정치적 특성을 지도력leadership의 결핍으로 보았다. 독립협회의 자유주의 운동이 성공하지 못한 이유도 지도부의 통제를 넘어선 성급함과, 운동의 힘을 결집하는 동력의 부족에서 찾았다. 헐버트는 글 말미에서 한국의 자치적 독립은 이웃나라들의 태도 여하에 달렸다며, 특히 인접 국가라면 무조건 자신의 영토로 편입하려는 야욕을 가진 러시아를 한국에 대한 커다란 위협으로 지목했다.

헐버트는 또 1900년 뉴욕의 미국지리학회 학회지Journal of the American Geographical Society of New York에 기고한 〈한국의 지리적 중요

성Korea's Geographical Significance〉에서 중요한 전략적 위치에 자리한 한국은 작은 나라이지만, 유대Judaea가 그러했듯이 일본과 러시아 중간에서 두 제국의 야욕을 꺾는 역할을 할 수 있도록 세계가 도울 것을 호소했다. 한편, 헐버트는 1904년 미국의 《센추리》 잡지에 〈한국, 열강의 각축장Korea, The Bone of Contention〉을 기고하여 한국이 강대국의 놀잇감이 되고 있다고 고발하였다. 그는 열강들이 돈 벌기에 급급하여 심지어 공사관 철수까지 운운하며 각종 이권사업을 한국에 강요하나, 한국은 국고만 낭비하고 있다고 분개했다. 그는 대표적으로 러시아가 압록강 주변의 삼림 벌채권을 획득하여 5천만 달러를 챙긴 반면, 대한제국은 겨우 25만 달러의 수수료만 받았다고 억울해했다. 이 협상을 주도한 외부대신이 거액의 뇌물을 챙겼다고도 보았다. 또한, 프랑스는 대형 도자기 공장을 세우자고 압박하며 기술자를 파견했는데, 전혀 생짜를 보내 매달 약 5백 달러의 월급만 몇 년째 축내고 있다고 비난했다. 그러나 철도와 전차 사업은 그래도 한국에 유용하였다고 평가하였다. 그는 글 말미에서 "한국이 지금까지 이웃나라로부터 얻은 것은 약탈뿐nothing but rapine이다."라며, 이웃나라들이 더 이상 한국에 고통을 주지 말기를 호소하였다.

3부
한국학의 개척자

헐버트는 아리랑 후렴구 노랫말은 서정시요, 교훈시요, 서사시라면서,
"조선인들은 즉흥곡의 명수이다. 부르는 이들마다 노래가 다르다.
조선인들이 아리랑을 노래하면 바이런George G. Byron이나
워즈워스William Wordsworth 같은 시인이 된다."라고
조선인들의 예술적 끼를 칭송하였다.

경이적 저술가

한민족의 정체성을 개념화해

헐버트는 내한 초기 조선의 말글을 공부하며 자석에 이끌리듯이 한민족의 역사, 문화에 빠져들었다. 그의 한민족 탐구는 시간이 지나며 성리학에 함몰돼 있던 조선 지식 사회에 대한 항거로 이어졌다. 그가 본 조선 사대부들은 중국의 역사와 이상에는 골몰하면서도 정작 자신들의 뿌리나 미래는 도외시하였기 때문이다. 헐버트의 저술 활동은 그의 인생 궤적과 맥을 같이 하며, 세 줄기로 요약된다. 첫째로 한민족 뿌리 탐구를 통한 한민족의 정체성 확인, 둘째로 한민족 역사에 대한 체계적이고 온전한 기술, 셋째로 일본의 침략주의에 대한 규탄과 한국독립 호소이다.

헐버트의 저술을 더듬다 보면 인간의 역량은 어디가 끝인가라는 질문을 던지지 않을 수 없다. 그의 저술은 양과 질 모두에서 경이적이다. 그는 일생을 통해 무려 23권의 단행본(8권의 학술 서적, 5편의 소설, 7편의 희곡, 3권의 자서전), 304편의 기고문(논문 포함)을 남겼다. 물론 확인된 글만을 말하며, 강연 원고 등은 제외하였다. 이 글 거의가 한민족과 관련한 글이다. 특히 《사민필지》, 《한국사》, 《대한제국의 종말》은 어느 누구도 범접하기 어려운 불후의 명저이자 우리의 문화유산이다. 기고문 304편 중 229편은 국내에서 주로 《조선소식》과 《한국평론》을 통해, 나머지 75편은 국외에서 발표했다. 특기할 일은 국외 발표 대부분이 국제적 명성의 언론을 통해 이루어진 점이다. 이는 세계의 지성들이 헐버트를 통해 한민족의 역사, 문화를 접할 수 있었음을 말해 준다. 지은이는 그의 기고문 중 내한 초기 57편을 우리말로 옮겨 2016년《헐버트 조선의 혼을 깨우다》를 출간하였다. 앞으로 남은 글들도 세상에 내놓으려 한다.

헐버트 글의 특징은 한민족의 입장에서 사물이나 사건을 관찰했다는 점이다. 이는 남의 나라 문화를 접하는 그의 철학이기도 하다. 그의 글을 보면 한민족에 대한 일방적 편향이 있는 것이 아닌가 하는 의심이 들 정도다. 그렇다고 사실이 왜곡되거나 보편적 진리에 어긋나지도 않는다. 오히려 글의 사실성에서 '어떻게 뿌리가 다른 외국인이 한민족을 이토록 깊고 넓게 이해할 수 있을까'라며 고개가 저어진다. 그의 글은 미래를 통찰하되 실용을 우선시한다. 서술 능력이 뛰어나고 논증도 탄탄하지만 미사여구로 포장하려 하지 않는다. 글이 현학적이지도 않다. 설득력이 넘치고 해학적이다. 사물이나 자연을 토속과 미학으로 조화시키는 예술적 감성도 풍부하다. 그의 글에는 무엇보다도 인간애와 정의감이 살아 숨 쉰다. 헐버트는 사건이나 인물을 정의의 형틀에서 엄단하고, 천부적 인권을 바탕으로 인간화하는 재주가 넘쳐난다. 그는 무엇보다도 우리도 몰랐던 우리의 인종적, 문화적 가치를 파헤쳐 세계에 소개하고, 우리의 문화를 문명적 가치로 묘파하여 한민족의 정체성을 개념화하는 토대를 제공하였다. 그의 한민족 탐구가 한국학 개척의 선구적 업적으로 평가받아야 할 이유이다. 그의 저술을 단지 한 이방인의 시각으로 간주해서는 아니 되는 근거이기도 하다.

"저는 만족감을 얻고자 글을 씁니다."

헐버트는 참으로 글쓰기를 좋아하는 사람이었다. 그는 부모에게 보낸 편지에서 "저는 돈을 위해 글을 쓰는 것이 아니라 만족감을 얻고자 글을 씁니다. 즉, 말하고 싶은 것을 말하고자 함입니다. 저는 먹는 것보다 글쓰기가 더 좋습니다Not that I need money but for the pleasure of the thing and say some thing that I want to say. I would write rather than eat."라고 하여 그가 왜 글을 쓰는지를 분명히 했다. 헐버트는 학자이자 사상가이다. 그는 박학다식 자체였다. 헐버트의 학문 세계는 언어, 인문, 철학, 역사, 지리, 논리학을 망라한다. 신학은 물론이고 수학도 잘했다. 또한, 청년 계몽과 인간애 구현에 앞장선 참된 계몽주의자이자 평등박애주의자였다. 헐버트가 훌륭한 저술가가 되기까지에는 광적인 독서열, 빼어난 관찰력, 고차원적 분석력이 크게 기여하였다. 그는 탐구 정신이 특별하고, 빼어난 통찰력의 소유자였다. 집념, 열정, 끈기 등 좋은 습관은 그를 탁월한 저술가로 만든 버팀목이었다. 헐버트의 관찰력은 특출하였다. 그는 회고록에서 쌀은 한민족에게 소중한 곡식이나, 경작에 어려움이 많다고 지적했다. 물이 제때 공급되어야 하고, 경작지가 편편해야 물을 제대로 저장할 수 있으며, 벼가 익을 때와 가을 추수기에는 비가 오지 말아야 한다고 했다. 다행히 조선의 날씨는 쌀의 경작에 알맞게 가을에는 비가 덜 온다고 덧붙였다. 그러나 쌀농사가 밀농사보다 힘이 4~5배 더 든다고 보았다.

헐버트의 저술을 보면 정약용이 어른거린다. 헐버트도 정약용 못지않게 고차원적 지적 활동을 벌였기 때문이다. 두 사람은 정확히 100년의 시간차로 출생하였다. 두 사람 다 방대한 저술을 남기고, 지적 욕망은 상한선이 없었으며, 실용을 중시하였다.

한글 사랑의 표상

"조선이 한글 창제 직후부터 한글을 받아들였더라면 조선에는 무한한 축복이 있었을 것"

헐버트는 내한 초기 한글에 매료된 이래 계속하여 한글의 문자적 우수성을 파헤쳤다. 그는 1892년에 이어 1896년 6월 〈조선 글자The Korean Alphabet〉를 《조선소식》에 발표하여 한글의 우수성과 세종의 위대성을 다시 설파했다. 그는 7쪽의 이 글에서 한글에는 다섯 가지 소리, 즉 어금닛소리, 혓소리, 잇소리, 목구멍소리, 입술소리가 있다며, 세종은 모음이 모든 말하기의 근간이라는 사실을 인식한 천재이자, 겸손과 배려는 물론 탁월한 실용성을 지닌 독창적인 인물이었다고 평가하였다. 헐버트는 논문 말미에서 조선이 왜 한글 창제 직후부터 한글을 사용하지 않았느냐며, 이제라도 늦지 않았으니 지금 당장 한글을 사용하자고 다음과 같이 호소했다.

"만약 조선이 한글 창제 직후부터, 과도한 지적 부담을 주고intellectual-overloading, 시간을 낭비하고time-wasting, 반상제도를 고착시키고caste-conserving, 편견을 부추기고prejudice-confirming, 게으름을 조장하는indolence-breeding 한자를 내던져 버리고 자신들이 만든 소리글자 체계인 한글을 받아들였더라면 조선에게는 '무한한 축복immeasurable blessing'이 있었을 것이다. 하지만 허물을 고치는데 너무 늦다는 법은 없다But it is never too late to mend. 이제라도 한글을 써야 한다."

헐버트는 또 1896년 10월《조선소식》에 "나는 영국인들이 라틴어를 버린 것처럼 조선인들도 결국 한자를 버리리라 믿는다."라고 하여 이미 백 년도 훨씬 전에 한글 전용 시대가 올 것을 예언하였다. 오늘날 우리가 한글을 전용하고 한자가 보완적 기능을 하는 현실을 보면서 헐버트의 예지력에 감탄하지 않을 수 없다.

'훈민정음'을 역사상 최초로 학술적으로 고찰

헐버트는 1903년《한국평론》에 2회에 걸쳐 〈훈민정음The Hun-min Chong-eum〉을 발표하였다. 헐버트는 13쪽의 이 글에서《훈민정음》서문을 역사상 최초로 영어로 옮기고 학술적으로 고찰하였다. 특히 한글 자모를 일일이 분석하고 영어 자모와 비교하였다. 이 글은 훈민정음에 관한 근대적 의미의 최초의 언어학적 고찰이다. 조선 중후기 최석정, 신경준, 정동유, 유희 등이 음운학을 연구하고 훈민정음을 고찰하기도 하였으나 헐버트의 근대적 의미의 언어학적 고찰과는 궤를 달리한다. 헐버트는 "《훈민정음》이 몇 부 남아 있다고 알려졌지만, 실제로 이 책을 본 외국인은 아직까지 없다."라며《문헌비고文獻備考》에 나오는 정인지가 쓴《훈민정음》서문을 소개하고 자신의 해석을 담았다.

헐버트는 먼저 초창기 훈민정음을 심도 있게 분석하였다. 겹닿소리의 흔적을 더듬고, 'ㅿ'(반잇소리), 'ㆆ'(여린히읗) 등 사라진 글자들의 소리를 추적했다. 그는 "한글 자모는 음성학의 법칙을 거의 완벽할 정도로 정확하게 따랐다. 자음은 세 개의 묶음을 이루고, 각 묶음은 같은 성질의 자음끼리 무리를 이룬다. 예를 들어 첫 묶음은 한국인이 어금닛소리, 즉 서

"The Korean sounds are much unlike the Chinese and the words are very different, and for this reason it is difficult to compare them. The common people are not able to use the Chinese. I am much troubled about it and have made twenty-eight characters so that any man can learn them easily and use them.

ㄱ is a molar-tooth sound like the beginning of 君 (Kun)
ㅋ " " " " " " " " 快 (K'wä)
ㆁ " " " " " " " " 業 (Up)
ㄷ " " tongue " " " " " 斗 (Tu)
ㅌ " " " " " " " " 呑 (T'an)
ㄴ " " " " " " " " 那 (Na)
ㅂ " " lip " " " " " 步 (Po)
ㅍ " " " " " " " " 漂 (P'yo)
ㅁ " " " " " " " " 彌 (Mi)
ㅈ " " tooth " " " " " 卽 (Chenk)
ㅊ " " " " " " " " 侵 (Ch'im)
ㅅ " " " " " " " " 戌 (Sul)
ㅇ " " throat " " " " " 把 (Eup)

....

small that we get a semi-nasal effect. Let the reader try to pronounce the English word "knee" without touching the tongue to the gums or the roof of the mouth and he will pronounce the Korean word fo· "tooth" to perfection. We believe that the letter △ was used to represent this obscure sound, but that it was so near the sound of ㄴ that it was eventually dropped and ㄴ used in its place. And yet we still find the Koreans pronouncing the word for "tooth" (니), for "yes" (네), for "king" (넝 굼) or (님 군), for "ancient" (녜), for "story" (니 아기), for "brow" (니 마), and a host of others, not with the proper ㄴ sound but with this obscure half nasal. We believe there can be little doubt that this sound was originally represented by the △. A careful examination of the Thibetan, in which this character is also found, would probably throw light on this question; for there is no doubt that the Koreans derived their consonants from the Thibetan alphabet.

헐버트의 훈민정음에 관한 논문. 한글 자모를 일일이 분석했다.

양인들이 후두음이라고 부르는 것들로 무리를 이루고, 둘째 묶음은 혓소리, 셋째 묶음은 입술소리, 넷째 묶음은 목구멍소리, 즉 거센소리이다."
라면서 한글 자모가 과학적인 방법으로 배열되었음을 격찬하였다. 그
는 자모 분석에서 "'ㅁ(m)'은 '입술소리이자 콧소리labial nasal'이고 'ㄴ(n)'
이 '잇소리이자 콧소리dental nasal'이듯이, 'ㅇ(ng)'은 '후두음이자 콧소리
guttural nasal'이다."라고 하여, 'ㅁ'을 콧소리라고만 주장하는 오늘날 학자
들보다 더 예리하게 자모의 발성을 분석했다. 그는 또 "한국어 'ㅅ'은 영어
's'의 혀짤배기소리라고 할 수 있다. 다시 말해 혀끝을 치아에 대고 발음하
는 것이 아니라 치아 바로 위의 잇몸, 혀끝보다는 조금 뒷부분에 대고 발
음한다."라며 외국인으로서 간파하기 힘든 부분까지 접근했다. 뿐만 아
니다. 그는 "한국인들은 아직도 'ㄴtooth', 'ㅖyes', 'ㅇ금 혹은 닝군king', '녯
ancient', 'ㄴ야기story', 'ㄴ마brow' 등을 완전한 'ㄴ(n)' 소리가 아닌 애매한
반 콧소리로 낸다. 이 소리가 원래 'ㅿ'(반잇소리)로 표현됐음은 의심의 여
지가 없다."라고 하여 언어학자로서의 면모를 여실히 드러냈다.

한편, 헐버트는 집현전 학자 성삼문을 모음과 자음을 구분하는데 기
여하는 등 한글 창제에 공헌이 큰 사람으로 인식하며, 그의 학식과 인품
을 매우 높이 샀다. 그는 성삼문이 태어나기 직전 성삼문의 아버지가 하
늘로부터 세 번의 질문을 받았기에 이름을 삼문三問으로 지었다고 했다.

한글 맞춤법 정비를 최초로 공론화

헐버트는 한글의 우수성을 파헤쳤을 뿐만 아니라, 한글 맞춤법도 정
비하자고 나섰다. 헐버트는 1904년 〈한글 맞춤법 개정Spelling Reform〉이
라는 논문을 《한국평론》에 발표하여, "맞춤법을 배우는 일이 약간 힘들긴
하지만, 맞춤법을 통해 더해지는 시각적 요소는 문장 자체를 더 풍부하

게 한다."라며 맞춤법의 중요성을 강조했다. 헐버트는 이 글을 쓸 무렵 지석영, 김가진, 주시경 등과 깊게 교류하였기에 이후 발표된 지석영의《신정국문新訂國文》(1905년), 주시경의《대한국어문법大韓國語文法》(1906년) 등에 일정한 영향을 미쳤을 것으로 추측된다. 헐버트는 논문 서두에서 "한글은 음성학적 기준에 완벽한 문자이다. 이는 처음 글자를 완성한 이후 버려진 글자가 단 두 글자뿐이라는 사실에서 알 수 있다."라면서 한글의 음성학적 우수성을 설파하였다.[1] 그는 이어서 한글 맞춤법에 제대로 된 기준이 없다면서 우선적으로 불필요한 부분을 손질하자며, 소리 차이가 없는 'ㅏ'와 'ㆍ(아래아)' 중 하나를 버리자고 주장했다. 또, 'ㅈ'으로 발음하는 곳에 'ㄷ' 자를 쓰지 말고 원래 그 소리를 나타내는 글자를 쓰자(즉, '지치다'를 '디치다'로 쓰지 말자)고 제안하는 등 한글 맞춤법 정비의 필요성을 구체적으로 열거하였다. 헐버트는 글 말미에서 한국어 어휘를 폭넓게 담은 사전이 아직 나오지 않았다며 사전 편찬을 촉구하고, 한글 맞춤법은 한국 교육 전체와 관련된 문제라며 하루빨리 맞춤법을 정비하여 모든 이의 수고를 덜어주자고 호소했다.

"한글과 견줄 문자는 세상 어디에도 없다!"

헐버트의 한글 연구는 집요하였다. 그는 심지어 한글을 200개가 넘는 다른 나라 문자와 비교해 보았다면서, "어느 문자도, 문자의 단순성과 발성의 일관성에서 한글보다 더 나은 문자는 없었다. 한글은 현존하는 문자 가운데 가장 훌륭한 문자 중의 하나임에 틀림없다."라고 한글을 정

---

1 당시에는 없어진 글자가 2글자였으나 지금은 4글자다.

의하였다.[2] 헐버트는 또 1905년 출간한《한국사》'세종' 편에서 "문자의
단순성과 발성의 힘에서 한글과 견줄 문자는 세상 어디에도 없다Korean
alphabet scarcely has its equal in the world for simplicity and phonetic power."
라고 그의 뜨거운 한글 사랑을 포효하였다. 그는 이어서 "세종은 그리스
어의 뿌리가 되는 고대 페니키아Phoenicia 문자를 그리스에 전한 카드머
스Cadmus 왕자에 조금도 뒤지지 않는 인물이다."라면서 세종을 인류사에
빛나는 업적을 남긴 인물로 평가하였다.[3] 그러나 헐버트는 한글이 애용되

종로구 '주시경마당'에 주시경과 헐버트의 한글 공헌을 기리는 부조 상이 세워졌다.
'한글과 견줄 문자는 세상 어디에도 없다'는 헐버트의 외침을 새겼다.

---

2 Hulbert, Homer B., 《Hulbert's Manuscripts》, p 163

3 카드머스(Cadmus)는 그리스 신화에 나오는 페니키아Phoenicia 왕자로 기원전 2000년경 그리스

지 못하고 있는 현실을 안타까워하며, "조선의 불교 배척은 조선인들에게 종교적 분별력을 일깨웠으나, 한글의 발명은 한자에만 매달려 있던 식자층을 해방시키지 못했다."라고 아쉬워했다. 헐버트의 한글 사랑이 특별한 이유는 그가 한글의 우수성 발견에 그치지 않고, 한글로 교육을 확장하여 반상제도를 철폐하고 문명 진화를 이룬다는 교육 철학을 실천으로 옮겼기 때문이다. 따라서 헐버트는 한글의 가치를 '교육, 평등, 미래'로 승화시킨 한글 사상가이기도 하다.

중국에 한글을 바탕으로 한 소리글자 체계 제안

헐버트는 강연을 위해 시카고를 방문 중 《시카고데일리뉴스Chicago Daily News》 기자와 특별회견을 가졌다. 1913년으로 추정된다. 그는 회견에서 새로 탄생한 중화민국에 한자 대신 한글을 바탕으로 한 소리글자 체계를 제안하였다고 《리퍼블리컨》이 보도하였다.[4] 《리퍼블리컨》은 "중국 정부가 헐버트 교수의 제안에 심사숙고하고 있으며, 외국에 사는 중국인 특히 식자층이 이 제안을 지지하고 있다."라고 중국의 반응까지 소개하였다. 이어서 헐버트가 제안한 소리글자는, 26개의 글자만을 사용하는 아주 간편한 한글에서 따왔으며 꼭 필요로 하는 38개의 글자로 구성되었다고 했다. 기사는 "헐버트는 새로운 글자 방식 때문에 붓으로 종이에 글을

에 맨 처음 페니키아 문자를 전한 인물로 알려졌다. 그리스는 페니키아 문자를 그리스 문자로 발전시켰다.

4 지은이는 2009년 헐버트의 손자Bruce로부터 신문 기사 스크랩을 입수하였다. 스크랩에는 신문의 이름과 발행 일자가 없었다. 신문은 당시 헐버트가 살던 매사추세츠주 스프링필드Springfield 시에서 발행되던 《리퍼블리컨》으로 추정되며, 발행 일자는 중화민국 건국에 관한 문맥으로 보아 1913 년경으로 보인다. 중화민국은 1912년에 건국되었으며, 위안스카이는 1913년 중화민국의 대총통이 되었다.

쓰는 현재의 방식이 바뀐다면, 중국인 4백만 명이 일자리를 잃을 우려가 있다며 현재의 방식을 바꾸지 않겠다고 했다."라고 전했다. 이러한 보도 내용은 헐버트에 의해서도 확인되었다. 그는 다트머스대학 도서관 관계 자에게 보낸 서신에서 한글을 각색하여 중국에 소리글자 체계를 제안했다고 밝혔다.

중국 정부가 헐버트의 제안에 심사숙고한다는 기사를 유추해보면, 헐버트가 1913년 중화민국 대총통이 된 위안스카이에게 소리글자 체계를 직접 제안했을 가능성을 낮게 한다. 헐버트와 위안스카이는 조선에서 같은 시기에 살았기에 두 사람은 잘 아는 사이였을 것이다. 또한, 위안스카이가 대총통이 된 뒤 "조선의 한글을 중국인에게 가르쳐 글자를 깨우치게 하자."라고 제안하였다는 주장도 있다.[5] 비슷한 시기 이승만은 하와이에서 발행되던 잡지 《태평양》 1913년 11월호 논설에서, "지금 청국에서 국문을 수입하여 청인들이 국문을 이용하도록 만들려 하는 중이니 국문의 정묘함이 이렇습니다."라고 밝혔다.[6] 여러 정황으로 보아 당시 중국이 헐버트가 제안한 한글을 바탕으로 한 새로운 문자 체계의 도입을 적극 검토하였음은 분명해 보인다.

한편, 헐버트는 《헐버트 문서》 '일본과 종교' 편에서, "일본이 한글을 자신들의 문자로 채택하였다면 참으로 현명한 처사였을 것이다."라고 하여 일본도 한글을 갖다 쓰기를 희망했다.

---

5 곽경, 〈한글 세계화 열전〉, 《신동아》 2012년 1월호
6 건국대통령이승만기념사업회 인터넷 통신문 2014년 4월 11일 자 '대통령의 말씀 6회'

헐버트가 중국에 한글을 바탕으로 한 소리글자를 제안했다는 미국 신문 기사

한국 최초로 한글 타자기 제작을 시도

19세기 말 미국에서 타자기가 보급되자 우리나라에도 곧바로 서양인들에 의해 영문 타자기가 소개되었다. 그렇다면 한글 타자기는 언제 처음 제작되었을까? 한글 타자기는 1900년대 초부터 관심이 일어 언더우드, 이원익, 송기주 등을 거쳐 광복 후 안과 의사 공병우에 의해 실용적인 한글 타자기 시대가 열렸다고 전해지고 있다. 한글학자이기도 한 공병우는 1947년부터 영문 타자기를 분해하여 기계 구조를 연구하는 등 각고의 노력 끝에 1949년 한글 글자판을 만들어냈다. 이후 미국의 언더우드

Underwood 타자기 회사에 생산을 의뢰하여 가로 찍기가 가능한 세벌식 한글 타자기 제작에 성공함으로써 이 땅에 한글 기계화 시대의 막이 열렸다.

1905년 말 고종 황제의 특사로 미국을 방문한 헐버트는 1906년 초 미국 매사추세츠주 앤도버Andover에서 타자기 제작소를 운영하는 해몬드 Hammond를 만나 한글 타자기 제작을 합의하였다. 헐버트와 해몬드는 타자기 제작소에서 하루 종일 기름때를 묻히며 영어 자판을 한글 자판으로 바꾸는 일을 시도하기도 했다. 그러나 해몬드와 더 이상 한글 타자기 제작을 진척시키지 못했다. 헐버트는 뉴욕시에 소재한 언더우드 타자기 회사를 방문, 다시 한글 타자기 제작을 합의하였다. 그는 부모에게 보낸 편지에서 "서울에 가면 곧 판매회사를 선정할 것이고, 언더우드 선교사로부터 이미 100대의 한글 타자기를 사전 주문받았다는 전보를 받았다."라고 밝히면서, "만약 한글 타자기가 보급되면 한글을 위해 그리고 한국을 위해 매우 좋은 일이 될 것이다."라고 기뻐하였다. 그 뒤의 진척 상황은 기록을 찾을 수 없었다. 헐버트가 이듬해 일본의 박해로 한국을 떠났기에 언더우드 선교사가 한글 타자기 제작 사업을 이어갔다고 추측한다. 언더우드 타자기 회사는 언더우드 선교사의 형이 운영하는 회사이다. 오늘날 언더우드 선교사가 만들었다고 알려진 두벌식 한글 풀어쓰기 타자기가 이때 헐버트가 시도한 타자기의 결과물일 가능성이 커 보인다. 1909년 헐버트가 한국에 잠깐 다녀갔을 때 그는 부인에게 보낸 편지에서, "언더우드 선교사로부터, '드디어 언더우드사가 한글 타자기를 생산하였다.'는 말을 들었다."라고 밝힌 점이 이를 뒷받침한다. 1906년 헐버트의 한글 타자기 제작 시도는 후일 언더우드사를 통한 한글 타자기 제작의 밑거름이었다고 여긴다.

헐버트와 주시경

헐버트와 주시경의 만남은 조선에 비친 서광

헐버트와 주시경은 배재학당에서 사제지간으로 만났다. 배재학당 학생들과 헐버트와의 관계는 남다를 수밖에 없었다. 왜냐하면, 첫째로 학생들은 헐버트가 저술한 《사민필지》로 교육을 받았다. 1897년 배재학당에 입학한 윤성렬은 "《사민필지》는 배재학당의 유일한 교과서였다. 그밖에는 특별히 정해진 교과서가 없었고 교사들이 적당히 교재를 마련해 수업을 진행하였다."라고 증언하였다.[7] 둘째로 학생들이 삼문출판사에서 문선, 조판 등의 잡역을 담당하며 학업과 실습을 병행하였다. 가정 형편이 어려웠던 주시경은 삼문출판사에서 밤에까지 일하며 학비를 보탰다.[8] 이때 삼문출판사 책임자는 헐버트였다. 주시경은 배재학당 입학 전부터 한글에 대해 상당한 깨우침이 있었다고 전해지고 있다. 그러한 주시경이 순한글 교과서 《사민필지》를 접하고, 외국인이면서도 한글을 사용해야 한다고 외치는 헐버트를 만나 무엇을 느꼈을까. 두 사람은 자연스럽게 한글이라는 공통적 관심사를 만들어 갔으리라 추정된다. 주시경이 헐버트로부터 어떤 영향을 받았는지에 대해서는 기록이 남아 있지 않으나 두 사람이 한글 발전을 위해 함께 걸은 흔적은 곳곳에 남아 있다. 주시경과 헐버

---

7 윤성렬(김학민 펴냄), 《배재학당이야기, 도포 입고 ABC 갓 쓰고 맨손체조》, 학민사, 2004, 91쪽
8 《배재70년사》, 배재중고등학교, 1955, 116쪽

트의 만남은 한글사의 일대 사건이자, 한글 시대를 예고하는 조선에 비친 서광이었다.

주시경을 서재필에게 추천

《독립신문》의 공적 중 하나가 한글로 신문을 발간한 점이다. 《독립신문》이 한글로 발행된 것은 한글 사용에 대한 시대적 요구를 반영한 서재필의 용단이었다. 서재필의 용단이 있기까지에는 헐버트의 영향도 컸다고 여긴다. 주시경도 《독립신문》에서 회계 겸 교보원으로 일하며 한글 대중화에 힘을 보탰다.[9] 이때 서재필이 주시경을 직접 선발했다고 알려져 있으나 여러 정황으로 보아 헐버트가 주시경을 서재필에게 추천하였다고 추정한다. 서재필은 1895년 12월 25일에 미국에서 귀국하였고, 주시경은 1896년 3월에 배재학당에 재입학하였기에 《독립신문》이 창간된 1896년 4월 7일 이전에 서재필과 주시경이 만날 가능성은 제한적이었다고 봐야 한다. 그렇다면 주시경을 잘 아는 배재학당 측 누군가가 주시경을 서재필에게 추천하였을 가능성이 매우 높다. 헐버트는 회고록에서 신문 발행을 위해 사무실, 기계, 설비뿐만 아니라 직공, 편집editorial work 및 교정proof-reading을 맡을 인력을 서재필에게 제공했다고 밝혔다. 이로 미루어 주시경의 이름을 거명하지는 않았지만 헐버트가 주시경을 서재필에게 추천하였다고 여긴다.

---

9 《배재100년사》, 학교법인 배재학당, 1989, 127쪽

link that bound them together.

Dr Jaisohn had had no experience in News-paper work, and he asked
me to help him establish an office, secure the necessary machinery and
materials, obtain the services of the necessary workmen and start the
publication of the paper. Then there was the matter of editorial work,
proof-reading, and so forth. The paper was bilingual, two pages being
printed in English and two in Korean. Dr Jaisohn took charge of the
Korean part and I assumed the English part. Being the first attempt
at news-paper publication in Korea it naturally attracted a good deal
of attention and immediately attained a rather wide circulation.

Dr Jaisohn and Mr Yun Chi-ho worked in complete harmony, each in
his separate place, both of them men of striking ability and the pur-
est patriotism. But there was one trouble; and through all the forty

헐버트가 회고록에서, 자신이 영문판 책임자였으며
편집 · 교정을 맡은 사람을 서재필에게 제공했다고 밝혔다.

띄어쓰기와 점찍기 정착에 기여

《독립신문》의 탄생은 띄어쓰기와 점찍기를 정착시키는 계기를 마련
하였다. 최초의 띄어쓰기는 1882년 만주에서 발간한 한글 성경에서 시
도되었다. 국내에서도 《독립신문》 탄생 이전부터 띄어쓰기와 점찍기가
시도되었음을 보여 주는 글이 존재한다. 헐버트가 공동 편집인으로 있
던 《조선소식》 1896년 1월호 학예란에 〈점찍기와 띄어쓰기Commas or
Spacing〉라는 글이 실렸다. 이 글에서 글쓴이는 점찍기와 띄어쓰기를 하
면 한글을 편하게 읽을 수 있다면서 띄어쓰기가 필요한 예를 들었다. '장
비가 말을 타고'라는 문장이 띄어쓰기가 없으면 '장비 가말(가마)을 타고'

COMMAS OR SPACING.

BACON says, "Some books are to be tasted, others to be swallowed, and some few to be chewed and digested." But a Korean book written in Enmun sans commas sans spacing is a most tasteless, unswallowable and in-digestible affair.

It may be argued that the native novels, such as they are, are written without any marks by which a reader may tell whence a word cometh and whither it goeth. True; but are missionaries under any obligation not to improve the Korean method in the matter? As it is an average Korean in reading an Enmun book, makes some ridiculous mistakes An instance: A man reading the well known Historical Novel of Three States (Sam Kuk Chi) read the sentence 장비가 말을 .타고 (Chang-bi rode on a horse) into 장비 가말을 타고 (Chang-ti rode in a sedan chair). Such a mistake would be easily avoided if commas or spacing were introduced, separating words one from another.

Moreover, the books which have been, and may be, written by a missionary naturally contain words, phrases and sentences brand new from the writer's creative brain. Pack, then, these terms, perfectly meaningless to an uninitiated Korean into monotonous columns of Enmun, line upon line, precept upon precept—why, the wonder is, not that the Korean cannot read the new books well, but that he can read them at all. In short, the use of commas or, better still, of spacing, will prove a great help to Koreans and a greater help to foreigners. Try it!—T. H. Y.

띄어쓰기와 점찍기를 시도해보라고 권한 글.
《조선소식》 1896년 1월호

로 읽힐 수 있다고 했다. 이 글 끝에 'T.H.Y.'라는 글쓴이의 필명이 나온다. 'T.H.Y.'는 윤치호로 보인다. 윤치호는 미국에서 공부하다가 1895년 귀국하여 《조선소식》 발간에도 참여하였다. 따라서 윤치호가 《조선소식》 편집진의 의견을 담아 이 글을 남겼다고 상정된다. 한편, 《독립신문》 영문판 1897년 2월 9일 자는 "아펜젤러와 헐버트의 책임 아래《조선그리스도인회보》를 언문으로 발행하였으며, 띄어쓰기를 실시했다."[10]라면서, "우리는 한글 신문의 개척자 역할에 긍지를 느낀다."라고 썼다. 당시

---

10 《독립신문》 영문판, 1897년 2월 9일

《독립신문》 영문판은 헐버트가 편집자였기에 이 기사는 헐버트가 작성하였다고 여긴다. 헐버트의 한글에 대한 열정을 읽을 수 있는 대목이다.

띄어쓰기와 점찍기는 《독립신문》 창간 이전부터 헐버트, 윤치호, 아펜젤러 등 《조선소식》 편집진에 의해 논의돼오다가 《독립신문》 창간을 계기로 이 땅에 정착되었다고 여긴다.

국문연구소 설치에 공헌

고종 황제는 1907년 한글 보급을 목적으로 정부 안에 '국문연구소'를 설치하였다. 헐버트는 국문연구소 설치 이전부터 한글 발전을 위해 한글보급청을 설치하자고 주장해 왔다. 국문연구소 설치 배경에 헐버트, 주시경의 공동 노력이 있었다는 증언이 존재한다. 헐버트의 관립중학교 제자이자 헐버트를 지근거리에서 도운 오성근은 일기에서 1902년 3월 헐버트, 김가진, 지석영, 주시경 등과 함께 '국문학교' 설립을 추진하였으나 재정이 궁핍하여 진행하지 못하였다는 기록을 남겼다. 오성근은 또 1906년 주시경과 '대한국어문법구성건'을 협의하였다고 밝혔다. 여러 정황으로 미루어 헐버트, 주시경, 지석영, 김가진, 오성근 등의 노력이 국문연구소 설치로 이어졌다고 여긴다.

《독립신문》에서 일하던 주시경은 1896년 5월 '국문동식회'를 조직하여 국문법의 공동 연구를 시작하였다. 국문동식회는 최초의 국문법 연구 모임이다. 국문동식회 회원은 대부분 배재학당 출판사에 있는 학생들이었다.[11] 따라서 이때 주시경은 출판사를 책임 맡고 있던 헐버트와 국문

---

11 《배재백년사》, 학교법인 배재학당, 1989, 128쪽

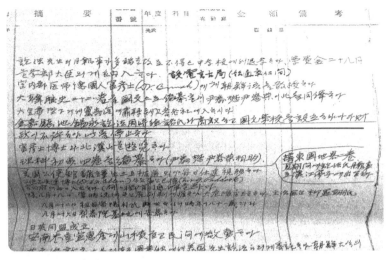

헐버트, 주시경 등과 함께 한글 발전을 협의했다고 기록한
오성근의 일기. 오성근의 딸(오임순) 제공

동식회 설립에 관해 협의하였을 것으로 추측된다. 주시경과 헐버트는 또
1904년에 설립된 감리교 상동교회의 상동청년학원에서 교사로 함께 활
동하였다. 상동청년학원은 청년 교육기관으로서 청년들에게 민족의식과
역사의식을 고취시키며 독립정신을 불어넣었다. 이 학원에서 주시경은
한글을, 헐버트는 역사를 가르쳤다.[12]

헐버트와 주시경이 한글에 관한 공통된 철학을 가지고 있었음도 곳곳
에서 묻어난다. 주시경은《독립신문》1897년 4월 24일 자〈국문론〉에서
한자를 공부하는 대신 실생활에 대한 공부를 해야 나라가 부강해진다고
주장하였다. 한자는 실용적이지 못할 뿐만 아니라 미래지향적이지 못하
다는 논조는 이미 헐버트가 1891년부터 줄기차게 주장해 왔다. 두 사람

12 한규무,〈전덕기의 애국계몽 활동〉,《나라사랑》제97집, 외솔회, 1998, 126쪽

의 한글에 대한 공통 인식이 우연만은 아니라고 여긴다. 주시경은 1906년 《대한국어문법大韓國語文法》을 저술하는 등 한글의 문법체계를 확립하였다. 그는 조선어학회를 태동시켜 그의 사후에도 한글의 문법체계는 계속적으로 연구되고 보완되어, 한글의 품격이 더해졌다. 헐버트가 훈민정음의 가치를 확인시키며 한글 사용을 선창했다면, 주시경은 한글의 전문적 이론 연구와 후진 양성으로 한글 대중화의 토대를 닦았다.

"헐버트는 조선을 문명국의 반열에 올려놓아"

근년 들어 한글학회 등 한글 관련 단체에서 헐버트의 한글 사랑에 관심이 높아지고 있다. 헐버트박사기념사업회는 한글학회의 도움으로 2010년 10월 한글날 564돌을 맞아 '한국인보다 한글을 더 사랑한 미국인 헐버트'라는 제목의 학술대회를 개최하였다. 이 자리에서 김종택 한글학회 회장은 "헐버트 박사는 알면 알수록 존경이 더해지는 분으로 민족의 지적 영혼을 깨우친 겨레의 스승이자 한민족의 은인이다."라고 축사를 하였으며, 언어학자 이현복 교수는 "맥아더 장군이 한국을 공산주의로부터 구했다면, 헐버트는 한 세기 훨씬 전에 조선의 말글, 역사, 문화를 국제적으로 소개하여 조선을 문명국의 반열에 올려놓았다."라고 발표하였다. 앞으로도 헐버트의 업적이 한글사에 올바로 자리매김하기를 바란다. 반면, 우리는 세계 최고의 문자인 한글을 어떻게 대하고 있는가? 오늘날 우리 사회는 공공기관을 비롯하여 너나 할 것 없이 외래어와 한국어를 짜깁기하여 근본 없는 신조어를 남발하면서 21세기 판 신 문맹을 탄생시키고 있다. 언론에서는 외국어 원음을 그대로 한글로 옮겨 언어를 희롱하고 있다. 당장 한글 파괴를 멈춰야 한다.

최초의 한국어 학자

"오늘날의 조선어는 한반도 남부의 언어"

한 나라의 문자와 언어는 항상 바늘과 실처럼 따라다닌다. 헐버트는 한글에 매료된 만큼 한국어에도 매료되어 이 땅에서 한국어 뿌리 연구의 서막을 열었다. 그는 일찍이 1889년 《뉴욕트리뷴》에 한국어의 우수성을 설파하였으며, 1890년 10월 형에게 보낸 편지에서 "조선어와 드라비다어Dravidian languages의 유사성을 연구하고 있으며, 만주어 책도 일본 나가사키에서 구입하였다."라고 하여 육영공원 시절부터 한국어 연구에 열중하였음을 밝혔다. 드라비다어는 인도 남부에서 사용하는 언어이다. 1893년 2차 내한 시에는 중도에 하와이에 들러 폴리네시아Polynesia 언어 등 아시아 남부 언어와 한국어와의 관계를 살펴보았다. 헐버트는 부모에게 보낸 편지에서 스스로를 '언어 역사학philology에 미친 사람'이라고 칭하였을 정도로 언어학에 관심이 많은 사람이었다.

헐버트는 1895년 《조선소식》에 〈한민족의 기원The Origin of the Korean People〉이라는 논문을 발표하여 한민족의 인종적 뿌리를 추적했다. 29쪽의 이 논문은 역사상 최초의 한민족의 기원과 한국어의 뿌리에 관한 학술적 고찰이다. 그는 이 글에서 삼한시대를 중심으로 한반도 북쪽과 남쪽의 관계를 언급하며 한국어의 발자취를 추적했다. 헐버트는 "언어는 민족적 투쟁의 모든 흔적과 상처를 지니고 있다. 지질의 단층처럼 언어의 변천사도 분명하고 결정적인 단서를 제공한다."라며 언어를 민족의 기원을 찾는 가장 중요한 단서로 꼽았다. 그는 먼저 "조선어가 중국어의 파생물이라면 언어 발전 과정에서 조선어가 이토록 중국어를 멀리 따돌렸을 리가 없다."라며 조선어와 중국어는 전혀 연관성이 없다고 보았다. 이어서 인류의 발상지라고 불리는 이란 고원을 떠난 우랄알타이어족의 마지막 무리가 말레이반도를 거쳐 한반도 남부 해안가에 다다랐다면서, "오늘날의 조선어는 한반도 남부의 언어이다."라고 결론지었다. 그 이유로 조선어와 드라비다어의 유사성을 들었다. 그는 한민족이 북방계와 남방계가 한반도에서 만나 이루어지긴 했으나 조선어는 북쪽에서 오지 않았다고 주장했다. 그 근거로 인칭대명사 '나na'가 북쪽 언어 어디에도 흔적이 남아 있지 않다고 했다. 그러나 조선어와 드라비다어는 모음이 같고 둘 다 'z'와 'v'를 쓰지 않는다면서, 두 언어의 유사점 14가지를 구체적으로 열거하였다. 그는 또 조선어와 드라비다어 비교표를 제시하며, 임의로 선택한 드라비다어 단어 250개 중에서 24개, 약 10% 정도가 조선어와 유사하다고 주장했다. 그러나 만주어와 조선어는 810개 단어 중에서 6개, 즉 고작 0.8 퍼센트 정도만 조선어와 비슷하다며 조선어가 남부 우랄알타이어에서 왔다고 확신하였다.

헐버트는 또 1901년 《한국평론》에 〈한국어 대명사The Korean Pronoun〉를 발표하였다. 그는 이 글에서 한국어와 인도 남중부, 버마, 말레이, 오스트레일리아를 비롯한 태평양 연안 부족의 32개 언어를 비교하여 이들 언어 모두가 1인칭, 2인칭 대명사에 '나', '너' 등처럼 'ㄴ'이 들어간다며 이들 언어가 한국어와 뿌리가 같음을 주장하였다.

branch is *na* and that only. There are slight variations but on the whole wonderful unanimity. With equal unanimity the nothern branch uses *m* but with a greater range of vowels.

Southern Turanian.		Northern Turanian.	
Tamil	*ni*–"you"	Magyar	*te*–"you"
Malayalam	*ni*	Mongolian	*chi*
Tulu	*ns*	Finnish	*se*
Tuda	*ni*	Turkish	*sen*
Telugu	*niru*	Georgian	*then*
Gond	*inna*	Samoiede	*tan*
Ku	*inu*	Lapp	*don*
Korean	*ni*	Vouak	*ton*
		Caluuk	*dzi*

I would add a word in regard to glossarial affinities apologizing at the same time for the meager results due to inadequate preparation. Out of a list of 250 Dravidian words I found the following possible similarities to Korean.

Dravidian	Korean	Translation.
Na	Na	I
Ni	Nŏ	You
Ka	K'yŏ	To light
Tiru	Tora	To turn, back ward
Pey	Pi	Rain
Meyk ka	Mok (ita)	Feed
Tadi	Tadi*	Stick
Iru	Iro (na o)	To rise
Kadi	K'al	Knife
Satt	Tat	To shut
Al	An	Not

*As in 울타리.

1인칭 대명사 '나'와 2인칭 대명사 '너you'의 언어별
비교표(왼쪽). 드라비다어와 조선어 비교표(오른쪽)

한국어를 태평양 상의 에파테어, 대만 토착어와 비교

헐버트는 한국어가 태평양 국가 언어와 유사성이 있을 것으로 보고 한국어를 태평양 남서부 언어와 비교하는 열성을 보였다. 그는 한국어를 뉴헤브리디스New Hebrides 군도의 에파테Efate족 언어와 비교하여 두 언어의 유사성을 1901년 《한국평론》에 발표하였다.[13] 그는 이 발표에서 한국어 '비rain'는 에파테어로 'ba', '보다to see'는 'bu', '네yes'는 'ei', '도끼axe'는 'toki', '아비father'는 'ab'라고 한다는 등 두 언어 132개 단어의 유사성을 확인하였다. 헐버트는 또 한국어와 대만 토착어의 유사성을 비교하여 1903년 《한국평론》에 발표하였다. 그는 "어휘 50개 중 30%에서 대만 토착어와 한국어 사이에 근본적인 유사성이 발견된 사실은 두 언어 사이에 단순한 우연을 넘어선 근원적인 유사성이 존재한다고 봐야 할 것"이라고

---

13 에파테Efate 섬은 지금의 바누아투Vanuatu공화국의 일원이다. 에파테족 언어는 말레이폴리네시아어 계통Malay-Polynesian language family의 핵심 언어이다.

169

주장했다.

헐버트는 1905년 《한국어와 드라비다어의 비교 연구A Comparative Grammar of The Korean and The Dravidian Languages》를 저술하여 한국어와 드라비다어족의 관계를 심도 있게 파헤쳤다. 151쪽의 이 책은 1895년에 발표한 논문 〈한민족의 기원〉을 구체화한 한국 최초의 비교언어학 서적이다. 헐버트는 이 책에서 언어학 지식을 총동원하여 한국어와 드라비다어의 유사성을 총체적으로 밝혀냈다. 헐버트에 이어 오늘날 많은 언어 연구가들이 한국어의 연원을 드라비다어족에서 찾고 있다. 김정남 한국타밀연구회 회장은 최근 한국어와 드라비다어족의 중심 언어인 타밀Tamil어 간의 뜻과 음이 같은 단어 500개를 찾아내 발표하였다.[14] 김 회장은 "헐버트는 한국어 연구의 아버지이자 오늘날에도 필적할만한 인물을 찾기 힘든 천재적 언어학자이다."라고 평가하였다. 헐버트가 드라비다어와 한국어의 유사성을 연구한 발단은 어머니가 스리랑카에서 태어난 인연 때문으로 보인다. 헐버트의 어머니는 스리랑카에서 태어나 5살에 인도 남부로 이주하였으나, 부모가 곧바로 사망하자 6살에 미국의 외가로 돌아갔다.

이두를 분석하여 오늘날의 한국어는 신라어라고 주장

헐버트는 1898년 외국인으로서는 접근하기 어려운 이두吏讀를 분석하여 〈이두The ITU〉라는 논문을 《조선소식》에 발표하였다. 그는 논문 서두에서 한자는 문법적으로 보면 세상에서 가장 불완전한 원시적인 글자

---

14 김정남, 〈A Comparative Study on Tamil and Korean Language & Customs: the Similarity and its Origin〉, 인도-한국 문화센터/한국학중앙연구원 주최 학술회의(인도 첸나이), 2018

〈이두〉 논문에서 한자, 이두, 한글을 비교하였다.

라면서, 대부분의 식자층은 한자 하나하나는 많이 알아도 한문 문장은 단순한 문장만 독해할 수 있으며 많은 경우 아예 독해를 못 한다고 주장했다. 따라서 한문 구문의 조잡함과 비효율성에 대한 항의의 표시로 이두 같은 새로운 체계가 탄생하였다면서, "지식인 간의 의견 교류에 한문이 부적격하다고 사실상 선고해버린 것이다."라고 이두 탄생의 의미를 설파했다.

그는 어미語尾 61개를 한자, 한자음, 이두, 한국어, 한글과 비교하고 각 단어의 변천 배경을 설명하면서, 이 중 38개가 신라어의 어미와 같다고 주장했다. 예를 들어 한자 '是旀시며'는 이두로는 '이며'이며, 한국어로

171

는 '하며'이고, 한글로는 'ᄒᆞ며'라 쓴다고 했다. 그는 "이두에 계속을 뜻하는 어미 '며'가 있다는 사실은 오늘날의 '~며'가 신라어에서 유래했음을 말해 준다."라며, 자신의 연구는 오늘날의 한국어가 고대 신라어라는 사실을 강력히 뒷받침한다고 주장했다. 그는 한자가 그리스도 시대 즈음에 또는 이보다 조금 앞선 중국 진秦나라 멸망 무렵에 한반도에 들어왔다고 추정하였다. 그는 논문 말미에서 자신의 논문은 한국어 기원을 향한 또 하나의 발걸음이라고 기뻐하였다.

한국어 어원을 최초로 연구, "'사람'은 '산다'에서 왔다"

헐버트는 한국어 어원을 최초로 탐구하여 1901년《한국평론》에 〈한국어 어원 연구Korean Etymology〉라는 논문을 발표하였다. 그는 서두에서 "한국어는 교착어이며 어형 변화가 매우 심하다. 특히 동사의 어형 변화가 그렇다. 아마도 순수 한국어 전체 단어의 3분의 2는 동사 어간의 추적이 가능하리라고 본다."라며 한국어 어원 연구 의욕을 불태웠다. 그는 영어 'm'과 소리가 같은 한국어 'ㅁ'의 명사형verbal noun 기능을 언급하며, "'ㅁ'의 명사형 기능은 동사 어간에 단순히 글자 'ㅁ'을 붙여 명사의 구실을 하는 형태이다. 예를 들면 '보to see'가 '봄'이 되고, 'ᄒᆞto do'가 '홈'이 되는 경우이다. 명사형의 기능을 정확히 알기 위해서는 '기', '지', 'ㅁ'으로 끝나는 세 가지 명사형 형태를 이해해야 한다."라고 풀이하였다. 그는 명사형 형태를 예시하며 "'어름'이라는 단어는 '어는freezing' 결과로서 얻어지는 '얼다to freeze'의 명사형 과거시제가 분명하다. 슬픔을 뜻하는 '서름'이라는 단어는 동사 '서르다'에서 왔다. '다름'은 '달린다to run'는 뜻의 동사 '다ᄅᆞᄂᆞ다'에서 왔으며, 복합어 '다름박질'과 '다름쥐squirrel'에도 '다름'

이 들어 있다."며 언어의 파생 단계를 세세히 설명하였다. 그는 이 외에도 '아름', '구름', '사름' 등의 어원을 추적하며, "'사름'은 가장 중요하고도 가장 보편적으로 사용하는 순수 한국어로서 어간이 '살'인 동사 '산다to live'에서 왔다. 이는 한국어 파생 법칙의 가장 두드러진 예로서 한국어 사람 man은 '살아 있는 사람living one'만을 뜻하는 특징을 지녔다."라고 해석했다. 헐버트는 글 말미에서 "일상어 '방room'은 순수 한자어이나 틀림없이 한국에 한자가 들어오기 전에 '방'을 뜻하는 순수 한국어가 있었을 것이라며, '구들'이 '방'의 순수 한국어라고 주장했다.

"한국어가 영어보다 우수하다"

헐버트는 1902년 《한국평론》에 〈한국어The Korean Language〉라는 논문을 발표하여 한국어의 특성과 우수성을 학술적으로 고찰하였다. 헐버트는 이 글에서 한국어의 언어학적 위치와 관련하여, "한반도는 우랄알타이어족의 두 갈래가 만나 한자권인 중국을 에워싸며 큰 여정을 마감한 곳이다. 한반도 북쪽은 우랄알타이어족이 북쪽에서 내려와, 남쪽은 우랄알타이어족이 남쪽에서 올라와 정착하였다."라고 주장하였다. 그는 "한반도에는 신라가 한반도 전체를 지배한 7세기 말에 이르러서는, 1066년 이후 잉글랜드인들과 노르만인들 사이에 널리 퍼진 정도의 사회적 분열은 존재하지 않았다. 언어와 인종의 동질성이 삼국시대의 틈을 금세 좁혔다."라면서 단일민족의 힘이 분열을 막았다고 보았다. 헐버트는 한국어의 우수성으로 먼저 동사를 들면서, "한국어 동사는 황홀하다 할 만큼 최상으로 발달하였다."라고 주장하였다. 그는 한국어에 문어체와 대화체가 따로 있는 이유를 중국에서 들어온 한자 때문이라면서, "이러한 현상은 중국의 막강한 영향력이 한국의 지적 발달을 방해한 수천 가지 예 중 하나에 불과하다.”라고 주장했다.

헐버트는 “언어의 음조를 아름답게 하는 방식에서 한민족처럼 자연의 법칙을 절대적으로 따르는 민족은 없다.”라며 한국어의 장점으로 음조를 꼽았다. 그는 “누가 한국인에게 ‘압녹’의 입술소리 무성음 ‘ㅂ’을, 뒤따르는 콧소리 앞에서 ‘입술소리이자 콧소리’[15]인 ‘ㅁ’으로 바꾸어, 듣기도 좋게 ‘암녹’으로 발음하라고 했는가?”라며 한국어 음조를 극찬하였다. 그는 또 한국어에 ‘철벅철벅’ 등 의태어, 의성어가 많은 점을 장점으로 꼽으면서, 이는 자연현상의 ‘음성 묘사phonetic descriptions’가 한국어에서 꽃을 피웠기 때문이라고 했다.

그는 글 말미에서 “한국어 연설은 끝에 오는 동사에서 절정에 이른다. 누가 보아도 한국어는 서양 언어들보다 웅변에 더 적합하다. 이러한 관점에서 한국어는 대중 연설 언어로서 영어보다 우수하다In this respect the Korean surpasses English as a medium for public speaking.”라고 한국어에 방점을 찍었다. 헐버트는 이 논문을 미국의 스미스소니언협회Smithsonian Institution에 보내, 동 협회가 발간하는 1903년 연례보고서Annual Report 학술란에 게재하였다. 스미스소니언협회 연례보고서는 미국 대통령 및 상하 양원에 보내지고 세계 석학들이 구독하기에 자신의 논문이 연례보고서에 게재되는 것은 학자들에게는 큰 영광이었다. 따라서 이 논문은 미국 조야의 주요 인사들 그리고 세계적 지성에게 한국어의 우수성을 알리는 소중한 역할을 하였다.

---

15 ‘ㅁ’은 입술소리이나 공명음으로 콧소리이기도 하여 '입술소리이자 콧소리labial nasal'라고 주장했다.

ANNUAL REPORT

OF THE

BOARD OF REGENTS

OF THE

SMITHSONIAN INSTITUTION,

SHOWING

THE OPERATIONS, EXPENDITURES, AND CONDITION
OF THE INSTITUTION

FOR

THE YEAR ENDING JUNE 30, 1903.

WASHINGTON:
GOVERNMENT PRINTING OFFICE.
1904.

810   THE KOREAN LANGUAGE.

in the word "sword," which was originally pronounced with the "w," in imitation of the sound of the weapon sweeping through the air, but having lost the w sound it now has no phonetic significance. One hardly needs a dictionary to learn the meaning of Korean onomato-poeia. What could "jing-geu-rŭng jăng-geu-rŭng" mean but the jingle-jangle of bells or of the steel rings on the horses' bridles? So again mulsin mulsin means soft to the touch, based on the same idea as our word "mellow" in which the softest sounds of human speech, "m" and "l," are used. On the other hand bak-bak means hard, stiff, unyielding, after the analogy of our word "brittle," which is doubtless mimetic. The Korean word whose stem is ch'i means to strike or hit, and is the phonetic equivalent of our vulgar word "chug," whose mimetic origin can not be doubted. One must con-clude that the prevalence of mimetic words in all languages forms a serious obstacle to the study of philology, for attempts on the part of widely separated people to produce a phonetic description of an object, quality, or act that is common to them both is most likely to result in similar, sounds. And these, later, form dangerous traps into which the eager and unwary philologue is prone to fall.

It may be asked whether the Korean language is adapted to public speaking. We would answer that it is eminently so. For, in the first place, it is a sonorous, vocal language. The Koreans say that in any syllable the vowel is the "mother" and the consonant is the "child," showing that they have grasped the essential idea that vowel sounds form the basis of human speech. The sibilant element is much less conspicuous in Korean than in Japanese and one needs only to hear a public speech in Japanese and one in Korean to discover the vast advantage which Korean enjoys. Then again, the almost total lack of accent in Japanese words is a serious drawback from the point of view of oratory. So far as we can see there is nothing in Korean speech that makes it less adapted to oratory than English or any other western tongue. In common with the language of Cicero and Demos-thenes, Korean is composed of periodic sentences, by which we mean that each sentence reaches its climax in the verb, which comes at the end; and there are no weakening addenda, such as often make the English sentence an anticlimax. In this respect the Korean surpasses English as a medium for public speaking.

한국어가 영어보다 우수하다고 기술한
〈한국어〉 논문이 실린 미국 스미스소니언협회 1903년 연례보고서 학술란

    지은이는 헐버트가 스미스소니언협회 연례보고서에 기고한 〈한국어〉 논문을 2005년 미국 뉴욕의 컬럼비아대학 도서관에서 헐버트 자료를 찾다가 우연히 발견하였다. 컬럼비아대학 소장 논문은 종이가 헤져서 쪽을 넘길 수가 없고, 복사도 할 수 없어 첫 쪽만 필사하였다. 논문을 처음 접했을 때 뛰는 가슴을 억제할 수 없었다. 세계의 지성들에게 한국어의 우수성이 알려졌다는 감동 때문이었다. 후일 미국 고서점을 뒤진 끝에 논문 전문이 실린 연례보고서를 확보할 수 있었다.

한국어 로마자 표기방식을 최초로 제시

우리나라 최초의 한국어 로마자 표기법은 1939년에 발표한 '맥큔-

라이사워 한국어 로마자 표기법The McCune-Reichauer System for the Romanization of Korean'이며, 현재는 2000년에 정부가 고시한 '국어의 로마자 표기법'을 사용한다. 헐버트는 1895년에 역사상 최초로 한국어 로마자 표기법의 기본 원칙을 제시하였다. 언어학자 이현복 교수는 "헐버트의 로마자 표기 방식은 '맥큔-라이사워 한국어 로마자 표기법'에 크게 영향을 미쳤으며, 현재의 '국어의 로마자 표기법'이 연상되는 선구적인 표기 방식"이라고 한 학술대회에서 평가하였다.[16]

헐버트는 《조선소식》1895년 6월호에서, 음소문자에서는 음가音價까지 완벽하게 표현할 수 있는 발음기호표는 현실적으로 불가능하다면서 조선어 로마자 표기 일반 원칙 다섯 가지를 제시하였다. 헐버트는 곧바로 8월호에 〈조선어 로마자 표기Romanization Again〉라는 12쪽의 논문을 발표하였다. 그는 서두에서 "로마자 표기법을 찾는 일은 군용가방에 무엇을 챙길지 결정하는 군인처럼 해야 한다. 정확성이 허락하는 한도 내에서 최대한 간결하고, 또 간결성이 허락하는 한도 내에서 최대한 정확해야 한다."라고 주장하였다. 그는 이어서 단순모음, 이중모음, 자음으로 구분하여 세세하게 로마자 표기법을 제시하였다. 그는 '단군'의 로마자 표기를 예로 들며, "'Tan' 또는 'Dan'의 선택은 취향에 달렸으나, 뒤의 '군'은, 첫 음절에서 시작된 발성이 둘째 음절로 이어질 때는 소리가 발성 직후에 나기 때문에 무조건 'gun'으로 써야 한다."라고 주장했다. 그러면서 자신은 '단'은 혼란과 애매함을 피하기 위해 'Tan'으로 쓰는 것을 선호한다고 했다. 그는 또 1900년 '왕립아시아학회 한국지부Royal Asiatic Society Korea

---

16 헐버트박사기념사업회, 《'한국인보다 한글을 더 사랑한 미국인 헐버트' 학술대회 자료집》, 2010, 68쪽

Branch'에 한국어 로마자 표기법을 제출하였으며, 이후 서울의 외국인들이 이 안을 따랐다고 부모에게 보낸 편지에서 밝혔다.

조선에 오기 전 7개 국어를 공부

헐버트가 어떻게 한국어를 그리 깊게 연구할 수 있었을까? 2015년 서울에 온 헐버트의 손자Bruce는 "할아버지는 12살 때에 아버지 서재에서 어깨너머로 라틴어를 공부하여 대학졸업 때에는 라틴어의 대가가 되어 있었으며, 프랑스어도 유창했다."라고 증언했다. 손자는, 1879년 세인트존스베리아카데미 입학시험에서 선생이 라틴어 문장을 읽어보라고 하자, 할아버지가 책도 보지 않고 3~4쪽을 암송하고 해석까지 하여 선생을 깜짝 놀라게 했다는 이야기를 들었다고 밝혔다. 지은이는 헐버트가 대학에서 그리스어, 라틴어, 독일어, 프랑스어를 배우고 신학대학에서 시리아어, 히브리어를 공부하는 등 조선에 오기 전 20대 초반에 영어까지 최소한 7개 국어를 공부하였음을 확인하였다. 특히 라틴어, 프랑스어는 원서를 저술에 참고할 정도로 수준급이었다. 그는 내한 전 프랑스의 레뮈자Rémusat, 독일의 뮐러Müller 등 세계적 언어학자의 서적을 탐독하고, 서울에 와서도 마쉬Marsh의 《영어의 기원과 역사The Origin and History of the English Language》를 독파하는 등 언어학 서적을 섭렵하였다.[17] 이러한 언어학의 지적 토대가 한국 말글의 우수성을 쉽게 발견하는 결과로 이어졌다고 여긴다.

---

17 레뮈자Jean-Piérre Abel-Rémusat(1788~1832)는 프랑스의 중국어 학자이다. 뮐러Friedrich Max Müller(1823~1900)는 독일의 동양 학자이자 언어학자이다. 마쉬George P. Marsh(1801~1882)는 미국의 저명한 외교관이자 언어학자이다.

한국 문학을 자연으로 노래하다

한국의 설화를 국제설화학술회의에서 소개

헐버트의 한민족 탐구는 역사, 언어뿐만 아니라 설화, 속담, 시, 소설, 음악, 예술, 풍속 등에도 뻗쳤다. 미국은 콜럼버스의 아메리카 대륙 발견 400주년을 기념하여 1893년 여름 시카고에서 '시카고세계박람회 World's Columbian Exposition'를 개최하였다. 박람회 기간 동안 '컬럼비아 국제설화학술회의The International Folk-Lore Congress of World's Columbian Exposition'도 개최되었다. 헐버트는 이 학술회의에서 '조선의 설화Korean Folk-Lore'라는 제목으로 연설하며 단군신화 등 우리나라 설화를 국제사회에 최초로 소개하였다. 그는 7월 13일 첫 번째 발표자로 등단하여 한민족이 한반도에 정착하는 과정을 설명하고, 조선 설화를 13가지 유형으로 분류하여 소개했다. 그는 고대 영웅의 초자연적 탄생 유형으로 단군의 탄생, 신라의 왕이 알에서 태어난 전설, 세 명의 현인이 땅 구멍에서 나와 한라산 동굴에 정착하는 제주도 전설을 상세하게 설명하였다. 이때 헐버트는 조선을 떠나 미국 오하이오주에 살고 있었다. 이는 헐버트가 미국에 살면서도 조선에 대해 깊은 애정을 가지고 있었음을 말해 준다. 헐버트가 어떤 경로로 이 학술회의에 참석하였는지는 확인할 수 없었다. 항상 부지런했던 헐버트 자신의 노력으로 이러한 기회를 얻었다고 여긴다. 지은이는 미국의 한 대학에서 주최 측이 남긴 헐버트 원고를 확보하였다. 한편,

1893년 시카고세계박람회에는 조선도 참가하였다. 역사상 최초의 국외 박람회 참가였다. 헐버트가 조선의 박람회 참가와 관련하여 어떤 역할을 했는지에 대해서는 기록을 찾을 수 없었다.

한국 속담 123개를 한국어, 영어로 발표

헐버트는 1895년부터 6차례에 걸쳐 《조선소식》과 《한국평론》을 통해 '동작에서 욕먹고 서빙고에서 눈 흘겨' 등 구전으로만 전해오던 우리나라 속담 123개를 발표하였다. 헐버트는 이 속담들을 한국어와 영어로 소개하고 속담의 의미를 해학적으로 풀이하였다. 그는 1895년 발표한 〈조선의 속담Korean Proverbs〉에서 "대부분의 조선 속담에는 고차원적인 진리가 평범한 삶에 대한 언급을 통해 드러나 있으며, 속담이 추구하는 목표가 있으나 마나가 아닌 탁월하게 실용적임을 확인할 수 있다."라면서 한국 속담이 서양 속담보다 훨씬 교훈적이고 철학적이라고 주장했다. 속담풀이에는 그의 한민족에 대한 따뜻한 정이 곳곳에서 묻어나며, 헐버트의 생활철학이나 정신

헐버트가 모은 우리나라 속담

179

세계도 담겨 있다.

조선 시는 자연 음악

헐버트는 1896년 《조선소식》에 〈조선의 시Korean Poetry〉라는 논문을 발표하였다. 이 논문은 조선의 시를 국제사회에 최초로 소개한 글이다. 헐버트는 먼저, 자신은 조선의 문학을 직역하지 않고 의역하여 원어민이 갖는 의미와 감동을 살리는 데 최선을 다하고 있다고 하여, 조선의 정서를 잃지 않고 조선의 문학을 탐구하고 있음을 분명히 했다. 헐버트는 조선의 시에는 시어의 축약이라는 특성이 있다면서, "조선인들은 대여섯 개 정도의 한자를 배열하여, 영시에서 8행의 한 연이 전달하는 시보다 더 많은 내용을 전달한다. 따라서 벽에 걸려 있는 한두 글자의 의미심장함을 무시해서는 안 된다."라고 주장하였다. 그는 "영시는 귀를 매개로 뜻을 전달하고, 조선 시는 눈을 매개로 뜻을 전달한다. 그래서 동양에는 웅변술이 존재하지 않는다. 말하기는 실용적인 용도로만 쓰일 뿐이다."라고 영시와 조선 시의 차이를 설명하였다. 그는 '落花'라는 한자 두 글자의 의미는 역사적인 맥락에서 이해해야 하며, 학식이 있는 조선인이 이 두 글자를 본다면 다음과 같은 내용을 떠올릴 것이라면서 자신이 직접 시를 창작하였다. 그가 창작한 시 '낙화'의 다섯 연 중 세 연을 소개한다.

정복자에게 당할 모욕과 희롱을 떠올리며
조용히 그녀는 떨고 있는 궁녀들에게 다가간다
대성통곡하는 궁녀들의 슬픔도
그녀의 고통에는 미치지 못한다

그러나 보라, 그녀는 웃는다
손짓으로 궁녀들을 불러 성벽 너머로 이끈다
평화로운 시절 자연의 행락지에서
대제사를 거행하던 시절처럼

하지만 지금 그들 뒤에서 공포의 굉음이 들리고
무자비한 전쟁을 저주하며 서둘러 절벽으로 뛰어간다
강물에 비친 자신을 보며 얼굴을 찡그린다
이제 낭떠러지 높이를 재어 본다
점멸하는 눈빛과 타들어가는 가슴으로
그녀는 돌아서서
절망의 형적이 맴도는 곳에
영웅의 불꽃을 태우리라

그녀는 낭떠러지 끝으로 여인들을 부른다
손에 손 잡고 슬픔의 자매들은 서성이다가
허공으로 몸을 날린다
용감한 그녀들이여
4월의 향기로운 내음에 부드럽게 날리는
매화 꽃잎들이 도랑 옆에 쌓이고
그렇게 백제의 꽃들은 떨어졌지만
정절의 정상에 높이 올랐다!

헐버트는 조선 시의 특징은 즉흥적인 자연스러움이라며, 조선인들은 새가 마음껏 지저귀듯 시를 짓는다고 평가하였다. 그는 또 조선 시는 모두 서정시라며, "조선 시는 자연 음악이며, 열정, 감성, 감정이 전부다. 모두가 개인사이거나 가정 이야기이다."라고 설파했다. 헐버트는 이 논문에서 조선을 배경 삼은 여러 편의 시를 창작하여 소개하였다. 그는 논문 말미에서 "결론적으로, 조선인들의 상상력이 부족하다고 치부하기보다 그들의 상상력이 참으로 풍부하다는 사실을 받아들여야 한다."라며 조선인들은 시적 감성이 풍부한 민족이라고 결론지었다.

"어느 민족도 봄의 풋풋함을 조선인들보다 더 만끽하지 못한다."

헐버트는 1897년 《조선소식》에 〈조선의 예술Korean Art〉을 발표하였다. 그는 이 글에서 조선인들은 사물을 상호 연관 지어 관조하지 않는다고 조선의 예술관을 특징 지었다. 그는 그러나 이는 조선인들의 예술적 심미안이 부족해서가 아니라 조선인들의 예술적 취향이 그들 고유의 문화를 바탕으로 발전되어 왔기 때문이라고 주장하였다. 그는 조선 예술의 두드러진 장점으로 주의력의 집중과 세밀한 정교함을 꼽으며, "조선인들은 휴대용 쌍안경보다는 현미경을 가지고 다닌다. 이러한 섬세함에 대한 집착이 바로 동양 전체에 그로테스크 풍의 기이한 예술 풍조를 낳게 했다."라고 해석했다. 헐버트는 글 말미에서 "어느 민족도 봄의 풋풋함을 조선인들보다 더 만끽하지 못한다. 어느 민족도 조선인들만큼 언덕 위에 앉아 아지랑이에 반쯤 가려진 환상적인 가을 풍경을 열정적으로 즐기지 못한다. 어느 민족도 자연의 매력을 조선인들보다 더 아름답게 표현하지 못할 것이다."라며 조선인들의 자연에 대한 감성에 감동했다.

early paganism.
  Next to the Nă Byong in importance comes the Choa Hyang,* "The view" or "The prospect." To be perfect it must be toward the south but it may be toward the east or west. It must never face north for the north is without sunlight and its color is black. This is not only true of grave sites but Koreans always prefer to build their houses facing to the south. It would be interesting to trace in different peoples this tendency. Is it a remnant of an ancient sun worship or is it because the course of empire has usually been from the equator northward and southward and wherever people have settled they have, unconsciously, built their houses so as to cast a back glance toward the sunny south?
  The Blue Dragon and White tiger† must also be attended to; these represent the east and west sides of the burial site. Blue is the color of the east and white of the west and this is a metaphorical way of describing the flanking hills. The grave usually lies in a slight hollow or indentation in the end of the hill and two arms, as it were, of the hill come partly around it on the east and west. These must not be greatly dissimilar in length or general shape. If one extends out far beyond the other it will influence for ill the descendants of the man buried there.
  One of the most unpropitious things of all is the Kyu Bong‡ or "spying peak." In order to discover whether such a peak exists, the geomancer seats himself upon the exact spot proposed for the sight of the grave and scans the horizon in every direction, taking careful note of every hilltop that is visible. Then he rises to his feet and repeats the scrutiny with ex-

* 坐向 † 青龍白虎 ‡ 窺峯

헐버트는 조선의 명당에는 규봉窺峯이 없어야 한다고 했다.

헐버트는 조선의 풍수지리에도 관심이 많았다. 그는 1896년 《조선소식》에 〈조선의 풍수지리Geomancer〉를 발표하여 조선의 묏자리 문화를 소개했다. 그는 조선인들에게 자연은 신비 자체이며, 조선인들은 자연에 대해 서양인들보다 훨씬 큰 경외심을 갖는다고 논문의 서두를 시작하였다. 이어서 조선인들은 묏자리 선정에서 네 가지 요소를 중요히 여긴다고 했다. 래용來龍 즉 용이 출현하는 곳이어야 하며, 좌향坐向 즉 방위가 남쪽을 향하고 본 산과 마주 보아야 하며, 청룡백호가 들어서야 하며, 마지막으로 묏자리를 숨어서 훔쳐보는 언덕배기를 말하는 규봉窺峯이 없어야 한다고 했다. 또한, 매장 시에는 금 우물을 말하는 금정金井을 바로 놓는 일이 중요하다고 했다. 그는 이 글에서 길흉화복을 가리는 방법을 기술한 도참서인 《천기대요天機大要》와 복구분ㅏ舊墳이라는 무덤에 대한 비법도 소개하였다.

"판소리는 서양의 소설을 능가하는 구전 소설"

캐나다에서 온 선교사 게일James S. Gale이 1902년 상하이에서 발행되던 한 영문 잡지에 글을 기고하면서, 한국은 소설이 없는 나라이며 지난 천 년간 한국에는 제대로 된 소설가가 없었다고 주장했다.[18] 헐버트는 "이는 한민족에게 억울할 만한 일이며 심각한 오해를 불러일으킬 가능성이 크다. 사실과 동떨어진 주장을 그대로 두면 한국 역사에 소설이라는 예술이 전무했다는 인식을 남길 수밖에 없다."라며 《한국평론》 1902년 7월호에 〈한국의 소설Korean Fiction〉을 발표하여 한국에도 훌륭한 소설이 있다고 반론을 폈다.

헐버트는 "최치원은 한반도 바깥에서도 문학적 위업을 널리 인정받은 몇 안 되는 한국인 중 한 사람이다."라며 최치원을 한국 문학의 원류로 꼽았다. 헐버트는 이어서 신라시대, 고려시대, 조선시대의 주요 소설을 일일이 열거하고 각각의 특징을 소개하였다. 그는 한글로만 쓰인 소설들도 많다면서 서울에만도 최소한 일곱 개의 '순회 책방circulating libraries'이 있으며 이곳에서 수백 권의 한문과 한글로 된 소설을 볼 수 있다고 했다. 한국에도 어디서나 그렇듯이 외설적인 소설도 있고, '기생'이라 부르는 무희가 한국 소설을 장식한다고도 했다. 헐버트는 이 글에서 흥미로운 주장을

---

18 이민희, 〈20세기 초 외국인 기록물을 통해 본 고소설 이해 및 향유의 실제〉, 《인문논총》 제68집, 2012

펼쳤다. 그는 "부유층 양반은 소설을 읽고 싶을 때 책방에 사람을 보내 책을 사 오게 하지 않고 광대 또는 전문 이야기꾼을 부른다. 광대는 고수를 대동하고 북을 가져와 고수의 장단에 맞춰 이야기보따리를 푸는데, 이야기는 대개 온종일, 어떤 때는 이틀까지 걸린다."라며 이를 한국에만 있는 '광대의 이야기 풀기', 즉 구전 소설이라고 주장하였다. 이는 오늘날의 판소리를 말한다.[19] 헐버트는 광대의 이야기 풀기와 책으로 된 소설 간에 근본적인 차이점이 없다면서, 광대의 숙련된 동작과 음조가 소설을 그냥 읽을 때는 느낄 수 없는 연극적 요소를 더해 주기에, 구전 소설은 예술성에서 서양의 소설을 훨씬 능가한다고 평가했다. 헐버트는 또 어문일치가 불가능한 한자로 인한 문어 표현의 한계 때문에 한국 소설이 역사나 시보다 뒤떨어졌다고 보았다.

한편, 헐버트는 1902년부터 1905년 사이에 한민족의 괴담에 관한 글 16편을 《한국평론》을 통해 발표하였다. 도깨비 등 으스스한 내용이 주를 이룬다. 사찰 '해인사海印寺'의 '海印'은 '바다의 도장'이라는 의미라고 소개하기도 했다. 헐버트의 저술은 동전의 주조 과정에까지 뻗쳤다. 그는 《한국평론》 1905년 3월호에 〈한국 동전의 주조A Korea Mint〉를 기고하여 11세기 말부터 시작한 한국 동전의 역사와 동전 주조 과정을 8장의 삽화를 곁들여 상세하게 설명하였다. 그는 일꾼들이 지옥 같은 환경에서 원시적인 방법으로 작업하나 동전의 상태는 매우 양호하다고 했다. 이 기고문은 한국 동전에 관한 최초의 글로서 학술적으로 소중한 자료로 평가받고 있다.

---

19 오늘날 춘향전, 심청가 등을 '판소리계 소설'이라고 부르는데 헐버트는 이미 한 세기 전에 판소리를 소설로 분류하였다.

아리랑에 최초로 음계를 붙이다

양악보 시대의 지평을 열다

아리랑은 한과 희망이 공존하는 한민족의 혼이다. 아리랑은 오늘날
지구촌의 한민족을 하나로 묶는 연결 고리이자 세계인들에게는 한민족의
상징이다. 그런 아리랑에 최초로 음계를 붙인 사람이 믿겨지지 않겠지만
바로 헐버트다. 헐버트는 구전으로만 전해오던 아리랑과 전통 민요를 역
사상 최초로 채보하여 이 땅에 양악보 시대의 지평을 열었다. 그는 조선
에 온 지 3개월여 만인 1886년 10월 20일 자 누이동생에게 보낸 편지에
서, "어제 툇마루에 앉아 있는데 옆집 두 어린이가 노래 하나를 하도 불러
대 이제 외울 정도가 되었다."라면서 편지에 자신이 들은 노래의 악보를
그려 넣었다. 노랫말이 무슨 뜻인지 모른다고 덧붙였다. 이 악보가 전통
민요에 대한 조선 최초의 서양 악보이자 아리랑 연구의 출발점이다. 헐버
트 귀에 들어온 노랫말은 '아라룽ararung 아라룽ararung 아라디오aradio 아
라루손araurüson 아라디오aradio'이다.[20]

이로부터 10년이 지나 헐버트는《조선소식》1896년 2월호에 〈조선의
성악Korean Vocal Music〉이라는 논문을 발표하였다. 그는 9쪽의 이 논문
에서 조선 성악을 형태별로 분류하는 등 학술적으로 고찰하고, 조선인들

---

20 필기체 영어가 불분명하여 임의로 추정하였다.

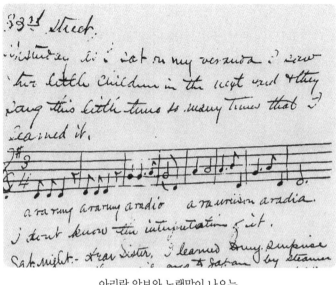

아리랑 악보와 노랫말이 나오는
누이동생에게 보낸 편지(1886년 10월 20일)

이 음악성이 뛰어난 민족이라고 결론지었다. 뿐만 아니라 아리랑에 역사
상 최초로 서양 음계를 붙여 아리랑 악보를 선보였다. 아리랑 가사도 채
록하였다. 아울러 시조 '청산아', 민요 '군밤타령'도 음계를 붙여 소개하였
다. 이 논문은 우리나라 전통 음악에 대한 최초의 학술 논문이자, 세계인
들에게 조선 음악을 최초로 소개한 글이다.

"종달새도 조선인들처럼 아름다운 선율을 지저귀진 못할 것이다."

헐버트는 먼저 "조선의 귀로 듣기 전까지는 제발 조선의 노래를 평가
하지 말아 달라"라고 호소하였다. 그는 서양인들이 조선의 노래가 박자가
맞지 않는다고 하지만, 이는 셰익스피어의 시가 운율이 맞지 않는다고 혹
평하는 것과 마찬가지라며 노래도 반드시 박자를 맞출 필요가 없다고 했

다. 그러면서도 조선의 노래에는 서양의 박자 개념이 분명 존재한다고 주장하였다. 헐버트는 조선 성악을 상류층이 부르는 고전 형식의 '시조', 서민들이 부르는 대중음악인 '하치', 그 중간 격으로 '응접실에서 들을 법한 노래'로 분류하였다. 그는 또 조선에는 '노래가 있어야겠다.'라는 말이 있을 정도로 음악은 조선인들에게 뗄 수 없는 존재라면서, "종달새도 조선인들처럼 아름다운 선율을 지저귀진 못할 것이다."라고 조선인들의 음악성을 격찬하였다. 그는 시조 '청산아'를 고전 형식의 대표 노래로 소개하고, 연회에서 부르는 노래라며 술과 관련한 노래도 소개하였다.

Another branch of Korean classical music deals with convivial songs. This does not sound classical, but then if Hogarth's paintings are classical surely a convivial song may be.

Here is one taken at random, and while it is a drinking song it is the saddest I ever met.

술먹지마자ㅎ고밍셰롤지엇더니
술보고안주보니밍셰가허ㅅ로다
ㅇ희야쳥념이어티민너저건너힝화촌

I

'Twas years ago that Kim and I
Struck hands and swore, however dry
The lip might be or sad the heart,
The merry wine should have no part
In mitigating sorrow's blow
Or quenching thirst. 'Twas long ago.

헐버트가 소개한 술과 관련한 노래. 노랫말이 재미있다.

"조선인들이 아리랑을 노래하면 시인이 된다."

헐버트는 대중음악의 대표 노래로 아리랑을 선택하였다. 그는 아리랑을 '현저히 빼어나고 듣기에도 아름다운 이름을 가진 노래'라면서, "조선인들에게 아리랑은 음식에서 쌀과 같은 존재이다."라고 아리랑의 위치를

헐버트가 역사상 최초로 채보, 채록한 아리랑

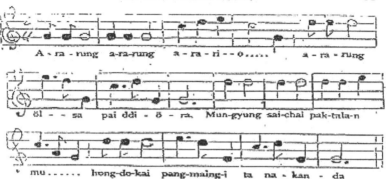

KOREAN VOCAL MUSIC. 51

A - ra - rung a-ra-rung a - ra - ri - - o..... a - ra - rung

ŏl - - sa pai ddi - ŏ - ra, Mun-gyung sai-chai pak-tala-n

mu...... hong-do-kai pang-mang-i ta na - kan - da

Here we have the chorus first and then the following:--

On Sai Jai's slope in Mun-gyung town
We hew the *pak tal namu* down
To make the smooth and polished clubs
With which the washerwoman drubs
Her masters clothes.

And by a swift turn of thought we have an Amazonian
stanza:--

I cannot from my good-man part.
To say good-bye will break my heart.
See here, I have him by the wrist.
However he may turn and twist
I won't let go.

And again a quick forsaking of the realm of the practical
and a dash into Titania land:--

I asked the spotted butterfly
To take me on his wing and fly
To yonder mountain's breezy side.
The trixy tiger moth I'll ride
As home I come.

And finally a sentiment which is all too true to Korean life.

The good-man lingers long away.
My heart is sad. I fear—but nay,
His promise, sure, will hold him fast.
Though long I wait, he'll come at last.
Back! fruitless tears.

This is all sad doggerel when put into English. The Ko-
rean flavor is gone, the aroma dissipated : but you can see, from

노랫말   아라룽 아라룽 아라리오 아라룽

얼싸 배 띄워라 문경새재 박달나무

홍두깨 방망이 다 나간다

설정하였다. 그는 아리랑을 조선 음악의 최고봉으로 평가하면서 동시에 우리의 주식인 쌀에 비유함으로써 조선인들의 아리랑에 대한 정서까지도 읽어냈다. 헐버트는 "아리랑은 1883년부터 대중의 마음을 사로잡은 것으로 알고 있다. 그러나 아리랑의 '진짜 마지막 공연'은 까마득한 미래의 일로서 아마도 아리랑은 한민족의 영원한 노래가 될 것이다."라고 아리랑의 미래를 예견하였다. 그는 아리랑 후렴구 노랫말은 서정시요, 교훈시요, 서사시라면서, "조선인들은 즉흥곡의 명수이다. 부르는 이들마다 노래가 다르다. 조선인들이 아리랑을 노래하면 바이런George G. Byron이나 워즈워스William Wordsworth 같은 시인이 된다."라고 조선인들의 예술적 끼를 칭송하였다. 조선 음악이 나라 밖에 전혀 알려지지 않았을 때 헐버트는 한민족의 음악적 재능을 세계에 설파하였던 것이다. 이는 우리 젊은이들이 오늘날 케이팝K-Pop으로 세계인들을 깜짝 놀라게 할 것을 한 세기도 전에 예견한 혜안이었다.

헐버트는 '아리랑'의 뜻에 대해 조선인들에게 물어봤지만 정확한 답을 듣지 못했으나 누군가 '나의 사랑하는 낭군I love my husband'이라고 답했다고 했다. 헐버트가 최초로 채보한 아리랑의 원류에 대해서는 학설이 분분하다. 노랫말에 문경새재가 등장하기에 문경새재아리랑이라는 주장이 강력하나, 강원도 지역에서 넘어와 경기 지방에서 불리던 아리랑이라는 주장도 존재한다. 북한에서는 서도아리랑이라고 주장한다. 이 악보는 1908년 발행된 미국의《음악 사전History of Foreign Music》에도 올랐다.[21]

21 김연갑,〈H. B. Hulbert〈Korean Vocal Music〉의 'Ararung'에 대한 소고〉, 헐버트박사기념사업회,
    《'한국인보다 한글을 더 사랑한 미국인 헐버트' 학술대회 자료집》, 2010

헐버트는 시조와 하치 사이의 중간 형태 노래로 '바람이 분다'를 소개하였다. 그는 '바람이 분다'는 황해도 연안의 험난하기로 소문난 '연평 바다'를 떠올린다면서, 지역적 특색의 가미는 조선 노래의 특징이자 조선 음악의 매력이라고 평가하였다. 그는 "조선의 지역 이름은 이름 자체가 아름답고, 시적이며, 음악에 잘 어울린다."라면서, '백두', '강화', '새재' '송도' 등 조선에는 서양의 시적인 이름과 겨룰만한 지명들이 무수히 많다고 주장하였다.

한편, 헐버트는 1906년 가을 미국의 빅터축음기Victor Gramophone 사가 서울에 와 한국 음악을 채록할 때 작업을 도왔다고 한 편지에서 밝혔다. 빅터사는 헐버트의 주선으로 소리꾼, 고수, 광대를 동원하여 한국에서 불리는 대부분의 노래를 채록, 우리나라 최초로 100개가 넘는 음반을 제작했다고 헐버트는 증언하였다. 이때 제작된 음반 일부가 최근 한 언론을 통해 국내에서 공개되었다.

아리랑 세계화의 숨은 공로자

〈조선의 성악〉은 학문적 수작일 뿐만 아니라, 근대 민요의 위상 제고에도 크게 기여하였다. 헐버트의 아리랑 채보 이후로 구전으로만 전해 오던 전통 민요가 악보와 함께 발전을 거듭하여 이제 전통 민요는 우리에게 민족의 긍지로 자리 잡았다. 김연갑 아리랑 연구가는 헐버트의 아리랑에 대한 기여를 다음과 같이 평가하였다.

"헐버트에 의해 아리랑이 우리 역사, 적어도 근대사에서 분명한 역사의 노래로 존재했음을 확인했다. 아리랑이 세계의 노래라는 위상을 갖고 있다면 그 배경에는 헐버트의 기여가 있었다. 이미 1세기 전에 한국인이

문경새재에 세운 헐버트아리랑 기념비

아닌 외국인으로서 한국 음악을 독립적으로 다루어 오늘의 아리랑과 세계화를 예견한 것은 코페르니쿠스적 발상이 아니겠는가? 이러함에 우리가 아리랑 어록비를 세운다면 그 제1호는 당연히 헐버트 박사 아리랑 노래비일 것이다."[22]

헐버트가 문화가 다르고 언어도 다른 남의 나라 전통 민요를 듣기만 하여 악보를 만들고, 남의 나라 성악 전체를 평가하였다는 것이 의아하고 궁금하다. 그러나 그 답은 쉽게 풀렸다. 헐버트는 학창시절부터 어떤 음악이든 한번 들으면 오리가 물에서 헤엄치듯이 소화해 냈고, 단아한 차림의 여선생의 음악 시간이 항상 즐거웠다고 회고하였다. 그는 심지어

---

22 김연갑, 〈쌀의 노래 아리랑〉 음반, 신나라, 2009

1920년 미국에서 파이프오르간의 음을 부드럽게 하는 장치device를 발명하여 특허 출원까지 하였다.

경상북도 문경시는 헐버트의 아리랑 업적을 기려 문경새재에 '헐버트 아리랑기념비'를 세워 2013년 8월 13일 헐버트의 증손자Kimball와 함께 준공식을 가졌다. (사)서울아리랑페스티벌은 2015년 헐버트에게 '제1회 서울아리랑상'을 추서하였다. 헐버트를 대신하여 상을 받은 손자Bruce는 할아버지, 할머니 모두 음악에 특별한 재능이 있었다고 증언하면서, 할아버지로부터 배웠다며 우리나라 '지게'를 설명하고, 하나, 둘, 셋도 열까지 또록또록 세어 보였다.

"대한제국 애국가는 헐버트가 채보한 군밤타령이 원형"

우리는 대부분 모르고 있지만 대한제국 시대에도 애국가가 있었다. 대한제국 애국가는 독일인 에케르트Franz Eckert가 1902년에 작곡하였다고 알려지고 있다. 그런데 헐버트가 〈조선의 성악〉에 선보인 군밤타령이 에케르트가 작곡한 애국가의 원형이라는 주장이 나왔다.[23] 서울대학교 이경분 교수와 도쿄대학교의 헤르만 고체프스키Hermann Gottschewski 교수는 공동으로 발표한 논문에서 "헐버트가 채보한 '바람이 분다parami punda'로 시작하는 노래가 약간의 수정을 가해 대한제국 애국가로 재탄생하였음을 확신하게 되었다."라고 주장하며 근거를 상세하게 제시하였다.

---

23 이경분/헤르만 고체프스키Hermann Gottschewski, 《역사비평》 2012년 겨울호 통권 101호, 역사비평사, 2012, 373~401쪽. 에케르트는 일본 국가 기미가요의 작곡가(편곡자라는 주장도 있음)이다.

북한 사회과학원, 헐버트의 아리랑 업적 최초로 평가

2018년 8월 17일부터 18일까지 이틀 동안 중국 선양瀋陽에서 국제고려학회 주최로 한국, 북한, 중국의 동포 학자들이 참석한 가운데 '화해 · 평화 · 번영을 위한 코리아학 국제 워크숍'이 열렸다. 이 학술회의에 참석한 한글학회 권재일 회장이 지은이에게 전달한 발표 자료에 따르면 북한 조선사회과학원 소속 민속실장 리영호는 〈악보를 통해 본 아리랑의 음악형상적 발전 과정〉이라는 발표문에서, "조선 봉건왕조 말엽 우리나라에 왔던 헐버트라는 미국인이 채보한 것을 실은 《조선류기》(1896)의 악보가 우리나라 최초의 아리랑 채보이다."라고 주장했다.[24] 리영호는 이어서 "헐버트의 아리랑은 선율이 완전히 동도진행으로서 일반 사람들이 항간에서 흥얼거리는 노래 형태로 채보되었다."라고 하여 헐버트가 자유박자로 불리는 민중의 노래를 가감 없이 원형대로 채보했음을 평가하였다. 이 발표는 북한 공공기관이 처음으로 헐버트의 업적을 공식적으로 평가했다는 데에 의의가 있다. 지은이는 2008년부터 북한에 헐버트의 한민족에 대한 공헌을 소개하고 북한도 헐버트에게 합당한 예를 갖추기를 촉구해 왔다. 북한 학자가 헐버트의 업적을 최초로 평가한 것은 고무적인 일이 아닐 수 없다. 이러한 내용이 언론에 보도되자 아리랑 전문가들은 현재 남북이 각각 등재한 아리랑의 '유네스코인류무형문화유산'을 하나로 통일하거나, 공동 등재로 전환하는 가능성에 기대를 걸고 있다.

---

24 《조선류기》는 《The Korean Repository》 즉 《조선소식》을 말한다.

한민족의 문화유산을 국제사회에 소개

한국 민담을 미국 어린이들에게 알려

헐버트는 소설도 쓰고, 희곡도 썼다. 우리의 민담도 국제사회에 소개하였다. 그는 1903년 《시베리아 금광을 찾아서In Search of a Siberian Klondike》라는 단행본을 출간하였다. 한국 금광 회사에 근무한 적이 있는 한 미국인이 한국인 2명과 함께 시베리아를 배회하는 내용으로, 한국인과 시베리아인의 일상에 관한 해학이 담겨 있다. 이 책은 미국에서 서평이 나올 정도로 상당한 인기를 모았다. 헐버트는 1904년 11월 미국지리학회American Geographical Society에 제주도에 대한 글을 기고하면서, 아름다운 정취와 특이한 생활상을 가진 제주도를 알리고 싶어 기고했다고 그의 제주 사랑을 토로했다. 그는 또 1929년 제주도를 무대로 한 《안개속의 얼굴The Face in the Mist》이라는 소설을 출간했다. 《안개속의 얼굴》은 미 해군 장교가 보물을 찾는 모험을 그린 소설로서, 제주도의 지형과 풍광을 생생하게 묘사했다. 결코 제주도를 가 보지 않고는 쓸 수 없는 소설이라고 여기나, 헐버트가 제주도를 여행했다는 기록은 발견하지 못했다. 헐버트는 1925년 《엄지 마법사Omjee The Wizard》라는 동화책을 출간하여 미국 어린이들에게 한국 민담을 소개하였다. 그는 한국 민담이 구전으로만 전해오고 기록이 없는 것에 안타까움을 느껴, 한국 이야기의 맛을 보존하기 위해 이 책을 썼다고 머리말에서 밝혔다. 그는 또 1903년 《줌

나강의 기적Sign of the Jumna》, 1917년 《어둠속의 갈등A Conflict in the Dark》이라는 단편소설을 발표하였으며, 1930년을 전후하여 7편의 희곡도 썼다. 3막의 《미라 신부The Mummy Bride》라는 희곡은 꽤 인기가 있었다고 한다.

미국 어린이들에게 한국의 민담을 소개한 책 《엄지 마법사》

거북선 등 한민족의 5대 발명품을 국제사회에 소개

헐버트는 한민족의 문화유산을 세계에 알리는 일에도 앞장섰다. 그는 1899년 뉴욕에서 발행되던 《하퍼스Harper's New Monthly Magazine》에 〈한

국의 발명품Korean Inventions〉을 기고하여 한민족의 뛰어난 재능과 정신
적 강인함이 어떠한지를 증언하였다. 《하퍼스》는 정치, 문화, 예술, 재정
등에 관한 세계 주요 인사들의 글을 게재하는 권위 있는 잡지로서 영국
의 대문호 디킨스Charles Dickens, 처칠Winston Churchill 수상, 미국의 윌
슨Thomas Woodrow Wilson 대통령도 기고한 잡지이다. 그는 글 서두에서
"만약 필요가 발명의 어머니라면, 필요에 대한 인식은 발명의 아버지다."
라며 발명은 필요의 인식에서 비롯된다고 보았다. 그러나 각 민족의 문명
사회를 향한 노력의 결과에는 차이가 있다면서 "그 차이는 무엇이 인류에
게 필요한 것인가를 정확히 찾아내고, 그 필요의 개념을 명확히 확정하는
능력에 달려 있다."라고 설파했다. 그는 이어서 인류가 위대한 업적을 쌓
아오기까지 거대한 국가들만큼이나 작은 국가들도 공이 컸다면서 지중해
연안의 '작은 나라들Little States'이 강대국들에 둘러싸여 있으면서도 생존
력을 발휘하여 유럽 문명화에 기여한 것처럼, 한국도 극동의 작은 나라이
지만 큰 나라들 틈바구니에서 굳건히 생존하여 찬란한 역사와 문화를 이
어왔다면서 한민족의 저력을 앞세웠다. 헐버트는 한민족이 일구어낸 세
계 최초의 발명품으로 이동식 금속활자movable metal type, 거북선tortoise
war-ship, 현수교suspension bridge, 폭발탄bomb and mortar 네 가지를 꼽고,
한글은 세계 최초는 아니지만 세계 문화사를 빛낸 위대한 발명품이라며
5가지 발명품을 세세히 소개하면서, 한민족은 세계의 위대한 발명 대열
에 이바지했다는 자부심을 가질 자격이 있는 민족이라고 했다.

　　헐버트는 먼저 조선 태종 시대에 이동식 금속활자가 세계 최초로 만들
어졌다고 했다. 그는 "조선은 영구적이고 내구성이 강한 활자의 필요성을
인식하여 세계 최초로 구리 활자를 만들었으며, 지금도 그 활자들이 손상

The earliest armor-clad war-ship.

KOREAN INVENTIONS.

BY HOMER BEZA HULBERT.

IF necessity is the mother of invention, the consciousness of necessity is its father. Need, in the abstract, will exist so long as humanity falls short of perfection, but advance toward that perfection of Japanese politics, and hundreds of thousands of Samurai, or feudal retainers, found themselves swordless, and in imminent danger of falling to the level of the common people. Their mental acumen

〈한국의 발명품〉 기고문 첫 쪽에 나오는 거북선

되지 않은 채 원형 그대로 보존되어 있다."라고 했다.[25] 그는 "활자는 '궁형arch'의 원리에 따라 만들어졌으며, 밑 부분은 오목한 원통형이다. 인쇄공은 오른손, 왼손을 써가며 하루에 1,500판 정도의 인쇄가 가능했다."라면서 금속활자의 작동 구조, 인쇄 과정 등을 상세하게 설명하였다. 그는

---

25 1403년 계미년에 만든 계미자癸未字를 말한다.

1406년경에 만든 것과 그로부터 2세기 뒤에 만든 활자 유물 2벌이 지금도 존재한다며, 나중에 만든 활자는 현재 정부 인쇄국에서 사용하고 있다면서 원본 활자 조각을 삽화로 보여 주었다.

둘째, 한국은 세계 최초로 철갑선iron-clad warship을 발명하였다. 헐버트는 임진왜란 당시 일본 본토 지원군의 조선 상륙을 막아야 할 절체절명의 냉혹한 필요성에서 이순신 장군이 거북의 모양을 닮았다 하여 이름 붙인 '거북선tortoise boat'을 발명하였다고 했다. 그는 "거북선은 철판으로 만든 곡선 모양의 갑판으로 덮여 있으며, 뾰족한 쇠붙이 즉 충각ram이 설치돼 있다. 이 두 가지가 방어와 공격의 도구이다."라고 거북선 기능을 설명하고, 일본 병사들은 거북선을 '신이 만든 배a work of superhuman origin'

104   HARPER'S NEW MONTHLY MAGAZINE.

walls of Seoul, all the palaces and government buildings had been burned. The printing-office was inside of the palace enclosure, and it was likewise burned with the rest. But a Korean building, which is made largely of mud and tile, could not produce a fire that would melt types of bronze like these; so the conflagration saved them to the Koreans; for, had they been left intact, the Japanese would no doubt have taken them away. With the departure of the invaders, it is easy

TYPE-SETTING IN KOREA.

moved the printed page. In this way it was possible to strike off some 1500 impressions in a day. That the pieces of type from which to believe that these valuable objects were drawn uninjured from the débris of the fire and put again to their original use.

헐버트가 소개한 이동식 금속활자의 조판 광경

라고 불렀다고 했다. 헐버트는 그러나 "전쟁에 대한 압박이 사라지자마자 한국인들은 자신들의 습성대로 철갑선을 한국 남부 해안에 녹슨 채로 방치하였다."라며 이는 참으로 이해할 수 없는 처사라고 아쉬워했다. 그러나 한국인들은 아직도 방치한 철갑선이 있던 곳에서 매년 축제를 열어 거북선의 위용을 기린다고 했다.

셋째, 한국은 현수교를 세계 최초로 만들었다. 현수교를 한국이 세계 최초로 만들었다는 이야기는 생소하게 들리지만 헐버트에 의해 이 사실이 국외에 소개되었다. 남미 안데스Andes산맥에 밧줄로 만든 다리rope bridge가 먼저 만들어졌지만 이것은 다리라 부를 수 없다고 했다. 임진왜란 당시 일본군을 쫓던 조선과 명나라 연합군이 임진강에 도달했다. 그러나 명나라 군사들이 안전한 다리가 없으면 강을 건널 수 없다고 버티자 조선 군사들이 현수교를 만들었다. 헐버트는 "급할 때는 항상 빼어난 창의력을 발휘하는 조선 병사들이 칡넝쿨로 동아줄을 만들어, 나룻배를 이용하여 다리를 건설하였다."라면서 한민족의 위기를 대처하는 순발력을 극찬하였다. 다리의 길이는 150야드나 되고, 12만 명의 명나라 군사와 조선 군사가 군사 장비를 메고 현수교를 무사히 건넜다고 했다. 그러나 거북선과 마찬가지로 이 현수교 또한 쓰임새를 다한 뒤 제 하중에 무너질 때까지 방치되었다고 지적했다. 헐버트는 회고록에서 이 현수교를 시저Julius Caesar가 기원전 게르만German족을 정복할 때 라인Rhine강에 건설한 다리와 비교하며 군사 전략적 가치를 매우 높이 샀다. 한편, 정치가이자 군사 전략가로서 임진왜란 때 혁혁한 공을 세운 서애 류성룡은 그의 저서 《징비록懲毖錄》에서 자신이 계책을 내고, 직접 지휘하여 임진강에 현수교를 건설했다는 기록을 남겼다.[26] 헐버트와 류성룡이 현수교를 매개로 3백 년의 시차를 두고 교감하였다고 여긴다.

넷째, 한국이 세계 최초로 폭발탄을 만들었다고 했다.[27] 헐버트에 의하면 임진왜란 첫해가 지나기 전에 조선군은 적들을 꼭 물리쳐야 한다는 강한 신념에서 폭발탄을 만들었다. 이 폭발탄은 몸체와 함께 성벽 너머까지 날아갔다. 일본 병사들이 떨어진 물건에 달려들면 폭발탄이 터져 몸이 찢기거나 유황 연기에 숨이 막혀 죽었다. 발명의 비법은 남아 있지 않으나 그때 쓰던 화기가 서울 남쪽을 수호하는 남한산성의 창고에 아직도 남아 있다고 했다.

다섯째, 한국은 순수한 소리글자인 한글을 만들었음을 자랑스러워한다고 했다. 세상 어느 문자도 따라올 수 없는 한글의 발명은 절대적인 독창성과 절대적인 과학성의 산물이라고 주장하였다. 헐버트는 그러나 한글이 노예해방이나 다름없는 '문맹으로부터의 해방emancipation proclamation'을 가져왔음에도 한국인들은 한글이 주는 특권을 누리지 못하고 있다며 안타까워했다. 그는 한자가 여전히 한국의 공식 문자라며 분통을 터트리면서, 영국의 초서Geoffrey Chaucer가 현대 영어를 위해, 세르반테스Miguel de Cervantes Saavedra가 현대 스페인어를 위해, 단테Dante Alighieri가 현대 이탈리아어를 위해 이바지한 것처럼 한국에서도 위대한 문필가가 하루빨리 탄생하여 한글 발전에 기여하기를 희망하였다.

헐버트는 기고문 말미에서 "이상 다섯 가지 발명품은 한민족의 자랑거리인 동시에 불명예이기도 하다. 이러한 위대한 발명품들은 한민족이

---

26 이재호(번역 · 감수), 《국역 징비록》, 사단법인 서애선생기념사업회, 2015, 308~310쪽
27 조선 선조 때 이장손李長孫이 발명한 비격진천뢰飛擊震天雷를 말한다.

a ram. These two things formed its defensive and offensive equipment. With this boat, whose speed was exceptionally great, Admiral Yi boldly attacked the Japanese fleet of 600 boats, ramming them right and left, and as he passed on he left the struggling Japanese in the water, to be despatched by his followers in the ordinary boats of the Korean fleet. The enemies deemed the tortoise-boat to be a work of super-human origin, and their "bones melted" within them.

The few remnants of the shattered Japanese fleet made their way to Japan as best they could; but the backbone of the invasion had been broken, the Salamis of Korea had been

enforcement, determined to withdraw. China had begun to bestir herself in favor of Korea, and the Japanese, driven from P'yeng-yang by the combined Chinese and Korean armies, hastened southward toward Seoul. When the pursuers arrived at the Im-jin River, the Chinese general refused to cross and continue the pursuit unless the Koreans would build a

TWISTING THE FIRST CABLE.

병사들이 현수교를 세우는 장면을 소개한 삽화

곤경에 처했을 때 발휘되는 발명에 대한 잠재 능력을 말해 주지만 한민족을 칭찬만 할 수는 없다. 한민족은 그토록 놀라운 발명의 성과를 더 발전시키지 못하고 오히려 발명품들을 사장했기 때문이다."라고 한민족에게 강한 불만을 토로했다. 참으로 우리의 폐부를 찌르는 말이 아닌가? 이 기고문은 한국의 발명품을 국제사회에 소개한 최초의 글로서 세계적인 주목을 받았다. 주요 서적, 기고문을 전문적으로 소개하는 런던에서 발행되던 잡지 《평론Review of Reviews》은 1899년 6월호 주요 글 소개란에 〈발명의 나라 한국Inventive Korea〉이라는 제목으로 헐버트의 기고문을 인용하여 한국의 발명품을 소개하였다.

역사상 최초로 거북선 모형을 제작

헐버트의 거북선 사랑은 세계 박람회 참가 시도로 이어졌다. 헐버트
는 1904년 미국 세인트루이스St. Louis에서 열린 루이지애나세계박람회
Louisiana Purchase Centennial Exposition에 거북선 모형을 전시하려 했다.
그는 박람회 해양 전시관에 거북선 모형을 물에 띄우고, 이순신 장군의
복장을 한 수군을 거북선 옆에 세워 조선 해군과 거북선의 위용을 미국
인들에게 알리고 싶어서였다. 헐버트는 1903년 박람회 참가 협의를 위
해 거북선 모형과 함께 사비를 들여 미국을 방문하였다. 그러나 주최 측
이 협조하지 않아 박람회 참가가 무산되었다. 그는 이 일을 두고두고 아
쉬워했다. 이때 헐버트가 전시하려던 거북선 모형이 백 년이 지나 국내에
돌아왔다. 전우홍 해양유물수집가는 2006년 미국에서 경매를 통해 헐버
트가 전시하려 했던 거북선 모형을 구입하였다. 전우홍 수집가는 이 거북
선 모형은 헐버트가 의뢰하여 조선의 마지막 거북선을 본떠 제작한 것으
로, 역사상 최초의 실물 모형이라는 사실에 더욱 의미를 두었다. 헐버트
는 1901년 12월 부모에게 보낸 편지에서 실제의 거북선과 똑같은 크기의
거북선을 만들어 전시할 계획이라며, 한국의 거북선이 루이지애나세계박
람회의 가장 획기적인 전시품이 될 것이라고 흥분을 감추지 못했다. 그는
또 미국 공사관의 포크 중위가 1884년 갑신정변 무렵 남해안을 항해하
던 중 방치된 거북선을 보았다는 이야기를 직접 들었다고《대한제국의 종
말》에서 밝혔다. 전우홍 수집가는 이 거북선 모형은 당시 한성전기회사에
서 만들었다고 주장하였다. 헐버트는 1903년 한 편지에서 한성전기회사
사장 콜브란C. H. Collbran의 도움으로 박람회 참가를 준비 중이라고 밝혀
이 주장을 뒷받침했다. 헐버트박사기념사업회는 전우홍 수집가의 도움

을 받아 2017년 헐버트 68주기 추모식에서 헐버트가 1세기도 전에 세계 박람회에 전시하려던 거북선 모형을 공개하여 거북선 연구가들의 관심을 끌었다.

한편, 헐버트는 1900년 부모에게 보낸 편지에서 미국의 스미스소니 언협회로부터 한국을 상징하는 유물을 보내 달라는 요청을 받았다면서, 거북선 모형을 만들어 보낼 계획이라고 했다. 미국인들이 거북선 모형을 보면 그 위용에 깜짝 놀랄 것이라는 말도 덧붙였다. 따라서 헐버트가 1904년 루이지애나세계박람회에 전시하려 한 거북선 모형은 이미 1900년부터 준비되었다고 여긴다.

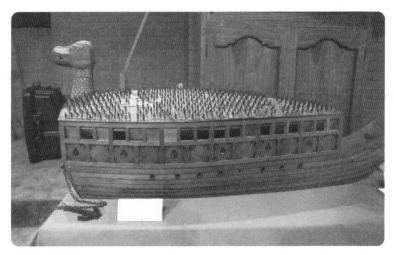

헐버트가 세계 박람회에 전시하려던 우리나라 최초의
거북선 모형(길이 140센티미터, 폭 40센티미터)

헐버트는 1898년 금속활자 53개를 런던, 뉴욕에서 소개한 뒤 뉴욕의 자연사박물관American Museum of Natural History에 전시를 위탁하였다deposited. 1903년에는 대영박물관British Museum에 1770년에 편찬된 조선의 백과사전이라 할 수 있는 《동국문헌비고東國文獻備考》를 전시하였다. 헐버트는 1899년 세계적으로 권위를 자랑하는 왕립지리학회Royal Geographical Society의 정회원Fellow이 되었으며, 우리나라 섬들의 분포에 관한 논문을 써 왕립지리학회에 제출하기도 했다. 그는 또 1904년 미국 지리학회 학술지Bulletin of the American Geographical Society에 〈고대 세계지도An Ancient Map of the World〉를 기고하여 조선 후기에 널리 알려졌던 원형 세계지도인 '천하총도天下總圖'를 소개하였다. 1905년 미국의 《세계 World's Work》 잡지에 〈한국의 철도Opening Korea By Rail〉를 기고하여 서울−부산 간 철도 완공을 소개하면서, 철로 건설에 묘지 이전이 큰 장애였으며, 한국인 노동자가 일본 노동자보다 숙련도가 뛰어나고, 부산이 극동의 중심이 되었다고 했다.

THE ENTRANCE TO ONE OF THE MANY TUNNELS JUST BEFORE COMPLETION

"Say, friend," he said to one of the foremen of the work, "how long will it take to finish this thing all the way to the capital?" The foreman, who was in a hurry, glanced dazed way for a full minute, and then there came up from the depths of his anatomy a deep and fervid "Ai-go," which means more than can be explained in mere words.

〈한국의 철도〉에 소개된 서울−부산 철로 공사 장면

불세출의 역사학자

"저는 조선의 역사를 사랑합니다."

헐버트의 한국 역사학에 대한 기여를 아는 이는 드물다. 그러나 그는 역사상 최초로 단군 시대부터 조선시대를 포괄한 근대적 의미의 온전한 역사서를 출간한 사람이다. 더 나아가 한민족을 주체로 우리 역사를 인식한 자주적 역사 기술의 선구자이다. 그는 또 역사서에 한민족의 인종적 우수성과 불굴의 생존력을 투영하여 국제사회에 한민족의 진수를 알리고, 우리에게는 긍지를 안겨주었다. 헐버트는 1890년 아버지에게 보낸 편지에서 "저는 조선의 역사를 사랑합니다. 그러나 중국 출처의 근거 없는 역사는 수정되어야 합니다. 현재의 역사학자들은 내용이 빈약할뿐더러 오류가 많은 중국 출처의 역사책에 의존하고 있으나 저는 외국인 최초로 진정한 역사책을 쓸 것입니다."라고 바른 역사책을 쓸 것을 다짐했다. 그러면서 "저는 민간에서 소유한 9권으로 된 필사본 역사책을 구해 영어로 번역하였습니다. 겸손하지 않은 말이지만 저는 앞으로 조선 역사를 열심히 공부하여 가장 신뢰받는 조선 역사학자가 되고 싶습니다."라고 하여 내한 초기부터 한국 역사학의 권위자가 되겠다는 야망을 품었다. 헐버트는 또 형에게 자신의 역사관을 피력하였다. 그는 "역사는 원인과 결과를 수반한 사건의 연속으로, 역사 자체보다 더 많은 것을 가르칠 준비가 되어 있다."라며 역사로부터 보이는 것보다 더 많은 것을 배워야 한다고 주장하였다. 그는 이어서 "역사의 흐름에서 억압된 지적 힘은, 자연의 힘이 부자연스럽게 억압당할 때 폭발하듯이, 활동을 위한 출구가 주어지지 않을 때 반드시 폭발한다."라고 역사의 성격을 규정하였다.

헐버트는 역사 자료를 모으기 위해 육영공원 시절부터 개인 소장 필사본을 발굴하고, 비밀한 서고를 방문하고, 역사학자들을 찾아 나서고, 각국 공사관은 물론 로마가톨릭교의 기록도 확보하였다. 이후 한국 역사에 관해 단편적으로 글을 발표해오다가 1898년 〈몽골과 고려The Mongols in Korea〉를 《조선소식》에 3회에 걸쳐 연재하였다. 그는 이 글에서 몽골이 임진왜란 때의 왜군보다도 더 잔인하였다면서 고려가 살아남은 자체가 기적이라고 했다. 고려 인구를 3백만 정도로 추산하면서, 1254년 짐승만도 못한 몽골 장수 차라다Cha ra-da가 닥치는 대로 고려인을 살육하고 206,800명의 고려인을 포로로 잡아갔다고 세세한 수치까지 밝혔다.

한국은 독창성의 나라, "중국과 닮은 것은 예외일 뿐"

헐버트와 게일James S. Gale 선교사는 외국인이었지만 어느 한국인 못지않게 한국 역사에 정통하였다. 동갑내기인 두 사람은 사적으로는 친밀도를 유지하였으나, 한국관은 판이했다. 당연히 두 사람은 한국 역사와 관련하여 논쟁을 벌이기가 일쑤였다. 게일이 《동국통감》의 일부를 번역하여 발표하자, 헐버트는 《조선소식》 1895년 10월호에서 "동국통감 등 조선 역사책의 기록이 정확함에도 한자 때문에 역사를 잘못 해석하면 오류가 쉽게 만연한다. 오류를 고치지 않으면 오류가 고착되어버리고, 또한 오류를 고치기에는 두 배로 힘이 든다."라며 게일의 다섯 가지 오류를 지적하였다. 그중 하나는 '패수浿水'에 대한 해석이었다. 게일이 패수를 대

207

동강이라고 주장하자 헐버트는 한나라 시대의 책《천사遷史》까지 동원하여 패수는 압록강이라고 반론을 폈다. 안타깝게도 게일과 헐버트는 일본의 대한정책에 대해서도 견해를 달리했다. 게일은 매사 통감 이토 히로부미伊藤博文에 호의적이면서 헐버트의 반일 활동을 강력히 비난하였다. 게일은 고종 황제가 러일전쟁에 책임이 있다고 주장한 일본의 비난에도 동조하였다. 그는 1908년 2월 18일 국내 의병 지도자로부터 친일적 행동에 대해 목숨을 위협하는 경고장을 받기도 했다.[28] 대한민국임시정부가 상하이에서 발행하던《독립신문獨立新聞》은 1921년 1월 15일 자 〈우리의 처음 맞는 대통령의 연설〉 기사에서, 이승만이 1920년 상하이에 와 갖게 된 환영연에서 "전에 게일 목사는 한인을 걸인이라 하고 헐버트 선생은 담대한 민족이라고 논전한 적이 있다는데, 3.1독립선언 후 게일 목사가 자복하였다 하오"라고 연설했다고 보도하였다.

뿐만이 아니다. 1900년 6월 16일 서울에 거주하는 외국인들이 '왕립아시아학회 한국지부Royal Asiatic Society Korea Branch'를 탄생시켰다. 헐버트도 창설 주역으로 참여하여 학회의 헌장Constitution과 정관By-laws을 기초하고, 창립 기념강연에서 병자호란 당시 남한산성에서 당한 조선의 수모에 대해 특별강연을 하였다. 헐버트와 게일은 1900년 한국의 독창성에 대해 한판 대결을 벌였다. 먼저 게일이 1900년 10월 〈한국에 미친 중국의 영향The Influence of China upon Korea〉을 발표하여 한국 문화는 모두 중국의 범주를 벗어나지 못했다면서 한국을 '작은 중국Korea is little China'이라고 불렀다. 그러자 헐버트가 한 달 뒤인 1900년 11월 〈한국의

---

28 Shaw, Carole C., The Foreign Destruction of Korean Independence, SNU Press, 2007, p 209~211

유산Korean Survivals〉을 발표하여 게일의 주장을 조목조목 반박하였다.[29] 헐버트는 18쪽에 달하는 이 글에서 "한민족이 중국의 영향을 받은 것은 사실이지만 단군으로부터 실존하는 역사가 4천 년 이상을 흘러오면서 한민족은 문화적 독창성을 확보했다."라면서, 특히 조선시대에는 중국에서 빌린 문화가 거의 없다고 소리 높였다.

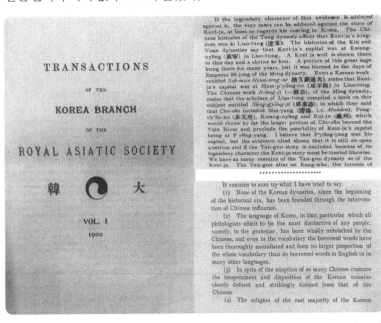

한국의 어느 왕조도 중국의 영향 하에 건국되지 않았다고 주장한 〈한국의 유산〉(1900)

헐버트는 중국인의 피가 한민족에 일부 수혈되긴 했으나 이는 이미 천 년 훨씬 전에 단절되었다면서 "중국인의 피가 한민족에 섞인 정도는 노르만Norman의 피가 영국인에 섞인 정도보다 훨씬 적다."라고 주장했다.

---

29 《Transactions》 Vol. I, Royal Asiatic Society Korea Branch, 1900, p. 25~42. 왕립아시아학회 한국지부는 오늘날까지도 존재하고 있다.

학문이나 예술적 사상이 중국에서 넘어온 것은 맞지만 "열정적으로 자연을 좋아하는 한국인들의 몸속에는 본래 '시상詩想의 피poetic vein'가 흐른다."라고 설파했다. 헐버트는 또 격조 높은 한국의 상투는 기자箕子가 기원전 1122년에 중국에서 한국으로 넘어오기 전부터 존재했었다고 주장했다. 그는 글 말미에서 "한국의 어느 왕조도 중국의 영향 하에 건국되지 않았다."라며 한국이 독창성을 가진 나라라는 근거 7가지를 제시하고, "한국의 유산은 독창적이고 토착적이다. 중국과 닮은 유산은 예외일 뿐이다. The points of similarity with the Chinese are the exception and that survivals of things purely native and indigenous are the rule."라고 결론지었다. 이 논쟁에는 왕립아시아학회 한국지부 회원들도 참여하였으며, 존스George H. Jones 선교사는 다듬이질을 예로 들며 헐버트의 손을 들어주었다.[30]

2017년 미국의 트럼프Donald J. Trump 대통령은 중국의 시진핑習近平 주석으로부터 "한국은 중국의 일부였다."라고 들었다고 전 세계에 공개한 바 있다. 이는 사실이 아닐 뿐만 아니라 헐버트의 주장과 완전히 배치된다. 지은이는 2017년 4월 트럼프 대통령에게 서한을 보내 시진핑의 주장이 역사왜곡임을 지적하였다. 서한에 헐버트가 1900년 저술한 논문 〈한국의 유산Korean Survivals〉을 첨부하여 미국인 헐버트가 한국은 역사적으로 완전한 주권국가였다고 기술한 사실을 강조하였다. 우리는 을사늑약, 한일강제병합, 남북분단 등 억울한 근대 역사에 관해 관련국의 국가 원수나 주요 정치인들에게 올바른 역사 사실을 전달하여, 그들이 과거에 한국을 어떻게 대했는지 깨닫게 해야 한다.

---

30 왕립아시아학회 한국지부 회보 《Transactions》 vol. Ⅰ, 1900, p 47~50

근대 역사학의 출발점 《한국사》

고종의 윤허를 얻어 최초로 조선왕조에 대해 기술

헐버트의 집념 어린 한국 역사 탐구는 《한국사 The History of Korea》
라는 명저를 탄생시켰다. 《한국사》는 단군 시대부터 조선 고종 시대까지
를 체계적으로 기술한 우리나라 최초의 온전한 역사서로서, 헐버트의 15
년에 걸친 한국 역사 탐구의 결정체이다. 헐버트는 1901년부터 《한국
평론》에 한국 역사를 4년에 걸쳐 연재하였으며, 이 연작물을 책으로 엮
어 1905년 서울 감리교 출판부를 통해 《한국사》를 출판하였다. 두 권으
로 출간된 《한국사》는 800쪽이 넘는 360,000개의 단어로 쓰인 초대형 한
국 역사책이다. 1권은 단군 시대부터 통일신라시대까지의 고대사Ancient
Korea, 신라의 멸망과 고려시대까지의 중세사Medieval Korea, 조선왕조 중
기까지의 근대사Modern Korea를 다뤘다. 2권은 임진왜란 후반기부터, 당
시로 보면 현대사인 고종 시대까지를 기술하였다. 금강산 신계사 등 우리
나라 유적과 풍속 사진 25점도 담았다. 헐버트는 초판으로 300권을 발행
하였으며, 책이 출간되자마자 100권이 팔렸다고 부모에게 보낸 편지에서
기뻐하였다. 국외에서도 이 책을 살 것이라고 예상했다.

헐버트는 머리말에서 "외국인으로서 한국 역사를 가장 깊게 연구한
사람이라는 점에 자부심을 느낀다."라며, 《한국사》의 기초 자료는 순전히
한국 책에서 나왔음을 강조했다. 그는 고대사와 중세사 기술에 《동사강요

東史綱要》를 주 자료로 사용하였다면서,《동사강요》를 통해 한국 역사에 더욱 빠져들었다고 밝혔다.《동사강요》는《동국통감東國通鑑》,《동사찬요東史纂要》,《동사회강東史會綱》,《동사보유東史補遺》를 압축한 책으로 조선 후기에 쓰였다고 알려지고 있다.《동사강요》는 그동안 유실되어 책 내용을 제대로 알 수가 없었으나, 최근 '영국도서관British Library'에 이 책이 소장되어 있다는 사실이 확인되어 국내 학자들의 관심을 끌고 있다. 헐버트는 자신이 확보한 역사자료를《동국통감》과 대조하여 확인하였으며, 중국 책으로는 한반도의 야생 부족을 가장 정확하게 묘사한《문헌통고文獻通考》를 주 참고자료로 사용했다고 했다. 그는 조선왕조 역사 자료를 확보하는 데에 크게 애를 먹었음을 토로했다. 당대 왕조가 끝나기 전까지는 당대에 관한 사료를 공개할 수 없었기 때문이었다. 헐버트는 민씨 일가들의 반대가 있었지만 고종의 특별한 윤허를 얻어 조선왕조 역사를 기술할 수 있었다고 회고록에서 밝혔다. 그는 조선왕조를 기술한《국조보감國朝寶鑑》은 왕조를 칭찬하지 않은 글을 찾아볼 수 없다면서 역사책이라 할 수 없다고 단정했다. 따라서 개인이 소장하던 필사본을 모아 자료를 결합하고 대조하며 쓸 수밖에 없었다. 그는 여러 글에서《조야회통朝野會通》,《연려실기술燃藜室記述》,《국조편년國朝編年》,《동국문헌비고東國文獻備考》 등을 언급한 점으로 미루어 이러한 책들을 심도 있게 파헤친 것으로 보인다. 그는 25년 동안 조선왕조를 연구한 한 학자의 도움을 받아 도성에서 가장 크고 완벽한 자료를 가진 사료관에 접근할 수 있었다고 회고록에서 밝혔다. 그러나 그 사람의 이름은 본인의 요청에 의해 밝힐 수 없다고 했다. 잘못하면 화를 입을 수 있어 당사자가 이름을 밝히기를 거부하였다고 여긴다.《대한크리스도인회보》는 1898년 9월 28일 자에서 박면

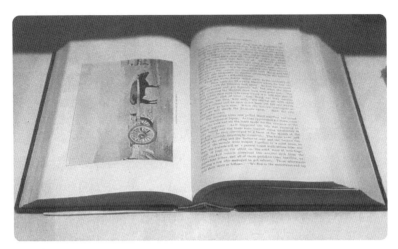

헐버트의 《한국사》. 배재학당역사박물관 제공

《한국사》에 실린 1900년경의 풍물패

식朴晃軾을 헐버트의 어학선생이라 하였다. 박면식이 헐버트를 도운 역사학자인지는 확인하지 못했으나 헐버트의 한자 공부는 도왔다고 여긴다. 사료관은 규장각의 어느 서고를 말하는 것으로 보인다.

"한민족은 언젠가 세계 속에 우뚝 서리라"

헐버트는 《한국사》에서 대부분의 서양인 학자들과는 달리 한국 역사를 중국 변방의 역사로 인식하지 않고 독자적인 역사로 인식하였다. 단군시대를 한국 역사의 시작점으로 인식하고, 조선 건국의 정당성을 확인하였다. 특히 한국인들의 자주독립 정신을 높이 사면서, 외세를 격파한 역사인물을 칭송하였다. 역사 해석에는 그가 삶에서 견지해온 인간애, 평등사상, 학문 숭상의 가치가 그대로 묻어난다. 그는 이 책에서 병자호란 때 인조가 남한산성에 피난하였을 때, "군사와 하인들을 충분히 먹이고, 허약한 자는 보초를 세우지 말고, 병사와 백성이 같이 굶고, 같이 죽고, 같이 살아야 한다."라고 말했다면서 인조의 인간적 면모를 부각시켰다. 첩들의 인권 향상을 고심하는 대목도 여러 곳에서 보여 준다. 헐버트는 《한국사》 마지막 장에서 "현재의 기회가 최선의 기회이며, 원하는 항구로 배의 방향을 돌리는 것은 전적으로 한국인의 몫이다."라고 하여 한국의 미래는 한국인 자신들에게 달려 있음을 환기시켰다. 이어서 한민족의 강점과 약점을 언급하면서 "한민족은 9세기 말에 강력하게 단결한 이래 파벌 간의 의견 차이가 민족 분열을 심각하게 위협한 적이 한 번도 없었다. 세 차례 대규모 침략을 비롯하여 무수한 외침을 당했으나 어떤 외세도 혈통의 혼합이나 언어의 개조 면에서 심대한 흔적을 한반도에 남기지 못했다."라고 한민족의 단결력과 생존력을 높이 샀다. 반면에 "국가 권력은 항상 우수한 인재들이 장악했으나, 그들은 하나같이 개인적 목표 추구에 권력을 사용했다. 몇 가지 눈부신 예외가 있긴 하나 그들은 이타적 봉사 이념이 현저히 부족했다."라고 상층부의 사익추구 행태를 비판했다. 그러면서 "퇴폐에 빠진 제국이나 빈사 상태에 놓인 문명의 운명을 애도하는 것은 철학의 빈곤이다. 그들의 폐허 위에는 과거보다 더 가치 있는 삶의 터전이 반드시 건설될 것이다."라며 새로운 체제와 새로운 인물의 등장을 요구하였다. 헐버트는 책을 마치며 한민족에게는 참으로 감동의 글을 남겼다. 그는 "예언자 흉내를 내는 것은 역사가의 본분이 아니며, 역사가는 미래에 어떤 일이 생길 것인지 예단하려 해서도 안 된다. 하지만 한민족이 장차 경이적인 역사를 만들어 갈 것이라고 희망하는 예단은 허용돼야 한다."라고 하여 한민족이 세계 속에 우뚝 서리라고 예언하였다. 헐버트가 한민족 역사를 15년 동안 천착하며 내린 한민족의 잠재력에 대한 확신이자 결론이지 않은가.

근대 역사학의 출발점이자, 자주적 역사 기술의 효시

《한국사》는 한국 역사 기술에 새로운 장을 열었다. 먼저 《한국사》는 최초의 온전한 한국 역사 기술이다. 근대 역사학의 출발점으로 인식하는 박은식의 《한국통사》는 1915년에 출간되었고, 신채호의 《조선상고사》는 훨씬 뒤였다. 게다가 헐버트는 외국인으로서 이해관계나 정파에 구애받지 않고 독창적이고도 객관적으로 역사를 기술하였다. 중국 역사서 의존을 뛰어넘고 일본 사관에도 영향받지 않았다. 더욱 중요한 것은 헐버트는 한민족을 중심에 두는 자주적 역사 기술을 최초로 실천하였다. 비록 영문으로 쓰였지만 《한국사》는 질, 양 모두에서 한국 역사의 원전이며, 근대적 의미의 한국 역사학의 출발점이다. 20세기 초 서양 학자들은 대부분 《한국사》를 통해 한국 연구를 시작하였다. 미국인 윔스Clarence N. Weems 교수는 1962년 헐버트의 《한국사》를 미국과 영국에서 《헐버트 한국사 Hulbert's History of Korea》라는 이름으로 재출판하였다.[31] 윔스는 이 책 머리말에서 헐버트의 학문적 업적에 감동하여 《한국사》를 재출판하였다면서, 이 책은 서양에서 유일한 정통only authentic 한국 역사서라고 주장하였다. 윔스의 《한국사》 재출판은 《한국사》가 사장되지 않고 오늘날까지 전해지는 과정에서 매우 중요한 징검다리 역할을 했다. 윔스는 이 책에 〈헐버트의 일생Profile of Homer Bezaleel Hulbert〉이라는 40쪽 분량의 헐버트 일대기를 수록하였다. 〈헐버트의 일생〉은 헐버트에 관한 최초의 학술적 고찰이며, 현대 한국 학자들의 헐버트 연구 논문 대부분이 〈헐버트의 일생〉을 참고하였다. 국내에서 《한국사》에 대한 연구는 미미하다. 앞으로 활발한 연구를 기대한다. 몇 해 전 《한국사》 번역본도 출판되었다.

지은이는 《한국사》에 나타난 헐버트의 역사관과 《한국통사》와 《한국독립운동지혈사》를 저술한 박은식의 역사관에 상당한 공통점이 있음을 발견하였다. 헐버트가 한성사범학교 책임자로 있을 때 박은식도 한성사범학교에서 교사로 근무하였다.[32] 두 사람이 한성사범학교에서 어떤 교류를 하였는지는 기록이 없으나, 두 사람은 저서에서 역사 인식의 궤를 상

---

31 윔스Clarence N. Weems(1907~?)는 미국 펜실베이니아주 맨스필드주립대학Mansfield State College의 사회과학 교수였으며, 그의 아버지는 1909년부터 1940년까지 한국에서 선교사로 활동하였다. 윔스도 아버지를 따라 어린 시절 한국에서 살았다. 그는 광복 직전 미국 CIA 전신인 OSS에서 장교로 근무하였다. 이때 OSS가 중국에서 대한민국임시정부와 함께 계획한 한국 침투 작전에 적극적으로 관계하였다. 광복 후에는 미군정청 고문으로 서울에서 근무했다. 윔스는 아버지와 똑같은 이름을 썼다. 이 책에는 아들만이 등장한다.

32 정옥분, 〈개화기 한성사범학교의 설립과 교육내용〉(학위논문), 건국대학교, 2006, 21쪽

당히 같이하고 있다. 헐버트는 유교를 사변적이라고 비판하면서 한민족에게 실용에 우선할 것을 주문했다. 박은식 역시 유교는 현실을 외면한 공리공담으로 상공업의 발전에 장애가 된다며 중국 중심의 역사 인식을 반대하고 자국사를 강조하였다.[33] 또한, 헐버트와 박은식 모두 역사를 알아야 애국심이 강해진다고 보았다. 박은식이 1920년 저술한 《한국독립운동지혈사》 〈세계여론〉 편 첫 번째 글로 헐버트의 글을 소개한 것도 우연만은 아니라고 여긴다.

혹독한 고통을 이겨내며 《한국사》를 저술

헐버트의 《한국사》 저술은 외국인으로서 참으로 지난한 과업이었다. 역사 자료가 빈곤한 상태에서 온갖 노력으로 자료를 확보하고 한자를 극복하는 등 혹독한 고통을 이겨내며 한국 역사를 탐구하였다. 그는 1897년 형에게 보낸 편지에서 "나는 적어도 밤 7시부터 11시까지 거의 매일 치열하게 역사 공부를 한다. 그러나 내가 좋아하는 일이어서 매우 즐겁다. 나는 한국 역사를 과학적으로 규명하고 있다."라

부모에게 집 가家 자를 써 보인 편지
(1893년 11월 26일)

---

33 박은식(김도형 역), 《한국독립운동지혈사》, 소명출판, 2008, 9~12쪽

고 밝혔다. 그러나 이듬해 부모에게 보낸 편지에서는 《한국사》 55장 중 46장을 마쳤다며, 자신이 이 힘든 일을 어떻게 시작할 용기를 가졌는지 이해할 수 없다면서 지금처럼 힘들다면 시작을 안 했을 것이라고 극도의 피로감을 내비쳤다. 헐버트 부인은 편지에서 뜨개질을 하면서 헐버트의 초벌 원고를 하루에 6,000단어씩 읽어주며 그의 저술을 도왔다고 증언하였다. 그렇다면 헐버트가 한자를 얼마나 알았을까? 그는 내한 초기부터 한자를 공부하다가 1893년 재내한 후 집중적으로 공부하였다고 여긴다. 1893년 부모에게 보낸 편지에서, 한자 공부에 열심이라며 실제로 집 가家 자를 써서 보여 주었다. 그는 1911년 7월 《세계선교평론》에 기고한 〈선교사 교육The Training of The Foreign Missionary〉에서 선교사의 언어 능력의 중요성을 설파하며, "나는 6개월이면 한자 3,000자를 충분히 습득할 수 있다고 확신한다."라고 말하기도 했다. 헐버트가 저술 과정에서 한자와 관련하여 한국인의 도움을 받았겠지만, 그 자신이 상당한 수준의 한자 실력이 없었다면 그의 역사서가 그리 세밀하고 방대하지는 못하였을 것이다.

'朝鮮'은 '조용한 아침Morning Calm'이 아닌 '아침 햇살Morning Radiance'

헐버트에게 한국과 한국인에 대한 표현은 항상 주목의 대상이었다. 그는 외국인이 피상적으로 한국을 스쳐 간 후 한국 역사를 왜곡할 때면 발끈하였다. 외국인들은 우리나라를 흔히 '은둔의 나라Hermit Nation' 또는 '조용한 아침의 나라Land of Morning Calm'라고 일컫는다. 헐버트는 이러한 표현에 이의를 제기하였다. 그는 《조선소식》 1896년 5월호에서 '조선朝鮮'의 '鮮선'의 의미는 '조용하다'라는 'calm'의 의미가 아니라 오히려 '신선함freshness'을 뜻한다면서, '朝鮮'은 서광이 비치는 '아침 햇살'을 의미한다고 주장했다. 따라서 '朝鮮'을 영어로 옮긴다면 'Morning Radiance'나 'Radiant Morning'으로 쓸 것을 주문했다. 헐버트는 또《조선소식》1897년 1월호에서 '朝鮮'이라는 단어의 유래를 추적하였다. 그는 중국 책《산해경山海經》을 인용하며, '솟아오르는 태양Swelling Sunlight'이라는 뜻의 '열량列陽'과 강 이름 '열수洌水'가 혼재하여 '바다의 신선'을 의미하는 '潮仙조선'이 되었다고 추측했다. '潮仙'이 한자 '朝鮮'과 똑같이 발음되고, '조선'이라는 나라를 상징하는 데는 '朝鮮'이 '潮仙'보다 더 이치에 맞다 보니 얽히고설킨 과정을 거쳐 '朝鮮'으로 변화하였다고 보았다. 그러나 이는 추론에 불과하다며 "특별한 경우가 아니면 모든 현상은 쉬운 설명이 옳다는 일반론에 따라 조선이 해가 떠오르는 방향으로 향해 있기에 '朝鮮'이라 이름 지어졌고, '朝鮮'은 '아침 햇살의 나라'를 뜻한다고 결론지어야 한다."라고 글을 끝맺었다.

헐버트는 미국인 그리피스William E. Griffis가 1882년에 쓴 책《은둔의 나라 조선Corea, the Hermit Nation》에 대해서도 강한 이의를 제기했다. 이 책은 서양에서 조선에 대해 가장 널리 알려진 책으로 헐버트도 조선에 오기 전에 이 책으로 조선을 공부하였다. 그런데 헐버트가 조선에 와 보니 이 책에 오류가 너무 많았다. 헐버트는 회고록에서 그리피스가 조선에 와 보지도 않고 일본인이 쓴 글만 읽고 책을 썼기 때문이라고 했다. 그는 또 은둔을 뜻하는 'hermit'이라는 단어도 오늘날의 한국인을 표현하기에 부적합하다면서 "한국인들은 그저 편안하게 은둔 생활을 하는 사람들이 아니고 새로운 문물을 도입하고자 동분서주하고 있다."라고 주장했다. 또한, 그리피스가 미국의 한 잡지에 한국에 대해 글을 기고하며 〈한국, 난쟁이 제국Korea, the Pigmy Empire〉이라는 제목을 붙였다. 기고문 내용도 백제를 '히악시hiaksi'라고 하는 등 오류가 넘쳐났다. 헐버트는 분노를 제어할 수 없었다. 그는 《한국평론》 1902년 7월호에 그리피스 기고문에 대한 반박의 글을 실어, "'pigmy'라는 단어는 아프리카의 왜소한 흑인종을 가리킨다. 미국인들이 이 기고문을 읽으면 한국인을 미개한 열등 민족으로 인식할 것이 뻔하다."라며 그리피스에게 한국에 관한 글을 쓰려면 제발 한국에 직접 와서 보고 쓰라고 호소하였다. 1904년 런던의 한 수도원 행사에서 헐버트는 그리피스와 직접 맞닥트리기도 했다. 그리피스가 "일본과 영일동맹을 맺은 영국은 행복한 결과를 가져올 것이다."라고 친일 연설을 하자 헐버트는 그리피스에게 다가가 "어디 두고 보자"라며 대판 설전을 벌였다고 부인에게 보낸 편지에서 밝혔다.

한자 역사서 《대동기년》

헐버트는 《한국사》를 출판하기 전 1903년 상하이에서 《대동기년大東紀年》이라는 한자 역사책을 출판하였다. 이 책은 조선왕조를 최초로 기술한 5권으로 된 책이다. 이 책을 윤기진이 저술하였다고 주장하는 기록이 있으나 이는 오류이다. 헐버트는 다트머스대학에 남긴 기록에서 분명하게 자신이 《대동기년》의 저자임을 밝혔다. 《황성신문》도 1903년 11월 30일 자에서 헐버트가 저술했음을 보도했다. 헐버트가 저술하고 윤기진이 한자 편찬을 도왔을 수는 있다. 당시 한국인은 조선왕조에 대해 책을 쓸 수 없었다는 사실에서도 헐버트의 저술이 틀림없다고 여긴다. 이 책은 상하이에서 출판됐지만 국내에서도 소개되었다. 헐버트는 마치 케이크가 팔리듯이 책이 잘 팔렸다고 회고했다. 1910년 한일강제병합 직후 절명시를 남기고 자결한 황현은 《매천야록》에서 이를 뒷받침하는 기록을 남겼다. 그는 "미국인 헐버트는 우리나라에서 18년을 머무르며 한문을 습득하고 우리나라의 공식, 비공식 서적들을 모두 구입하여 조선 태조 때부터 고종 을미년(1895)에 이르기까지 편년체 역사 5책을 편찬하였다. 책 이름은 《대동기년》이다. 이 책을 상하이에서 출간하여 국내에 가져와 판매하였는데 일시에 서로 다투면서 사서 보았다. 그러나 문장은 매우 저급하였다."라고 썼다.[34] 황현이 헐버트의 한문 수준을 지적하였으나 책이 많이 팔렸다는 점은 인정하였다.

헐버트의 바른 역사관에 감동

많은 한국인 학자들이 헐버트의 한국사 탐구에 대한 열정뿐만 아니라 헐버트의 역사관에도 감동한 흔적이 곳곳에 남아 있다. 현대에도 맹활약 했던 교육자이자 법학자요, 역사학자였던 최태영(1900~2005)은 "헐버트는 나에게 바른 역사를 복원할 생각을 가지게 한 사람 중 하나다."라며 헐버트의 바른 역사관에 감동하여 역사학에 열중하였음을 글로 남겼다.(《나의 근대사 회고, 최태영전집1》, 눈빛, 2019, 98쪽)

---

34 황현(이장희 옮김), 《매천야록》 중권, 명문당, 2017, 580쪽

회한과 긍지의 교훈서《대한제국의 종말》

"이 책은 한민족에 대한 사랑의 열매"

헐버트는《한국사》에 이어 1906년 한민족의 특성, 역사, 문화, 산업, 사회제도, 생활상을 집대성하고, 을사늑약에 대한 분노를 눈물겹게 표출한《대한제국의 종말The Passing of Korea》을 출간하였다. 473쪽의《대한제국의 종말》은 뉴욕Doubleday Page & Co.과 런던William Heinemann에서 동시에 출간되었다.《대한제국의 종말》을 국외에서 출간한 이유는 한민족의 역사, 문화를 세계에 알리고, 을사늑약의 억울함을 국제사회에 호소하기 위해서였다. 책 이름에 죽음이라는 뜻의 'passing'을 쓴 이유도 절묘하다. 일본이 을사늑약을 통해 한국을 돕고 있다고 국제적으로 선전하자, 헐버트는 대한제국은 을사늑약으로 사실상 주권을 잃었다는 사실을 세계에 알려 한국에 대한 관심을 끌어내기 위해 역설적으로 'passing'이란 단어를 선택했다. 헐버트는 책머리에 한민족에게 바치는 헌사를 썼다. 그의 헌사를 읽으면 감동이 밀려오지 않을 수 없다. 그는 먼저 "지극한 존경의 표시와 흔들리지 않는 충성의 맹세로써 고종 황제에게 이 책을 바칩니다."라면서 책 첫 쪽에 고종 황제의 어진을 미농지에 덮어서 실어 고종 황제에 대한 한없는 충정을 보여 주었다. 이어서 "지금은 자신의 역사가 종말을 고하는 모습을 목격하고 있지만 장차 민족정기를 어둠에서 깨워, 후대에 새로운 조국을 물려주기 위해 잠이란 죽음의 가상이긴 하나 죽음 자

《대한제국의 종말》 헌사

Dedicated

TO HIS MAJESTY

THE EMPEROR OF KOREA

AS A TOKEN OF HIGH ESTEEM AND A PLEDGE OF
UNWAVERING ALLEGIANCE, AT A TIME WHEN
CALUMNY HAS DONE ITS WORST AND
JUSTICE HAS SUFFERED AN ECLIPSE

AND

TO THE KOREAN PEOPLE

WHO ARE NOW WITNESSING THE PASSING OF OLD KOREA
TO GIVE PLACE TO A NEW, WHEN THE SPIRIT OF THE
NATION, QUICKENED BY THE TOUCH OF FIRE,
SHALL HAVE PROVED THAT THOUGH
"SLEEP IS THE IMAGE OF DEATH"
IT IS NOT DEATH ITSELF

비방이 극에 이르고 정의가 사라지고 있는 이때에
나의 지극한 존경과 흔들리지 않는 충성의 맹세로써
대한제국 황제 폐하에게

그리고
지금은 자신의 역사가 종말을 고하는 모습을 목격하고 있지만
장차 민족정기를 어둠에서 깨워
후대에 새로운 조국을 물려주기 위해
잠이란 죽음의 가상이긴 하나
죽음 자체는 아니라는 것을 증명하게 될
한민족에게

이 책을 바칩니다

호머 헐버트

체는 아니라는 것을 증명하게 될 한민족에게 이 책을 바칩니다."라고 하여 한민족의 잠재력을 확신하였다. 한민족에게 무한한 용기를 주고 동시에 나라를 꼭 되찾아야 한다는 과제를 던진 것이다.

《대한제국의 종말》 첫 쪽에 나오는 고종 황제 어진

"한민족은 이상적 합리주의자"

헐버트는 헌사에 이은 머리말에서 "이 책은 악의에 찬 외세에 의해 시달림만 받을 뿐 올바른 평가를 받아 본 적이 없는 한 국가와 민족에 대해 독자들의 관심을 불러일으키기 위해 쓴 사랑의 열매a labor of love이다."라고 하여 한국 사랑의 발로에서 이 책을 썼음을 분명히 했다. 이어서 "한민족은 중국인들처럼 상술에 능하지도 못하며, 일본인들처럼 무사적인 기질을 가진 민족도 아니다. 기질적인 면에서 보면 그들은 앵글로색슨 민족에 가까우며, 극동에 사는 민족 중에서 가장 우호적인 민족이다."라고 한민족을 평가하였다. 헐버트는 또 〈여는 글Introductory. The Problem〉에서 "미국을 비롯한 구미 열강이 한국이 위기에 빠지게 하는 데에 어떤 역할을 했는지를 이 책을 통해 알게 될 것이다."라고 하여 을사늑약 과정에서 그가 서양 열강에 얼마나 실망하였는가를 보여 주었다. 그는 한민족의 특성을 설명하면서, 한국인을 이상과 실용이 알맞게 조화된 합리적 이상주의자rationally idealistic라며 기질 면에서 '합리성과 감정이라는 가장 바람직한 조합a most happy combination of rationality and emotionalism'을 지녔다고 했다. 또한, 한민족을 선천적으로 두뇌가 우수하고 적응성이 뛰어나다고 보았다. 그는 한민족의 약점도 지적했다. 한국인의 진실성을 동양의 표준 정도로 인식하면서, 진실을 어느 정도 왜곡시켜 사건이 호전될 수 있다면 한국인들은 망설이지 않고 거짓말을 한다고 했다. 한국인들이 화를 내면 목숨을 내놓고 달려든다며, 이를 술버릇의 폐해로 보았다. 정치제도를 언급하며 부패와 파벌싸움이 국가의 몰락을 재촉하였다고 주장했다. 그는 19세기 초부터 정치에서 돈이 위력을 발휘하기 시작했다면서, 돈과 권력은 동의어나 마찬가지라고 했다. 아전을 부패의 거간꾼으로 인식했다. 관직이 일반 상품처럼 사고 팔린다면서 도지사 격인 관찰사는 5만 달러, 지방의 수령은 5백 달러 선에서 거래된다고 했다. 조선 초기 200년은 오래된 폐습도 사라지고 새로운 악습도 생겨나지 않은 황금기였으나 16세기 중엽에 이르러 당파가 형성되어 피비린내 나는 정쟁이 계속되었다고 했다. 헐버트는 당파싸움이 악화된 배경으로 양반제도를 들며 1895년《조선소식》에 〈양반의 출현The Rise of The Yangban〉을 발표하였다. 그는 이 글에서 한 여인의 미소가 트로이 전쟁을 일으켰듯이 조선에서는 이부자리 하나가 조선 정치를 네 개의 붕당으로 갈라놓았다면서, 원래 착한 사람들인 김효원과 심의겸이 별것 아닌 일로 노론, 소론, 남인, 북인의 4색 당파를 출현시켜 조선 천지를 정쟁의 소용돌이에 몰아넣었다고 진단하였다.

"한국에 어려움이 닥치니 미국이 제일 먼저 한국을 저버려"

헐버트는 《대한제국의 종말》에서 1905년 을사늑약의 부당성을 조목조목 지적하며 일본의 침략주의를 고발하였다. 중요한 사실은 자신의 모국 미국의 친일정책을 비난하는 용기를 보여 주었다. 그는 을사늑약 당시 미국의 처신에 대해 "한국에 어려움이 닥치니 미국이 제일 먼저 한국을 저버렸다. 그것도 가장 모욕적인 방법으로, 인사말도 없이When the pinch came we were the first to desert her, and that in the most contemptuous way, without even say good-bye."라고 공사관을 맨 먼저 철수한 미국을 맹비난하였다. 그는 이 책에서 화폐, 산업, 무역, 언어, 문학, 예술, 여성의 지위, 민담, 미신, 풍수지리 등도 상세하게 소개하였다. 한민족의 기층문화를 백안시하지 않고 인류애의 보편성에서 접근하였다. 인종을 보는 관점에서도 당시 서구 사회에 팽배했던 백인 우월의식과 동양인에 대한 비하의식을 전혀 발견할 수가 없다. 헐버트는 이 책에 숭례문, 광화문 등 우리의 유적과 선조들의 생활상에 대한 사진 63점을 수록하였다. 이 사진들은 개화기의 시대상을 쉽게 연상시키고, 화질도 뛰어나서 오늘날 매우 소중한 역사 자료로 기능하고 있다. 그는 이 책에 사진을 담기 위해 고가의 특별한 사진기를 구입하였다면서, 공주, 개성 등 역사 유적지를 직접 방문하여 사진을 찍었다고 한 편지에서 밝혔다. 헐버트는 사진 한 장이 글 2쪽보다도 더 많은 뜻을 전달할 수 있다면서 사진을 매우 중요시하고, 그 스스로 사진술에 정통하였다.

헐버트는 책 말미 〈한국의 미래The Future of Korea〉에서 "한국의 충신들이 나라를 잃은 분노로 자결하는 마당에 미국 공사는 정의를 짓밟는 자들과 샴페인 잔을 높이 쳐들고 있었다."라고 미국 공사를 질타하였다. 이어서 "후세의 사가들이 이 일을 되돌아보면 미국 정부가 한 국가의 운명이 달려 있는 중차대한 문제에 얼마나 모욕적이고도 무책임한 태도를 취했는가를 똑똑히 알게 될 것이다."라고 울분을 토했다.

"한민족이 긍지를 가지는 것은 당연"

《대한제국의 종말》의 출간은 세계적 언론의 관심을 끌었다. 《뉴욕타임스The New York Times》 등 국제적 신문들이 책 출판을 비중 있게 다뤘으며, 동시에 한국 문제를 국제문제로 부각시켰다. 《런던트리뷴The London Tribune》의 스토리Douglas Story 기자는 "헐버트가 기술한 1905년 11월 17일의 상황을 보면 이 조약이 한국의 자유의사에 의하지 않았다는 판단을 하지 않을 수 없다."라고 보도하였다. 《보스턴타임스The Boston Times》는 "동아시아에서 일본의 횡포가 도를 넘었으며 미국은 이 문제를 중대하게 다뤄야 한다."라고 주문하였다. 영국의 《글래스고헤럴드Glasgow Herald》는 "한국의 정치상황 뿐만 아니라 한국의 풍속과 문화를 알린 헐버트는 셈할 수 없는 커다란 공적을 남겼다."라고 평가하였다. 미국의 일본 대사관은 이 책이 미국 서점에 나오는 즉시 전부 사들여 책을 불살랐다는 일화도 있다. 《대한제국의 종말》은 유학생을 포함한 많은 한국인들에게 애국심을 불어넣었다. 상하이, 미국 등 국제무대에서 활동한 한국 독립운동가들은 한국의 억울함을 세계에 알리는 데에 이 책을 소중하게 활용하였다. 1919년 파리강화회의 참석을 위해 활동 중이던 김규식은 이해 4월 7일 미국의 이승만에게 전보를 쳐 《대한제국의 종말》 등 헐버트의 저술을 보내 달라고 요청하였다. 외교 활동에 활용하고자 했을 것이다. 《대한제국의 종말》은 헐버트박사기념사업회 명예회장이며 헐버트를 일찍이 이 땅에 알린 신복룡 전 건국대학교 대학원장이 1973년 우리말로 옮김으로써 최초의 번역본 《대한제국멸망사》가 탄생하였다. 청년들에게 크나큰 교훈을 주리라는 확신을 갖고 번역하였다고 한다. 《대한제국멸망사》는 헐버트 저서 중 최초로 우리말로 옮겨진 책으로서 헐버트의 이름이 역사 속에 묻히지 않고 우리 곁에 살아 숨 쉬게 하는 데에 결정적으로 이바지하였다.

헐버트는 그의 역사 기술에서 한민족을 위기가 닥칠 때면 반드시 단합하여 위기를 극복하는 저력을 가진 민족으로 정의하였다. 주변국의 시달림 속에서도 한민족이 이룩한 업적이나 생존력으로 볼 때 한국은 어떠한 난관도 돌파할 것이라고 확신한 것이다. 헐버트의 둘째 아들 윌리엄 William은 "아버지는, 오랜 역사에 걸친 문화적, 과학적 업적으로 볼 때 한민족이 긍지를 가지는 것은 당연하다고 미국인들에게 설파하고 다니셨습니다."라고 증언하였다.[35]

---

35 신복룡 역(원저자 Homer B. Hulbert), 《대한제국멸망사》, 집문당, 1999, 15쪽

4부
헐버트의 숙명, 한국 독립운동 50년 대장정

- 인종과 국경을 초월한 역사의 양심
- 을사늑약 저지를 위한 고종 황제의 대미 특사
- 민권운동가
- 일본의 '경천사 십층석탑' 약탈을 국제사회에 고발
- 헤이그 만국평화회의 특사 헐버트

헐버트는 "한쪽을 지지하는 것이 반드시 편견은 아니다. 그렇다면
나는 정의, 국제 예의, 올바른 애국심에 편견을 가진 사람이다
I am prejudiced in favor of justice,
international comity and a right patriotism."라고
선언하여 그가 왜 독립운동에 나섰는지를 분명히 했다.

인종과 국경을 초월한 역사의 양심

"나는 '정의', '국제 예의', '올바른 애국심'에 편견을 가진 사람"

역사인물 평가에서 중요한 요소 중 하나는 세상에 대한 울림일 것이다. 역사인물은 죽은 뒤에도 긍정과 부정으로 후대에 무한한 울림을 낳는다. 대한민국 초대 공보처장을 지낸 김동성은 1948년 저술한《미국인상기》에서 헐버트의 양심과 울림을 증언하였다.[1]

"만일 외국인으로서 한국에 대한 애국자가 있다면 호머 헐버트 박사보다 더 나은 이는 다시없다. 한국에서 추방되어 미국으로 쫓겨난 그는 많은 기회를 만들어 한국을 대변하고 소개했다. 한 사람의 힘으로는 미약했지만, 열정과 성의를 다해 청중을 감동시켰다. 강연 때마다 그는 눈물을 흘리며 한국과 한국인의 억울함을 호소했다. 일생을 두고 그는 한국의 독립을 위해 헌신하였다."

김동성 외에도 헐버트에 감화된 사람은 부지기수다. 왜 그들은 헐버트에게 감화되었을까? 헐버트는 대가나 명예를 탐하지 않고 오직 양심이라는 순수성을 바탕으로, 핍박받는 한 나라를 위해 1895년부터 장장 50년의 독립운동을 벌였다. 한국인 중에도 50년을 독립운동에 헌신한 인물

---

1 김동성(1890~1969)은 미국 유학 시절 헐버트의 독립운동을 지켜봤다. 광복 후 민의원 부의장을 지냈다.

은 극히 드물다. 무엇보다도 그의 독립운동의 효과는 특별하였다. 그는 국제사회를 상대로 일본의 침략주의를 고발하였다. 일본은 서양 열강으로부터 한국 식민화의 정당성을 인정받고 싶어 했기에 헐버트의 반일 활동을 더욱 경계하였다. 한국인들은 국제사회에 호소하는 통로가 제한되었기에 헐버트의 활약은 한국 독립운동사에서 특별한 의미를 갖는다. 그렇다면 무엇이 헐버트를 한국 독립운동에 나서게 했을까?

헐버트는 회고록에서 "한쪽을 지지하는 것이 반드시 편견은 아니다. 그렇다면 나는 정의, 국제 예의, 올바른 애국심에 편견을 가진 사람이다 I am prejudiced in favor of justice, international comity and a right patriotism." 라고 선언했다.[2] 그가 어떤 가치관을 가진 사람인지를 극명하게 보여 준다. 누구든 훌륭한 가치관을 소유할 수는 있지만 실천하기란 쉽지 않다. 그러나 헐버트는 자신의 가치관을 한민족과 영욕을 함께하며 온몸으로 실천하였다. 그는 특히 '올바른 애국심'을 강조하였다. 자신의 조국이 하는 일은 무조건 옳은 것이 아니고 인류사에 필요한 보편적 가치를 위한 애국이 진정한 애국의 가치라고 말한 것이다. 이러한 헐버트의 가치관이 일본의 침략주의와 공존할 수 없는 것은 당연하였다. 더구나 그는 20성상의 한국 생활에서 한민족에게 단단히 홀려 있었다. 그러한 헐버트에게 일본에 대한 저항은 필연이자 숙명이었다.

헐버트의 양심, "선교사의 침묵은 한국인들을 고통에 빠트리는 일"

헐버트의 가치관은 아버지로부터 절대적으로 영향받았다. 헐버트의

---

2 Hulbert, Homer B., 〈Preface〉,《Echoes of the Orient》

아버지는 헐버트가 14살일 때인 1877년 미국 버몬트Vermont주 건립 100주년 기념식에서 특별 강론을 펼쳤다. 기념식은 1877년 7월 8일 버몬트주 윈저Windsor시에서 열렸으며 대통령을 비롯한 1,500여 명이 참석하였다. 당시 미들베리대학 총장이었던 헐버트의 아버지는 '기독교인과 애국심Christian and Patriotic Discourse'이라는 주제의 강론에서 애국심에 대한 철학을 밝혔다.[3] 그는 먼저 "애국심은 미덕이다Patriotism is a virtue. '주님도 애국심의 정서에 영향받았다'고 말하는 것에 불경이라는 책임을 지울 수 없다."라고 설파했다. 그는 "국가에 대한 충성은 신앙의 기본이며, 어느 누구도 국가에 대한 의무를 다하지 않고서는 신에 대한 의무를 완수했다고 말할 수 없다."라고 기독교인의 국가관을 제시했다. 그는 또 "인간은 국가라는 조직에서 분리될 선택의 여지가 없다. 따라서 모든 시민은 살든지 죽든지 간에 국가에 귀속된다."라고 개인과 국가의 관계를 정의했다. 그러면서 "기독교는 종교적, 도덕적 관점에서뿐만 아니라 정치적 관점에서도 선을 행하는 통치만 받아들여야 한다."라고 기독교의 사회 참여 목표를 확실히 했다. 아울러 "성서신학의 기본 교리는 인류의 '보편적 동포애universal brotherhood'이다. 시민의 사회적 권리는 정치적 원칙에서 이해될 수 있는 것보다 훨씬 깊고 넓은 '평등'과 '인간애'가 포괄되어야 한다."라고 주장했다. 헐버트의 사상과 가치관이 어떤 배경에서 형성되었는지를 가늠하기 어렵지 않을 것이다. 헐버트의 인생 행적은 아버지의 강론의 틀에서 크게 벗어나지 않았다. 다만 애국의 대상이 한국이었을 뿐이

---

3 Bennington Battle Monument and Historical Association, 〈Centennial Anniversary of the Independence of the State of Vermont and the Battle of Bennington〉, Turtle & Co., Rutland, 1879, p188~209

다. 이 역시 아버지의 '인류의 보편적 동포애' 범주에서 떨어져 있지 않다.

1905년 을사늑약을 전후하여 미국의 선교 본부는 한국에 파송한 선교사들에게 정치와 종교는 분리해야 한다는 원칙을 시달하였다. 따라서 한국에서 활동하는 선교사들은 일본을 자극하지 말고 정치와 멀리하자고 암묵적으로 합의하였다.[4] 그러나 헐버트는 "참 선교는 고통받는 한국인들을 돕는 것이며, 진실한 애국심과 참된 신앙은 떨어져 있지 않다. 선교사의 사명이 기독교 정신을 가르치는 것이라면, 가르쳐야 할 기독교 정신은 무엇인가If missionaries wished to remain in Korea to teach Christianity, what then was Christianity to teach?"라고 항변하였다. 그는 심지어 미국 선교본부에 친일 성향의 선교사들을 비난하는 서신을 보내 "개신교의 침묵은 한국인들을 고통에 빠트리는 일"이라고 주장했다.[5] 아버지의 사회 참여적 기독교관을 충실히 실천하는 대목이다.

4 Hulbert, Homer B., 〈Japanese and Missionaries in Korea〉, 《The Missionary Review of the World》, March 1908, p 205

5 Shaw, Carole C., 《The Foreign Destruction of Korean Independence》, SNU Press, 2007, p 281

을사늑약 저지를 위한
고종 황제의 대미 특사

조선은 개방을 거부, 일본은 서양에 다가가

조선은 1800년 정조 승하 이후 1864년 1월 고종 즉위 때까지 왕권의 약화로 사실상 통치권이 동력을 상실했다. 정조를 이은 순조는 10살에, 헌종은 7살에 즉위하였다. 철종은 18살에 즉위하였지만 나무꾼에서 갑자기 임금이 되었다. 그러다 보니 조선은 수렴청정과 족벌정치로 허송세월하고, 나라밖 세상에는 눈길도 주지 않았다. 고종은 11살에 즉위하였지만 대원군의 등장으로 통치권력이 강화되었다. 하지만 대원군은 내치에만 골몰했지 바깥 세상에는 관심이 없었다. 따라서 개화는 고종시대에서야 눈을 떴다. 봉건사회와 근대사회의 접점이었던 개화기는 우리 근대사에서 가장 중요한 역사적 전환점이었으며, 한편으로 한민족의 운명을 거스른 회한의 시대였다. 개화기 미국과의 관계를 알아보는 것은 자못 의미가 크다. 1866년 8월 미국 상선 제너럴셔먼General Sherman호가 평양 대동강까지 올라와 조선에 통상을 요구하였다. 평안도 관찰사 박규수는 국법에 따라 이들의 제의를 거절하며 철수를 통고했다. 그러나 미국인들은 물러서지 않은 채 오히려 행패를 부렸다. 조선은 급기야 뗏목에 불덩어리를 실어 상선을 격침하고, 미국인들은 몰사당했다. 이를 제너럴셔먼호 사건이라 한다. 5년 뒤인 1871년 로저스John Rodgers 제독이 이끄는 미국 함대가 제너럴셔먼호사건에 대한 보복과 개항을 촉구할 목적으로 강화도

해안에 다다랐다. 조선은 미국의 대화 제안을 거부하고 함대의 즉각 철수를 요구했다. 로저스 제독은 응하지 않았다. 강화도 해협 양안에서 전투가 벌어져 조선은 무참하게 패배했다. 미국 측 사망자는 1명뿐이었다. 로저스는 사살한 적병 숫자는 340명이라고 본국에 보고했다.[6] 실제 사망자는 더 많다고 여긴다. 조선은 그렇게 많은 희생자를 내고도 옥쇄하며 대화를 거부했다. 로저스 제독은 후일 사생결단으로 버티는 조선 병사들의 완강함에 기가 질렸다고 술회했다. 이 사건이 신미양요辛未洋擾이다.

한편, 일본은 1853년 함대를 이끌고 도쿄만에 나타난 페리Matthew C. Perry 제독의 개항 요구를 받아들여 1858년 미국과 미일수호통상조약을

신미양요 직후 양이를
배격하자고 전국에 세운 척화비

체결하였다. 이를 계기로 일본은 더 이상 동양의 미개한 국가로 남지 않고 구미의 문명국가가 될 것이라며 탈아입구脫亞入歐를 다짐했다. 그들은 관복마저도 서양식으로 바꾸는 등 재빨리 서양 제도를 도입하였다. 일본은 조선과는 반대의 길을 택한 것이다. 이러한 두 나라의 시각차가 근대사에서 한국과 일본의 방향을 확연하게 갈라놓았다. 참으로 아쉬운

---

6 송호근 《강화도 심행일기》, 나남, 2017, 202쪽

것은 대원군은 신미양요에서 대패하고도 양이를 물리쳤다고 의기양양하며 척화비를 경향각지에 세우고 통상거부정책을 강화하였다. 만약 당시 미국과 수교를 이루고, 서양 열강과 교류를 강화하였더라면 우리의 운명이 어떻게 바뀌었을까? 헐버트는, 역사는 역사 사건보다 더 많은 것을 가르쳐 준다면서 역사로부터 교훈을 얻는 민족만이 승리자가 된다고 보았다. 오늘날 우리의 현실은 개화기 때만큼 복잡다단하다. 지난날의 역사를 교훈 삼아 장차 북한을 넘어 중국, 러시아, 일본, 미국과의 관계에 유용하게 활용해야 할 것이다.

미국, '조미수호통상조약'에서 한국의 안전을 담보

조선은 외국과 통상을 거부해 오다가 1876년 일본과 강화도조약을 맺어 근대적 의미의 수교를 처음 시작하였다. 그러나 일본과의 수교가 조선의 의중은 아니었다. 강화도조약은 일본이 1875년 영종도를 침범하여 일으킨 소위 운요호雲揚號사건을 빌미로 일본의 협박 아래 맺어졌다. 조선은 1880년 겨울 외국과의 교류에 대비하고 중국을 통한 신식무기의 수입을 관장할 '통리기무아문統理機務衙門'이라는 별도 기구를 설치하였다. 이어서 서양 국가와는 최초로 1882년 미국과 '조미수호통상조약'을 맺음으로써 개화를 본격화했다.

을사늑약에서 우리의 운명에 영향을 줄 수 있는 유일한 나라는 미국이었다. 미국과 조약을 맺게 된 연유를 보자. 제너럴셔먼호사건 직후인 1866년 12월 미국은 홍콩에 진주하던 슈펠트Robert W. Shufeldt 제독을 중국 지푸芝罘(지금의 옌타이烟臺)로 급파하여 제너럴셔먼호사건의 진상을 조사케 했다. 이 조사에서 슈펠트는 상선이 침몰하고 선원들이 목숨을 잃은 것은 조선의 고의가 아니었다고 판단했다. 미국은 신미양요 9년 뒤인 1880년 조선과 수교 방침을 정하고 제너럴셔먼호사건을 조사했던 슈펠트를 중국으로 파견했다. 슈펠트는 청나라 이홍장李鴻章의 주선으로 조선과 대화를 이끌어냈으며, 마침내 미국 대표 자격으로 1882년 5월 22일 제물포에 천막을 치고 신헌申櫶이 이끄는 조선 대표단과 함께 '조미수호통상조약'에 서명하였다. 슈펠트가 조선과의 협상을 성공시킨 배경에는 제너럴셔먼호사건 진상조사 때 갖게 된 조선에 대한 호의적인 시각이 중요한 요소였다. 한편으로 중국은 조선에 미국과 수교할 것을 적극적으로 권하였다. 미국을 끌어들여 일본을 견제하겠다는 속내가 있었기 때문이다. 따라서 미국과의 수교도 본시 조선의 의지는 아니었다.

조선은 미국과 수교 후 영국, 독일 등 서양 열강들과 잇따라 조약을 맺어 외교관계를 이어갔다. 그러나 일본과의 강화도조약을 비롯하여 서양 열강과 맺은 대부분의 조약은 불평등조약이었다. 특별하게 치욕적인 조약이 바로 1882년 청나라와 맺은 '조청상민수륙무역장정'이다. 조선의 요청으로 청군이 임오군란을 진압하고 대원군을 청나라로 납치한 후 내정 간섭 상태에서 맺어졌기 때문이었다. 이 조약은 통상 조약이 아니라 주권을 내주다시피하는 속방 조약이었다. 조약 첫머리에 조선을 청의 속방이라 표현하여 조선과 청나라를 대등한 국가가 아닌 종주국 관계로 전락시키고, 조선의 왕을 청나라 북양대신北洋大臣과 동등한 위치로 간주하였다. 당시까지 조선과 청의 관계가 조공 관계였지만 내치에 간섭하지 않는 것이 원칙이었다. 이는 국제적 관례이기도 했다. '조청상민수륙무역장정' 체결 후 청나라는 독일인 묄렌도르프를 조선의 외교 고문으로 추천하였고, 진압군으로 왔던 위안스카이袁世凱는 1894년까지 12년을 상주하며

Treaty between the United States
of America and the Kingdom of Chosen.

The United States of America and the King-
dom of Chosen, being sincerely desirous
of establishing permanent relations
of amity and friendship between
their respective peoples, have to this
end appointed,— that is to say, the
President of the United States,—
R. W. Shufeldt, Commodore U.S. Navy,
as his Commissioner Plenipotentiary;
and His Majesty, the King of Chosen
Shin-Chen, President of the Royal Cabinet,
Chin Hong Chi, Member of the Royal Cabinet,
as his Commissioners Plenipotentiary,
who, having reciprocally examined
their respective full Powers, which have
been found to be in due form, have agreed
upon the several following articles:—

Article I.
There shall be perpetual peace and

friendship between the President of the
United States and the King of Chosen
and the citizens and subjects of
their respective Governments.
If either Powers deal un-
justly or oppressively with either
Government, the other will exert their
good offices, on being informed of the
case, to bring about an amicable
arrangement, thus showing their
friendly feelings.

Article II.
After the conclusion of this Treaty of
amity and commerce, the High Con-
tracting Powers may each appoint
Diplomatic Representatives to resi-
de at the Court of the other, and may
each appoint Consular Representa-
tives at the ports of the other, which
are open to foreign commerce, at
their own convenience.
These officials shall have relations
with the corresponding local autho-

조미수호통상조약. '조선'을 '조센Chosen'이라 하였다.
네모 부분은 '선위조처' 구절

마치 조선의 상왕이나 되는 것처럼 안하무인으로 조선을 농락했다.

조미수호통상조약에도 아쉬움이 많다. 한글이 하나도 없이 한자와 영어로만 작성되었다. '조선'의 표기를 'Chosen' 즉 '조센'이라 하여 '조선'이라는 국호를 반영하지 못했다. 그럼에도 이 조약에는 조선에게 호의적인 조항도 들어있었다. 조약 제1조에 선위조처善爲調處, 즉 '만약 제삼국이 조약 일방에게 부당하게 또는 강압적으로 간섭할 때에는 조약 상대국은 원만한 타결을 가져오도록 주선한다'는 구절이 담겨 있다. 이 표현은 당시 외교 관행에서는 상대국의 안전을 담보하는 의지로서는 최상의 문구였다. 과연 미국은 이 조항의 정신을 존중했는가?

300년 만에 되살아난 일본의 정한론

1905년 을사늑약은 일본이 치밀하게 준비한 음모의 결과였다. 일본은 1868년 명치유신을 통해 막부 시대를 끝내고 천황 중심의 통치 체제로 바뀌면서 남부 출신들이 득세하며 300년 전 도요토미豐臣秀吉 일당이 임진왜란 때 시도했다가 실패한 정한론을 부활시켰다. 정한론 부활의 중심에는 서양에서 유학한 인물들이 대거 포진해 있었다. 일본 야마구치山口현 조슈長州 출신 소위 '조슈 청년 5인Chosyu Five'은 원래 서양을 배척하였으나 1853년 막부 정권 몰래 야심 차게 영국에 유학하였다. 5인에는 우리가 잘 아는 이토 히로부미도 있다. 일본은 이들 외에도 많은 유학생을 구미 국가에 보냈다. 유학생들은 근대사상, 과학기술을 배워 돌아와 일본 근대화에 크게 기여하였다. 그러나 정치 성향의 유학생들은 귀국하여 정한론을 구체화시키면서 한국 침략에 앞장섰다. 반면, 조선은 1876년 강화도조약 이후 일본과 청나라에 시찰단을 보내는 것으로 만족했다.

조선은 일본에 1876년, 1880년, 1882년 3차례에 걸쳐 수신사를 보냈다. 1881년에는 일본에 조사 시찰단, 중국에 영선사를 보내 나름대로 바깥세상을 알려고 노력했다. 1880년 2차 수신사를 따라간 윤치호가 일본에 남아 공부하여 유학의 효시가 되고, 1883년 보빙사로 미국에 간 유길준이 미국에 남아 2년여 동안 공부하여 최초의 미국 유학생이 되었다. 이후 구미 유학의 명맥이 근근이 이어졌으나 우리는 전반적으로 서양 국가를 배우는 데에 소홀하였다. 만약 우리가 일찍부터 구미에 유학생을 보내 국제적 인재를 양성했더라면 제국주의의 파고에 좀 더 효과적으로 대처했을지도 모른다.

일본은 1894년 청일전쟁에서 승리하는 등 정한론을 구체화시키다가 1895년 프랑스, 러시아, 독일의 '3국간섭'으로 정한론에 차질을 빚는다. 이때 일본은 정한론을 관철하기 위해서는 국제 열강의 도움이 절실함을 뼈저리게 깨달았다. 이후 일본은 영국과 미국을 자신들의 우군으로 만들기 위해 물불을 가리지 않았다. 오늘날에도 일본은 미국에서 민관이 합심하여 친 일본 세력을 양성하는 일에 전력투구하고 있지 않은가. 한편으로 일본은 러시아하고는 일전을 벌일 각오를 다지며 군사력을 강화하였다. 일본은 1902년 러시아의 남진을 막고 동아시아에서 영국과 이권을 나눠 갖는다는 내용의 영일동맹을 체결하였다. 정한론을 실현하기 위한 일차적 교두보를 마련한 것이다. 이어서 일본은 유학생들까지 동원하여 미국에 접근하였다. 결국 일본은 을사늑약 직전인 1905년 7월 미국과 일본 간 밀약을 통해 미국을 완전히 친일로 돌아서게 하는 외교적 성과를 거두었다. 300년 만에 부활한 정한론이 현실이 되어가고 있었다.

일본, '한일의정서'를 내팽개쳐

일본이 1904년 2월 초, 인천 앞바다에 진을 치고 있던 러시아 전함을 급습하면서 러일전쟁이 발발하였다. 대한제국은 1904년 1월 23일 중립국임을 국제사회에 선언하였다. 러시아와 일본 사이에서 아무 편도 들고 싶지 않았다. 그러나 일본이 2월 10일 러시아에 선전포고를 하면서 대한제국을 압박하자 고종 황제는 일본의 요구를 받아들여 2월 23일 일본과 '한일의정서'를 체결하였다. 한일의정서에서 일본은 대한제국의 주권과 황실의 안녕을 보장하고, 한국이 독립국으로 존속할 것을 약속했다. 대한제국은 한일의정서에 따라 러일전쟁에서 일본을 성실하게 도왔다. 대한제국이 일본을 돕기로 한 배경에는 일본의 강압 외에 러시아보다는 일본이 전쟁에서 이기는 편이 낫다는 기대감도 있었다고 보인다. 헐버트는 대부분의 외국인은 만약 러시아가 이기면 한국이 러시아에 편입될 것이라는 두려움에 휩싸였다고 한 편지에서 밝혔다. 한국 지도층도 대부분 러시아보다는 일본에 기대를 걸었다. 김구도 《백범일지》에서 일본에 대한 한인의 감정은 청일전쟁에서 일본이 이기기를, 러일전쟁에서도 일본이 이기기를 바랐다고 적었다.[7] 서재필과 이승만이 작성한 것으로 알려진 1905년 미국 루스벨트 대통령에게 보낸 하와이 거주 한국인의 청원서에도 '일본이 우의에 입각하여 대한제국에 조언하고 권고할 것으로 기대했다'는 구절이 있다.[8]

그러나 일본이 한일의정서를 이행할 것이라는 기대는 산산이 무너졌다. 일본은 뤼순을 함락하는 등 러시아에 우위를 보이자 전쟁이 채 끝나

---

7 김구, 《백범일지》, 나남, 2017, 199쪽
8 손세일, 《이승만과 김구》 2, 나남, 2008, 309쪽

기도 전에 노골적으로 대한제국의 주권을 위협했다. 일본이 무슨 일을 저지른다 해도 대한제국과 조약을 맺고 있던 미국이 도움을 줄 것이라는 일말의 기대가 없진 않았지만 대한제국은 불안감에 휩싸였다. 더구나 1905년 8월 일본의 한국 지배를 영국이 양해한다는 제2차 영일동맹이 체결됐다는 소식은 주권 상실의 심각한 위협으로 다가왔다. 이때 고종 측근들은 조미수호통상조약에 담겨 있는 선위조처 구절을 떠올리며, 미국 대통령에게 비밀하게 특사를 파견하여 일제의 침략 야욕을 막아줄 것을 호소하기로 의견 일치를 보았다. 민영환은 대한제국 황제의 친서를 전달하면서 한국의 처지를 대변할 특사를 파견할 것을 고종에게 건의하고, 고종은 곧바로 수락하였다.

비밀을 지킬 수 있는 헐버트를 특사로 선정

1905년 가을의 문턱에서 고종 황제는 미국의 루스벨트Theodore Roosevelt 대통령에게 자신의 친서를 전달할 적임자를 찾아야 했다.[9] 민영환이 헐버트를 강력 추천하자 고종은 "나도 그를 잘 아오."라며 즉각 동의하였다. 고종과 측근들의 신임이 두터운 헐버트는 누구보다도 특사에 적합한 인물이었다.[10] 헐버트는 비밀을 지킬 수 있는 인물이었고, 한국이 처한 현실과 일본의 부당성을 누구보다도 잘 알고 있었다. 헐버트는 특사를 맡기에 앞서 결단이 필요했다. 일본이 특사 파견 사실을 안다면 고종에

---

9 루스벨트 대통령은 1901년부터 1909년까지 재임한 'Theodore Roosevelt'를 말한다. 1933년부터 1945년까지 재임한 루스벨트는 'Franklin D. Roosevelt'이다.

10 이때 헐버트의 역할은 일본 모르게 비밀리에 추진되었기에 밀사로 부르는 것이 더 정확하다. 그러나 오늘날 특사가 보편화된 용어이기에 특사로 썼다. 헤이그 특사의 경우도 마찬가지이다. 일본은 헐버트를 밀사로 불렀다.

게 어떤 위해를 가할지 알 수 없고, 자신도 한국에서 쫓겨날 것이 틀림없어 보였다. 헐버트는 일신의 안녕보다는 한국의 주권 수호가 더 중요하다고 판단하여 특사 역할을 기꺼이 맡기로 결심했다. 이때 헐버트가 특사로 선정되었기에 그가 고종에게 영향력을 행사한 정치고문으로 인식하는 견해가 있으나 이는 옳지 않다. 그는 대한제국 교육 고문이자 교사였지 고종에게 지근거리에서 정치적, 외교적 조언을 하는 사람은 아니었다. 고종은 헐버트에게 신뢰를 보냈을 뿐 그와 정사를 직접적으로 논의하지 않았다. 헐버트는 특사 임무를 수행하기 위해 곧바로 관립중학교를 사직하고 미국행을 준비하였다. 고종 황제의 친서는 누가 기초했는지 정확히 알 수 없지만 친서의 문체로 보아 헐버트가 기초한 것으로 보인다. 고종 황제는 친서에서 "일본은 1904년 맺어진 한일의정서를 정면으로 위반하고 있으며, 일본의 보호국화는 한국인들을 구렁텅이로 빠뜨릴 것입니다."라며 한국의 처지를 이해하여 도움을 달라고 요청하였다. 헐버트는 친서 전문을《헐버트 문서》에 남겼고, 대한민국임시정부는 기관지《독립신문獨立新聞》1919년 11월 15일 자에 번역문을 게재하였다. 헐버트는 특사로 선정되었지만 불행히도 고종 황제의 신임장을 가지고 가지는 못했다. 일제의 감시가 심해 고종 황제로부터 신임장을 넘겨받을 수 없었다. 일본 첩자들이 득시글한 상황에서 신임장을 전달받다가 일제에 발각되면 모든 일을 그르칠 수 있었기 때문이었다. 그나마 친서만이라도 챙겨 갈 수 있어서 다행이었다고 헐버트는 회고했다.

친서 번역문(《헐버트 문서》에 나오는 영문을 우리말로 옮겼음)

미합중국 대통령 각하

1883년 이래 귀국과 대한제국은 우호적인 조약 관계를 유지해 왔으며 귀국과 귀국 국민은 대한제국에 뜨거운 호의를 보내 주었습니다. 귀국의 사절들은 이 땅에 올 때마다 대한제국의 복지와 발전에 뜨거운 관심을 표해 왔습니다. 귀국으로부터 많은 교사들이 이 땅에 왔으며 그들은 대한제국의 발전을 위해 열정을 다했습니다. 그러나 우리는 괄목할만한 발전을 이루지 못했습니다. 왜냐하면, 열강들이 자국의 이익에만 몰두했기 때문입니다. 물론 우리의 실수도 컸습니다.

러일전쟁이 시작되면서 일본은 대한제국에게 동맹을 맺기를 요청하였고, 일본군의 군사작전을 위해 대한제국의 영토, 항구, 자원을 이용할 것을 요구해 왔습니다. 일본은 대한제국의 주권과 황실의 안녕을 보장했습니다. 대한제국은 일본의 요청을 받아들이고 합의 내용을 충실히 이행했습니다. 이러한 대한제국의 일본에 대한 협조는, 만약 전쟁에서 러시아가 이긴다면 일본의 동맹국이었다는 이유로 대한제국은 러시아의 속국이 되어버릴지도 모르는 위험을 감수한 행동이었습니다.

작금 일본은 대한제국과 맺은 약정을 파기하고 대한제국을 보호국으로 만들려는 의도를 분명히 하고 있습니다. 이는 1904년 체결한 약정을 위반하는 행위입니다. 일본이 그렇게 해서는 안 되는 여러 가지 이유가 있습니다.

첫째, 일본은 동맹국과의 신의를 저버리고, 문명국답게 행동한다는 약속을 지키지 못함으로써 스스로 어리석음을 드러내는 결과가 될 것입니다.

둘째, 지난 2년간 일본이 보여 준 행동은 대한제국의 백성들을 계도하겠다는 자세를 전혀 보여 주지 못했습니다. 일본은 대한제국 백성들에게 저지른 과오를 시정하는 어떠한 조치도 취하지 않았습니다. 일본은 대한제국 재정을 운용함에 있어 많은 실책을 범했을 뿐만 아니라 교육을 발전시키고 정의를 세우기 위한 어떠한 노력도 하지 않았습니다. 일본은 자신들의 이익만을 좇았을 따름입니다.

대한제국의 주권 상실은 대한제국에게 너무나 큰 상처가 아닐 수 없습니다. 만약 주권이 상실되면 일본인들이 대한제국 백성들을 더욱 경멸할 것이고, 일본인들의 행동은 더욱 폭압적으로 변할 것이기 때문입니다.

대한제국에게 개혁이 필요함은 인정합니다. 일본 고문들의 도움을 받아 그들의 제안을 수용할 준비도 되어 있습니다. 대한제국은 과거의 실수를 인정합니다. 대한제국이 도움을 청하는 이유는 결국 대한제국 백성들을 위해서입니다. 러일전쟁이 시작되었을 때 대한제국 백성은 일본을 환영했습니다. 개혁이 이루어지고 사회 환경이 개선되리라는 기대가 있었기 때문입니다. 그러나 진정한 개혁은 기대할 수 없으며 백성들은 속임만 당하고 있습니다. 일본이 보호통치를 강행할 때 가장 중대한 해악은 대한제국 백성은 개화를 추진해야 할 의미를 잃어버린다는 점입니다. 주권을 되찾을 수 있다는 희망도 사라질 것입니다.

대한제국 백성은 어떻게든 단결하여 미래의 발전을 위한 결의를 다질 것입니다. 그러나 국가의 주권이 없어지면, 일본과 협력하여 노력하기보다는 절망에 빠져 오랫동안에 걸친 일본에 대한 증오는 더욱 깊어지고 의심과 적대감만 쌓여 갈 것입니다. 백성의 감정이 국가 외교에 개입되어서

To His Excellency The President of The United States
From The Emperor of Korea : Greetings

Ever since the year 1883 the United States and Korea have been in friendly treaty relations. Korea has received many proofs of the good−will and the sympathy of the American Government and people. The American representatives have always shown themselves to be in sympathy with the welfare and progress of Korea. Many teachers have been sent from America who have done much for the uplift of people.

But we have not made the progress that we ought. This is due partly to the machinations of foreign powers and partly to our own mistakes. At the beginning of the Russo−Japanese War the Japanese Government asked us to enter into an alliance with them granting them the use of our territory, harbors and other resources, to facilitate their naval and military operations.

Japan, on her part, guaranteed to preserve the independence of Korea and the welfare and dignity of the Royal House. We complied with Japan's request, loyally lived up to our obligations and did everything that we had stipulated. By so doing we put ourselves into such a position that if Russia had won she could have seized Korea and annexed her on the ground that we had been active allies of Japan. It is now apparent that Japan proposes to abrogate her part of this treaty and declare a protectorate over our country in direct contravention of her sworn promise in the agreement of 1904. There are several reasons why this should not be done. In the first place Japan will stultify herself by such a direct breach of faith. It will injure her prestige as a power that proposes to work according to enlightened laws. In the second place the actions of Japan in Korea during the past two years give no promise that our people will be handled in an enlightened manner. No adequate means have been provided whereby redress could be secured for wrongs that have been perpetrated upon our people. The finances of the country have been gravely mishandled by Japan. Nothing has been done toward the cause of advancing education or justice. Every move on Japan's part has been manifestly selfish. The destruction of Korea's independence will work her a great injury because it will intensify the contempt with which the Japanese people treat the Koreans and will make their acts all the more oppressive.

We acknowledge that many reforms are necessary in Korea. We are glad to have the help of Japanese advisers, and we are prepared loyally to carry out their suggestions. We recognize the mistakes of the past. It is not for ourself we plead but for the Korean people.

At the beginning of the war our people gladly welcomed the Japanese because this seemed to herald needed reforms and a general bettering of conditions, but it soon was seen that no genuine reforms were intended and that the people had been deceived.

One of the gravest evils that will follow a protectorate by Japan is that the Korean people will lose all incentive to improvement. No hope will remain that they can ever regain their independence. They need the spur of national feeling to make them determine upon progress and to make them persevere in it. But the extinction of nationality will bring despair, and instead of working loyally and gladly in conjunction with Japan, the old−time hatred will be intensified and suspicion and animosity will result.

It has been said that sentiment should have no place in such affairs, but, Sir, we believe that sentiment is the moving force in all human affairs, and that kindness, sympathy and generosity are still working among nations as among individuals.

We beg of you to bring to bear upon this question that same breadth of mind and the same calmness of judgment that have characterized your course hitherto, and having weighed the matter, to render us what aid you consistently can in this hour of our national danger.

(The private seal of the Emperor of Korea)

루스벨트 대통령에게 보낸 고종 황제의 친서 원문

는 안 된다고 하지만 대한제국의 문화에서 백성의 감정은 인간사의 동력이며, 호의, 온정, 관용은 개인 간의 관계에서와 마찬가지로 국가 간의 관계에서도 매우 중요합니다.

각하께서는 대한제국이 처한 절체절명의 위기의 순간을 헤량하시어 이상에서 제기한 문제에 대해 심사숙고하여 주시고, 아울러 지금까지 취해 온 외교 원칙과 똑같은 넓이와 똑같은 냉철함의 바탕 위에서 귀국이 할 수 있는 최대한의 도움을 주시기 바랍니다.

대한제국 황제, 어새 날인과 함께

미국 공사에 속아

특사로 선정된 헐버트는 미국 공사관에 도움도 청할 겸 서울 주재 미국 공사 모건Edwin V. Morgan을 은밀히 방문하여 자신의 미국행을 알렸다. 모건은 헐버트의 이야기를 듣고 동정적인 태도를 보이며 변호사를 고용하라는 등 조언도 해 주었다. 헐버트는 모건에게, 자신이 일본을 통과할 때 일본이 친서를 강탈할 우려를 밝히면서 고종 황제의 친서를 공사관 외교 행낭 편으로 워싱턴에 보내 달라고 부탁하였다. 모건이 호의적으로 답하자 헐버트는 그를 믿고 황제의 친서를 맡겼다. 그러나 모건을 믿고 그와 미국행을 협의하며 친서 전달까지 부탁한 것은 자신의 크나큰 실수였다고 헐버트는 회고했다.[11] 이 시기 이미 미국과 일본은 일본의 한국 보호통치를 기정사실화하고 있었지만 헐버트는 이런 사정을 전혀 모른 채

---

11 Hulbert, Homer B., 《Echoes of the Orient》, p 263

모건에게 협조를 구한 것이다.

헐버트는 미국으로 출발하기 직전 한 모임에서 일본 공사를 만났다. 일본 공사는 헐버트가 정부와 계약을 종료한 것을 걱정하는 척하면서 다시 생각해 보기를 권했다. 일본 공사관 근처에 있는 헐버트의 부동산을 좋은 가격에 사 줄 수 있다고도 했다. 헐버트는 자신 말고도 교육을 책임질 훌륭한 교육자가 많고, 자신은 영원히 떠나지 않고 일시적으로 휴가를 다녀와 다른 일을 할 것이라는 말로 그의 제의를 거절하였다. 헐버트는, 일본 공사의 제의는 자신의 미국행을 알고서 자신을 회유하려는 시도였으며 부동산을 좋은 가격에 사 준다는 것도 일종의 뇌물 공세였다고 술회했다. 그러면서 말하기가 수치스럽지만 자신의 미국행 비

AMERICAN LEGATION.
SEOUL KOREA.

October 19 , 1905 .

To the Honorable
Elihu Root ,
Secretary of State ,
Washington , D. C.

Sir :-

I have the honor to inform you that Mr. Homer B. Hulbert , an American citizen who has been employed continuously by the Korean Government since 1886 as a teacher of English in the middle and normal schools in Seoul will proceed to Washington , probably at once , in order to lay before the President certain statements which he believes should prove that Korea is being dealt with "unjustly and oppressively " by Japan and that in conformity with the second clause of Article I of the Korean American Treaty of 1882 this Government is entitled to call upon the United States to exert her "good offices", on being informed of the case , to bring about an amicable arrangement " , with the power against whose aggressions the Korean Government may lodge a protest .

I do not know with what credentials Mr. Hulbert is furnished nor with what authority he speaks but it is not unlikely that the Emperor is acquainted with his mission and has supplied him with money with which to defray his travelling expenses . A certain portion of the foreign community supports his views and will follow his course

- 2 -

his course with sympathetic interest .

Although of good intelligence and energetic character Mr. Hulbert's judgement is not infrequently colored by prejudice and his statements should be tested before being accepted as facts . As the Editor and leader writer of "The Korea Review" a monthly periodical which has been published for several years and which is quoted frequently by the principal foreign newspapers of Japan and China , Mr. Hulbert is recognized as the spokesman of the local critics of Japanese administration in Korea .

I have the honor to be , Sir ,

Your obedient servant ,

모건 공사가 헐버트를 경계하라고 보고한
미국 국무장관에게 보낸 서한
(1905년 10월 19일).
서울대학교 한국교육사고,
〈고종 황제의 주권 수호 외교〉(1994)에서

밀을 일본에 흘린 곳은 미국 공사관이라고 회고록에 적었다.[12] 한편, 모건은 미국 국무장관 루트Elihu Root에게 헐버트의 방미 사실을 알리면서, "헐버트는 이지적이며 매우 의욕적인 사람이다. 그러나 그는 반일 세력의 대변자로서 편견이 있을 수 있으니 그의 말을 받아들이기 전에 사전 검증을 철저히 해야 한다"라고 경계를 요망했다. 그는 헐버트 면전에서는 미국행을 도와주겠다고 약속했으나 뒤에서는 헐버트의 특사 임무를 방해하고 있었다.

일본, 헐버트의 미국행을 알고 을사늑약 처리 서둘러

미국 공사관과 일본의 내통을 모르는 헐버트는 일본 요코하마에서 미국행 배를 타기 위해 1905년 10월 21일 서울을 출발, 일본으로 향했다. 그는 부산을 거쳐 요코하마에서 미국 샌프란시스코로 가기 위해 배에 올랐다. 순간 누군가가 자신을 미행하고 있음을 직감했다. 일본의 첩자가 분명해 보였다. 자신의 미국행을 확인하러 온 것이다. 미국 공사에게 맡긴 고종 황제의 친서가 화근이 될 것 같은 불안한 예감이 스쳤다. 그런데 그 불안이 서울에서 현실로 나타나고 있었다. 일본의 한국에 대한 보호통치가 미국과 일본의 밀약을 통해 이미 예정된 수순이기는 하나 헐버트의 미국행은 미국, 일본 모두에게 충격적인 소식이었다. 특히 일본은 고종 황제의 친서 전달이 미국의 태도를 변하게 할지도 모른다는 우려 속에서 헐버트가 미국에 도착하기 전에 모든 일을 해치워야 한다는 강박관념에 사로잡혔다. 일본은 급기야 보호조약을 체결하자고 대한제국을 압박했다. 고종 황제는 버텼고, 한규설 참정대신 역시 충성을 다해 막았으나 역

---

12 Hulbert, Homer B., 《Echoes of the Orient》, p 265

부족이었다. 급기야 일본은 하세가와 사령관을 내세워 대신들을 총칼로 위협하여 고종 황제의 윤허도, 서명도 없는 상태에서 1905년 11월 17일 보호조약을 강제로 해치웠다.[13] 대한제국을 보호한다는 핑계로 대한제국의 모든 외교권을 일본이 감리, 지휘하고 서울에 일본 통감을 주재시킨다는 내용이었다. 이렇게 위협으로 맺은 불법 조약이 '을사늑약乙巳勒約'이다. 우리는 이 조약을 을사조약으로 불러왔지만, 일본의 강압으로 맺어진 불법 조약이기에 을사늑약으로 부르는 것이 옳다. 역사는 힘의 논리를 대변하는 것이 아닌 정의와 진실의 바탕에서 객관적이고도 자주적으로 해석해야 하기 때문이다. 헐버트는 시간상으로 봤을 때 자신이 워싱턴에 도착한 지 1시간 만에 서울에서 을사늑약이 강압에 의해 체결되었다고 회고록에서 밝혔다.

백악관과 국무부의 냉대에 절망감만

헐버트는 11월 12일 샌프란시스코에 도착하여 11월 13일 잠깐 한인들의 모임인 '공립협회共立協會'를 방문한 후 곧바로 기차로 워싱턴으로 향했다. 17일 워싱턴에 도착한 헐버트는 외교 행낭 편에 보낸 황제의 친서를 찾아들고 자신의 대학 동창인 스태포드Wendell P. Stafford 대법원 판사를 만나, 루스벨트 대통령과의 면담 주선을 요청했다. 헐버트는 11월 19일 스태포드의 주선으로 백악관을 찾았다. 그런데 백악관은 이유도 밝히지 않은 채 무조건 친서를 받을 수 없다면서 면담을 거부하였다. 헐버트는 하는 수 없이 국무부를 통해 친서를 전달하고자 국무장관에게 면담

---

13 조약 체결일이 1905년 11월 18일이라는 주장도 있다. 이는 의정부 회의가 자정을 넘겼기 때문이다.

을 요청하였다. 그러나 국무장관마저 면담을 거부하였다. 그는 다음 날 다시 국무장관에게 면담을 요청하였으나 또 거부당했다. 좌절감이 극에 달한 헐버트는 다음 날 다시 백악관을 찾아가 대통령 면담을 요청하였다. 그러자 비서 한 사람이 "우리는 친서에 대해 다 알고 있소. 그러나 우리는 받을 수 없으니 국무부에 가 보시오."라고 잘라 말했다. 바로 그날 미국 정부는 일본으로부터 '보호조약이 체결되어 한국 국민은 매우 만족한다.' 라는 내용의 일본이 발표한 성명서를 전달받았음을 후일 알았다. 백악관과 국무부는 헐버트의 친서 전달을 고의로 지연시키면서 을사늑약이 공표될 때까지 시간을 끌었던 것이다.

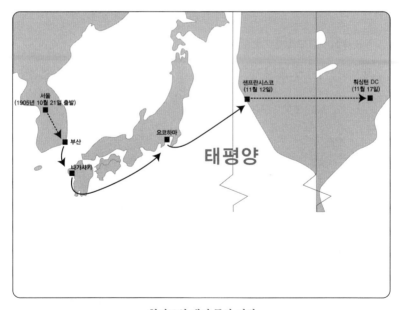

헐버트의 대미 특사 여정

루스벨트 행정부는 고종 황제의 친서에 아랑곳하지 않고, 보호조약이 평화롭게 체결되었다는 일본의 공표를 수용하여 즉시 서울의 공사관을 철수했다. 동시에 향후 대한제국과 관련한 모든 외교 행위는 도쿄 주재 미국 공사관을 거칠 것이라고 워싱턴의 한국 공사관에 통보하였다. 헐버트는 모든 상황이 끝난 뒤인 1905년 11월 25일에야 국무장관 루트Elihu Root를 만나 고종 황제의 친서를 전달할 수 있었다. 그러나 헐버트는 국무장관과 아무런 실질적인 대화를 나누지 못했다. 그로부터 오로지 "당신은 우리 미국이 일본과 충돌이 있기를 바라오?"라는 질문만 받았다. 헐버트는 "이 일은 조미수호통상조약의 이행에 관한 문제요."라고 항의하였으나 루트는 대답이 없었다. 그는 분노를 삭이지 못한 채 국무부 문을 박차고 나왔다. 한편, 루스벨트는 고종의 친서에 대해 자신의 입장을 밝힌 기록을 남겼다. 그는 1905년 11월 23일 자로 국무장관에게 서한을 보내 "친서 전달은 비밀이 요구되기에 대한제국 공사관을 거치지 않은 점은 이해하나 우리는 고종의 친서를 공식 소통으로 인정할 수 없다. 또한, 우리는 일본으로부터 한국 정부가 일본과 원만하게 조약을 타결했다는 통지를 받았다. 모든 정황을 고려하건대 이 친서에 대해 더 이상 할 일이 없다."라고 결론지었다. 이 서한은 루스벨트가 고종 황제의 친서 전달 시도를 알고 있으면서도 이를 묵살하였다는 명백한 증표이다. 이 문서는 루스벨트 사망 후인 1924년에 공개되었다.[14] 한편, 국무장관 루트도 헐버트에게 보낸 1905년 11월 25일 자 서신에서 루스벨트가 고종 황제의 친서를 읽었음을 확인해 주었다.

---

14 Shaw, Carole C., 《The Foreign Destruction of Korean Independence》, SNU Press, 2007, p 174

고종 황제의 친서 원본은 현재 발견되지 않고 있다. 지은이가 헐버트의 후손과 협력하여 원본의 행방을 쫓았으나 아직 성공하지 못했다. 미국에서 이승만 등과 함께 독립운동을 한 정한경은 안창호에게 편지(1918년 12월 12일)를 보내, 미국 문서보관소에 보관되어 있는 헐버트가 전한 고종 황제의 친서를 한 벌 베껴오라고 요청하였다. 정한경이 친서가 미국 문서보관소에 보관되어 있다고 증언한 것이다. 고종 황제의 주권 수호를 위한 처절한 절규가 담겨 있는 친서 원본을 꼭 찾아내야 할 것이다.

고종 황제와 헐버트의 눈물 어린 전보 교환

좌절에 빠져있던 헐버트는 1905년 12월 11일 워싱턴에서 고종 황제로부터 한 통의 전보를 받았다. 고종은 전보에서 1905년 11월 17일의 조약이 강박에 의해 처리되었기에 무효라고 선언하였다. 미국과 협의하여 조약의 무효화를 이끌어내라는 말도 덧붙였다. 이 전보야말로 대한제국 황제가 을사늑약이 무효라고 직접 선언한 실체적 증거이다. 이 전보는 또 일제의 한국 강점이 불법무효라는 근거를 제시하는 매우 중요한 역사적 의미를 담고 있다. 그런데 헐버트는 전보 발신지가 서울이 아닌 중국 지푸라고 했다. 일제의 감시를 피하고자 고종 황제는 지푸에 사람을 보내 그곳에서 전보를 치게 한 것이다. 타국에서 전보를 보내는 고종 황제의 심정이 어떠했을까? 헐버트가 미국을 설득하여 '혹시 을사늑약을 무효화시키지 않을까'라는 실낱같은 희망을 품었는지도 모른다. 그런데 고종 황제는 누구를 시켜 지푸에서 전보를 쳤을까? 고종의 비밀 조직인 제국익문사帝國益聞社의 요원일 가능성도 점쳐지지만 어떠한 단서도 발견하지 못했다. 전보 내용은 이러하다.

"나 대한제국 황제는 1905년 11월 17일의 조약이 무효임을 선언하노라. 이 조약이 강박에 의해 맺어졌기 때문이다. 즉각 미국에 이 사실을 알려야 한다.

민영환 공이 자결하였다. 격한 군중 소요가 발생할지도 모른다.

가급적 빠른 시간 내에 최상의 방책으로 미국과 이 조약의 종결을 이끌어내길 바라오.

짐에게 전보를 치려면 웨스턴유니언코드Western Union Code를 이용하시오"

헐버트는 이 전보 내용을 미국 국무부에 전하며 "미국 루스벨트 대통령에게 파견한 대한제국 황제의 특사 헐버트가 이 전보를 1905년 12월 11일 워싱턴에서 받았다."라고 적었다.

헐버트는 1905년 12월 14일 고종 황제의 전보를 국무부에 가지고 갔다. 그러나 국무부 차관 베이컨Robert Bacon은 "모든 상황이 끝났소. 단지 파일만 해 놓겠소."라고 잘라 말하며 더 이상 대화를 거부했다. 헐버트의 좌절과 허무는 극에 달했다. 헐버트는 고종의 전보에 대해 즉각《뉴욕타임스》와 회견을 가졌다.《뉴욕타임스》는 1905년 12월 13일 자 〈대한제국 조약을 부인하다Korea Repudiates Treaty〉 기사에서 고종의 전보 내용을 상세히 전하면서, 헐버트가 "이 전보는 일본의 반역행위treacherous act of the Japanese에 대해 한국이 발표한 첫 번째의 진정한 성명이다. 고종 황제는 사실상 몇 주째 감금상태에 있었으나 일본의 감시망을 뚫고 바깥세계에 실상을 알리는 데에 성공했다. 조약이 우호적 환경에서 맺어졌다는 일본

The Emperor of Korea declares the agreement of Nov 17 to be null [Secretary of State] void because it was obtained by force. A protest should be lodged at once, the first disturbances are likely to be renewed. Min Yongwhan committed suicide. Arrange in the best possible manner the termination of this agreement within a reasonable time. When you telegraph da go by Western Union Code.

A cablegram received in Washington - Dec, 11th 1905 by H. B. Hulbert, Special messenger of the Emperor of Korea to President Roosevelt.

[CHIEF CLERK DEC 14 1905 DEPARTMENT OF STATE]

헐버트가 미국 국무부에 제출한 고종 황제의 전보에 대한 서한.
미국 국무부 차관의 서명과 1905년 12월 14일 자 스탬프가 보인다.
서울대학교 한국교육사고, 〈고종황제의 주권수호 외교〉(1994)에서의 성명이 이제 거짓임이 만천하에 드러났다."라고 말했다고 보도했다. 기사는 또 헐버트가 "나의 워싱턴 방문 목적이 더 이상 비밀이 아니기에, 고종 황제께서 루스벨트 대통령에게 호소하여 일본의 철면피한 행위를 사전에 차단코자 나를 보냈음을 밝힌다. 이제 나의 목적은 완수되지 못하고, 서울에서 일본의 쿠데타는 감행됐다. 고종 황제는, 루스벨트 대통령이 자신의 진심을 이해했다면 일본의 조약에 대한 일방적인 성명을 받아들이기 전에 한국과 한두 마디의 상의라도 하길 기대했을 것이다."라고 말했다고 전했다. 헐버트는 참으로 끈질겼다. 일본의 반역행위와 미국의 배신적 행태에 분노를 억제할 수 없었는지 다음 날 또 《뉴욕타임스》와 회견을 가졌다. 어쩌면 사랑하는 한국의 처지에 대한 개인적 비애감이 너무 컸는지도 모른다. 《뉴욕타임스》는 12월 14일 자에서 〈한국 황제를 위한 미국 국민에 대한 호소Appeals to the Public for Emperor of Korea〉라는 장문의 헐버트 회견 기사를 실었다. 《뉴욕타임스》는 헐버트의 미국 방문 배경, 미국 백악관의 친서 접수 거부, 미국 국무성 문밖에서 쪼그리고 앉아 답변을 기다렸으나 2일 동안 아무 답변을 주지 않은 국무성의 헐버트에 대한 박대, 일본인들에게 핍박당하는 한국인들의 애처로운 처지 등을 세세하게 설명하였다. 기사는 또 헐버트가 서울에 있는 고종 황제에게 전보를 보냈다는 사실을 밝히면서, 헐버트가 전보에서 "이제 마지막 기댈 곳은 미국 국민에게 호소하는 길밖에 없습니다. 미국 행정부의 생각을 바꾸기 위해 미국 국민에게 직접 호소하여 마지막 희망을 걸어보겠습니다."라고 고종 황제에게 답신했다고 보도했다. 기사는 이어서 헐버트가 "한국은 현재 사실상 일본의 지배하에 있으며 한국인들은 당분간 일본에 복종하고 살 수밖에 없을 것 같다."라며 비장함을 감추지 않았다고 전했다. 이

KOREA REPUDIATES TREATY.

Emperor Wires to Mr. Hulbert That Japan Obtained It by Force.

WASHINGTON, Dec. 12.—Homer B. Hulbert, the special messenger from the Emperor of Korea, is in receipt of a cablegram from Korea in which the Emperor declares that the agreement between Korea and Japan is null and void because it was obtained by force.

He also declares that he will never sign this agreement in its present form and that the disturbances which attended the "outrage" of Nov. 17 are likely to be repeated.

Mr. Hulbert said to-day:

"This is the first genuine word that has been received from Korea giving the real attitude of that Government toward the treacherous act of the Japanese. For several weeks the Emperor was practically in confinement, and Japan gave out the false statement that an amicable agreement had been made. This is now proved to be untrue. The agreement was made under duress and at the point of the sword, but the Emperor has at last succeeded in piercing the cordon of Japanese and getting information to the outer world.

"As my mission to America is no longer a secret, I may add that the Emperor, anticipating some such act of bad faith on the part of Japan, tried through me to forestall it by lodging an appeal with President Roosevelt. The object of my coming was surmised, and the coup in Sŏul was hastened so that it took place on the very day of my arrival in Washington. The Emperor felt certain that if President Roosevelt could be made aware of his sentiments the American Government would hesitate and ask a few questions before accepting Japan's statements alone."

The New York Times

APPEALS TO THE PUBLIC FOR EMPEROR OF KOREA

Envoy Complains That Roosevelt Won't Restrain Japan.

SAYS KOREA IS WRONGED

Protectorate Agreement Obtained Under Duress, He Declares—Korean Sovereignty Practically Gone.

Homer B. Hulbert, w'o came to America from the Emperor of Korea to deliver to President Roosevelt the Emperor's protest against the Japanese protectorate over Korea, desires to appeal in Korea's behalf to the American people. Mr. Hulbert was in the city yesterday, starting last night for Cape Cod. At the Ashland House he told of Korea's wrongs at the hands of the Japanese and of his own efforts in Washington to have the American Government use its good offices in Korea's behalf.

....

ple have made with respect to the Japanese is in inferring that their military and naval development is an indication of the development of the people in other respects. The great mass of the Japanese people approach no nearer the Western civilization than does the ignorant Korean. The civilization of the average Japanese is a mere veneer.

"The Japanese have robbed the Koreans right and left since they have taken possession of Korea. At the present time I am the owner of 50,000 acres of Korean farm lands deeded to me by their owners for 1 cent an acre, with the stipulation that the former owners should enjoy their occupancy in perpetuity rent free. That was done by Koreans who trusted me to protect them from the rapacity of the Japanese.

"Many Koreans have been compelled at the point of the pistol to work for the Japanese at starvation wages at the same time that their own harvests were to be gathered. The crops were either gathered and used by the Japanese of allowed to rot."

According to Mr. Hulbert, Korea is practically in a state of subjection and the Koreans have no rights which the Japanese regard themselves as bound to observe.

고종 황제와 헐버트가 눈물 어린 전보를 주고받았다고 보도한
《뉴욕타임스》 기사(1905년 12월 13일 자, 12월 14일 자)

예견은 현실이 되고, 한민족은 사실상 40년의 질곡의 세월을 보내지 않았는가. 주권 상실의 허무와 좌절감에서 전보를 주고받았던 고종 황제와 헐버트의 심정을 우리는 이해할 수 있을까? 두 사람은 각각 서울과 워싱턴에서 누구도 헤아릴 수 없는 진한 설움의 눈물을 한껏 쏟지 않았을까?

미국 조야에 조미수호통상조약 위반을 지적

분을 삭이지 못한 헐버트는 미국 정치인들을 만나 조미수호통상조약 문제를 호소하기로 마음먹었다. 그는 자신의 출신지인 버몬트주 출신 딜링햄William P. Dillingham 상원의원, 앨라배마주 출신 모건John T. Morgan 상원의원을 만나, "어떻게 미국 의회의 승인을 거쳐 체결된 조약이 의회와 상의 없이 무용지물이 될 수 있는가?"라며 그들을 설득했다. 헐버트는 이어서 미국 조야의 중심인물들을 두루 만나, "루스벨트 대통령이 한국의 주권을 통째로 일본에 넘겨줬다. 한국을 일본에 넘긴 장본인은 러일전쟁에서 패배한 러시아가 아니고 바로 미국이다."라며 루스벨트 행정부의 정치적 오판을 지적했다. 그러나 이들은 헐버트의 지적에는 공감하면서도 누구도 루스벨트에 맞설 용기는 없었다. 헐버트는 이제 언론에 직접 호소할 수밖에 없었다. 그러나 대부분의 언론은 일본의 러시아에 대한 군사적 승리에 압도되고, 루스벨트를 의식하며 일본 비판 기사를 다루려 하지 않았다. 《뉴욕 선 The New York Sun》을 비롯한 몇몇 신문만이 헐버트의 주장을 조금 다뤘다. 헐버트는 저명한 언론인 케넌George Kennan을 설득하여 자신의 주장을 실어주겠다는 긍정적인 답변을 얻어냈다. 그러나 케넌은 약속을 어기고 《아웃룩Outlook》이라는 유수 주간지에, '한국인은 퇴폐적이며, 한국은 썩어빠진 문명의 결과물'이라는 등 오히려 반한 기사를 실어버렸다. 헐버트는《아웃룩》편집진을 찾아가 항의하며 캐넌의 그릇된 정보를 정정하기 위해 자신의 글을 실어달라고 요청했다. 그러나 편집진은 일본을 비판하는 글은 워싱턴의 허락이 있어야 한다며 거절하였다. 헐버트는 글하나 게재하는 것까지 대통령의 눈치를 살피는 현실에 기가 막혔다. 결국 헐버트의 미국 조야 설득은 공허한 메아리로 되돌아왔을 뿐이다.

'태프트-가쓰라 밀약'을 인준한 루스벨트, 노벨평화상을 받아

헐버트는 얼마 뒤 러시아 정부 소식통을 통해, 러시아와 일본 간에 1905년 9월 5일 체결한 포츠머스조약The Treaty of Portsmouth 협상 과정에서 일본과 미국 간에 한국 문제에 관한 밀약이 있었다는 사실을 알았다. 헐버트는 이러한 배경도 모르고 지금까지 허둥댔다니 너무 허탈했다. 한편, 포츠머스조약 이전에 이미 미국과 일본은 '태프트-가쓰라 밀약Taft-Katsura Agreement'을 체결하여 한국 문제를 종결지은 상태였다. 헐버트는 이 사실을 20여 년이 흐른 뒤에야 알았다. 태프트-가쓰라 밀약은 미국의 전쟁장관 태프트William H. Taft와 일본 총리 가쓰라桂太郎가 일본 도쿄에서 비밀리에 회동, 미국과 일본의 동아시아 정책과 관련하여 상호 협력을 합의한 외교 각서이다. 1905년 7월 29일 서명된 이 밀약은 미국 존스홉킨스대학Johns Hopkins University의 데닛Tyler Dennett 교수에 의해 1924년에야 세상에 공개됐다. 이 밀약에서 일본의 가쓰라는 미국의 필리핀 통치를 양해하고, 미국의 태프트는 일본의 한국 보호통치를 지지했다. 태프트-가쓰라 밀약 세 번째 항목을 보면 미국이 조미수호통상조약을 완전히 깔아뭉갰음을 확연히 알 수 있다.

"일본의 동의 없이는 타국과 조약을 맺을 수 없게 할 정도의 대한제국에 대한 일본군의 종주권 수립은 러일전쟁의 논리적 귀결이며, 또한 이는 동양의 항구적인 평화에 직접적으로 이바지할 것이다."

두 사람은 일본의 한국 보호통치를 묵계하고, 협약문에 공식적으로 일본군의 종주권 수립을 천명했다. 이어서 루스벨트 대통령은 1905년 7월 31일 태프트에게 전문을 보내 "당신이 가쓰라와 나눈 대화는 절대적으로 정확하며 내가 당신이 말한 내용을 확인했다는 것을 가쓰라에게 전하시오."라며 '태프트-가쓰라 밀약'을 인준하였다. 루스벨트는 을사늑약 다음 해인 1906년 포츠머스조약 중재의 공로로 노벨평화상을 받았다. 《제국주의의 항해Imperial Cruise》의 저자 미국인 브래들리James Bradley 는 2015년 한 국제학술회의에서, "루스벨트는 조미수호통상조약을 위반하여 고종 황제를 욕되게 했다In violation of the Korea-U.S. Treaty, President Roosevelt disgraced Emperor Gojong."라고 당시 미국 행정부의 태도를 비난했다.[15] 우리는 루스벨트의 노벨상 수상을 어떻게 받아들여야 하는가?

일본, 치밀한 전략으로 루스벨트 마음을 사로잡아

그렇다면 루스벨트 대통령이 왜 그렇게 일본에 경도되었을까? 첫째로 루스벨트는 인류사를 인종간 투쟁의 역사로 인식하여 힘의 지배 논리를 숭배하였다. 둘째로 루스벨트의 한국에 대한 무지를 들 수 있다. 그는 한국의 역사, 문화를 전혀 이해하지 못한 채, 한국을 '일본의 침략에 한방의 주먹도 날릴 수 없는 무능력한 나라'로만 판단했다. 이에는 우리의 책임도 크다. 미국 등 서양에 한국을 알리는 일을 게을리했기 때문이다. 셋

---

15 헐버트박사기념사업회, 《'헐버트(Homer B. Hulbert)의 한국 사랑과 독립운동' 국제학술회의 자료집》, 2015, 63쪽

째로 루스벨트의 친구이자 반한 친일 언론인인 케넌과 하버드대 동창인 일본인 가네코金子堅太郎의 영향이 컸다. 탐험가이자 러시아 전문가로 명성이 자자했던 케넌은 일본을 방문 '태프트-가쓰라 밀약'의 당사자인 일본 수상 가쓰라를 직접 만난 뒤 일본을 지지하고 러시아를 비난하는 글을 유력 언론에 실어댔다. 케넌은 1904년에 이어 1905년 여름 한국을 방문하여 헐버트도 만났다. 그는 귀국하여 한국을 혹평하는 글을 발표하면서 일본이 한국을 정치적으로 지배하는 것만이 해결책이라고 주장했다. 루스벨트는 케넌의 글을 읽고 그의 견해에 동감한다는 편지를 보내기까지 했다.

가네코는 일본 외교가 만들어낸 막후 외교의 걸작품이다. 일본은 러일전쟁 후 미국과 영국에 막후 사절을 파견하면서, 루스벨트와 대학 동창인 가네코를 미국 사절로 선정했다. 1904년 3월 26일 워싱턴에 도착한 가네코는 19개월 동안 미국에 체류하며 일본 무사 정신에 관한 영문 책을 선물하고 일본 역사를 소개하는 등 체계적인 접근을 통해 루스벨트의 마음을 사로잡았다. 이는 일본이 한국 강점을 위해 얼마나 치밀하게 준비했는가를 말해 준다. 일본의 오늘날의 외교방식도 한 세기 전의 방식과 유사하지 않은가? 한편, 헐버트는 1906년 6월《한국평론》에 〈케넌과 한국 Kennan and Korea〉을 기고하여 케넌의 한국 비난을 조목조목 반박했다. 그는 어느 인종이나 나라에 대해 비판하는 글을 쓰려면 기층문화를 어느 정도 관찰하고 써야 한다며 글 쓰는 자세부터 배우라고 꾸짖었다. 한국 문명이 퇴폐하다는 주장은 무지와 오해가 낳은 편견이라며 일본의 '게이샤'는 매춘에 가깝지만 한국의 '기생'은 매춘하고는 거리가 있다고 주장했다. 그는 또 케넌의 고종 황제가 어린아이 같다는 비판에 대해 비교를 수

준 높게 하라고 타일렀다. 고종은 무지해서 소심한 것이 아니고 너무 많은 것을 알고 있고, 아버지를 둘러싼 환경 때문에 후천적 요인으로 소심해졌다고 분석하였다. 케넌은 헐버트를 두뇌가 명석하나 성급하고 감정적이라고 비난하면서도 특이한 열정을 가진 사람이라고 한 서신에서 평했다.[16]

미국은 한국에 빚을 갚아야

우방국의 운명은 안중에도 없이 자국의 이익만을 취하는 자신의 모국 미국에 크게 실망한 헐버트는 1906년 5월 22일 깊은 좌절감을 안고 한국으로 돌아왔다. 그의 좌절감이 컸던 데는 고종 황제와 한국인들이 미국을 순수한 마음에서 진정한 친구로 간주하고, 금광 채굴권, 철도 부설권 등을 허락하는 등 매사에 호의적이었음에도 오히려 미국은 한국을 낭떠러지로 밀어뜨렸다는 배신감 때문이었다. 헐버트는 미국에서 돌아오는 길에 샌프란시스코와 하와이에 들러 그곳에 사는 한국인들의 실태를 살폈다. 샌프란시스코에 간 것은 1906년 4월 발생한 대지진으로 인해 한국인들이 인근 오클랜드Oakland에서 피난 생활을 하고 있어 이들의 생활을 알아보기 위해서였다. 하와이에서는 사탕수수 농장에서 일하는 한국인들이 부당한 처우를 받는다는 소문이 있어 이들의 실태를 알아보았다. 헐버트는 큰 문제점은 없다고 판단했다.

한편, 이승만과 윤병구는 고종 황제의 헐버트 특사 파견에 앞서 1905

---

16 나가타 아키후미長田彰文, 〈한말기 헐버트의 한국 독립운동에 관한 일본 측 반응과 대응〉, 《'헐버트의 내한 초기 활동과 한국 독립운동' 국제학술회의 자료집》, 헐버트박사기념사업회, 2016, 27~35쪽

년 8월 4일 루스벨트 대통령을 뉴욕주 롱아일랜드Long Island의 오이스터 Oyster만에 위치한 대통령 별장에서 만났다. 이승만은 루스벨트에게 하와이 한인들의 청원서Petition from the Koreans of Hawaii to Roosevelt를 전달하며, 한국의 독립이 보장되기를 희망했다. 그러나 루스벨트는 모든 문제는 주미 한국 공사관을 통해서 건의하라며 청원서를 반려할 뿐더러 한국을 이해하는 모습을 전혀 보이지 않았다. 이때 이승만은 고종 황제의 특사 자격이 아니었다. 이승만은, 윤병구가 하와이에서 감리교 감독 와드만 J. W. Wadman 등의 도움으로 '태프트-가쓰라 밀약'의 당사자인 전쟁장관 태프트의 소개장을 받음으로써 루스벨트를 만날 수 있었다.

고종 황제의 대미 특사 파견 재평가돼야

고종 황제가 헐버트를 특사로 미국에 보내 을사늑약을 저지해 보겠다는 계획은 루스벨트의 제국주의적 사고에서는 처음부터 가능한 일이 아니었다. 특히 공화당은 19세기 말에서 20세기 초반까지 미국 행정부를 지배하며 제국주의적 색채를 강화하였다. 1861년부터 1933년까지 70여 년 동안 민주당은 단 2명의 대통령만을 배출하였다.

고종 황제의 헐버트 대미 특사 파견은 역사적으로 중요한 의미를 지닌다. 먼저 고종 황제의 강력한 주권 수호 의지를 들 수 있다. 일본이 무슨 일을 저지를지 모르고 도처에 친일파 대신들이 득시글대는 상황에서 용기가 없으면 특사 파견을 결정하기란 쉬운 일이 아니었다. 명성 황후까지 시해한 일본이 아닌가. 또한, 고종 황제는 헐버트에게 전보를 쳐 을사늑약을 부정함으로써 을사늑약이 국제법적으로 무효임을 뒷받침하는 역사적 근거를 남겼다. 헐버트도 자신의 특사 역할은 성공하지 못하였으나 적어도 고종 황제가 대한제국의 주권을 지키기 위해 끝까지 투쟁했다는 기록을 역사에 남기는 일에는 성공했다고 회고록에서 밝혔다. 그러면서 언젠가 일제의 한국에 대한 보호조약 문제가 국제 문제로 비화할 때 이러한 노력이 중요한 역사적 증거로 기능하게 될 것이라고 전망했다. 오늘날 일부 역사학자들이 벌이는 을사늑약의 부당성 투쟁을 그는 이미 100년 전에 예견하고 있었다.

헐버트의 활약은 헐버트만이 할 수 있는 외교 독립운동이었다. 미국인인 헐버트가 미국 조야와 언론에 한국 문제를 호소함으로써 미국 행정부, 의회, 언론 등에 한국 문제에 대한 관심을 촉발시켰다. 헐버트의 활약은 또 한국인 미주 독립운동의 전초적인 역할을 했다. 헐버트가 남긴 을사늑약 당시의 정황에 대한 기록과 그의 대미 특사 활동에 대한 증언은 후일 한국인들의 독립운동 과정에서 중요하게 활용되었다. 외세의 한국 침탈을 집중 연구한 미국인 쇼는 헐버트 특사 활동의 역사적 의미를 흥미롭게 평가했다.[17] 쇼는 "일본이 한국을 그토록 부패하고 한심한 국가로 치부했다면 일본은 왜 그토록 한국을 삼키려 했는가. 루스벨트 행정부가 한국과의 관계를 청산하려 했다면 왜 대통령은, 당연히 법적으로 수순을 밟아야 하는 미국 의회를 통한 조미수호통상조약 폐기 절차를 진행하지 않았는가라는 두 가지 질문을 헐버트가 남겼다."라고 기술했다.

---

17 Shaw, Carole C., 《The Foreign Destruction of Korean Independence》, SNU Press, 2007, p 178

민권운동가

일본의 횡포에 맞서는 헐버트의 인간애

헐버트의 독립운동 업적 중 간과하기 쉬운 부분이 한국인들을 위한 민권운동이다. 1904년 발발한 러일전쟁이 일본의 승리로 굳어지자 많은 일본 사업가들이 한국에 몰려왔다. 그들은 일본을 등에 업고 전국 곳곳에서 한국인들에게 횡포를 부렸다. 한국인들은 금전적으로 엄청난 피해를 입었을 뿐만 아니라, 인권은 아예 존재하지 않았다. 무엇보다도 한국인들은 어디 호소할 데가 없었다. 한국 관리들은 자신의 입지를 걱정하여 외면하고, 외국인들도 일본이 두려워 나서지 못했다. 재판제도는 공정과는 거리가 멀었다. 헐버트는 이를 지켜볼 수만은 없었다. 더군다나 한국인들이 시도 때도 없이 찾아와 억울함을 호소했다. 그는 한국인들을 위해 밤낮으로 이리 뛰고 저리 뛰며 일본인들을 만나 싸우고, 통감부에 항의하였다. 미국 공사관도 활용하였다. 한국을 방문하는 미국인들에게까지 도움을 요청했다. 그는 하루는 피로가 겹쳐 졸도하기도 했다. 한국인들을 돕는 과정에서 금전적 손해도 보았다. 그러나 그는 "그것은 한국인들을 돕는 일이었기에 개의치 않는다It does not worry me. I was willing to do what I could for them."라고 비망록에 적었다. 헐버트는 1905~7년 사이에 자신이 직접 몸으로 맞선 일본의 횡포를 《헐버트 문서》에 세세하게 기록으로 남겼다.[18] 몇 가지 예를 소개한다.

시골에서 상경한 한 상인이 장사를 위해 일본 엔화로 환전하고자 이름 있는 일본인 중개인을 찾아가 영수증을 받고 돈을 맡겼다. 상인은 며칠 후 엔화가 필요해 영수증을 내밀고 맡겼던 돈을 요구했다. 그러나 일본 중개인은 이미 돈을 주었다고 억지를 쓰며 돈을 줄 수 없다고 했다. 상인은 헐버트가 한국인을 위해 싸워 준다는 소식을 듣고 헐버트에게 도움을 청했다. 헐버트는 직접 통감부로 달려가 증거를 내밀었다. 일이 해결되어 돈을 찾게 되자 상인은 말할 수 없이 기뻐했다.

일본은 군사 목적이라며 지금의 용산과 한강 사이의 주거지역을 몰수하고 주민들을 강제로 퇴거시켰다. 보상도 거의 없었고 일부만이 시가의 10분의 1 정도를 받았다. 헐버트는 어느 여름날 한강 변에서 울고 있는 한 가족을 보았다. 그들이 바로 보상도 없이 일본에 쫓겨난 가족이었다. 헐버트는 울분이 치솟았다. 통감부로 달려가 보상해 줄 것을 요구했다. 그러나 통감부는 이미 양국 협정에 의해 끝난 일이라고 잘라 말했다. 헐버트는 방법이 없어 뜬눈으로 밤을 새웠다고 적었다. 일본의 횡포는 외국인들에게까지 미쳤다. 1906년 여름 어느 날 한밤중에 언더우드가 헐버트를 찾아와 한강 변에 있는 자신의 별장에 가야 한다고 채근했다. 막 결혼한 홀Hall 선교사가 언더우드 별장에서 신혼여행을 보내고 있었다. 그런데 일본인들이 몰려와 별장에서 일하는 한국인들을 데려가 한강에서 일을 시키겠다며 행패를 부리고 있다는 것이다. 헐버트와 언더우드는 일본인들의 폭압에 대한 공포가 너무 커 윈체스터 카빈총을 들고 가야 했다.

---

18 Hulbert, Homer B., 《Hulbert's Manuscripts》, p 108~119

일제가 보상도 없이 용산 땅을 몰수하자 이에 대한 항의로 철로
1미터 정도a few feet를 파괴했다고 처형당하는 한국인들.
《대한제국의 종말》(1906)에서

부동산 명의를 이전해 달라고 찾아오는 한국인들

일본은 1904년, 성공적으로 재정 정책을 이끌었던 대한제국 탁지부
고문인 영국인 브라운J. McLeavy Brown을 해촉하고 그 자리에 일본인 메
가타目賀田種太郎를 임명하였다. 그런데 메가타는, 한국인의 토지 중 나쁜
땅은 일본인에게 넘긴다는 구실 하에 실제로는 좋은 땅을 전부 일본인에
게 넘겨주는 농간을 부렸다. 헐버트의 한국인들을 돕는 선행이 전국적으
로 알려지자 경향 각지에서 한국인들이 찾아와 자신들의 부동산 명의를
헐버트 이름으로 바꿔 달라고 요청해 왔다. 심지어 아산에서까지 왔다.
외국인 이름으로 해야만 일본인들의 횡포로부터 부동산을 안전하게 지킬

수 있었기 때문이었다. 헐버트는 그들로부터 부동산을 1푼a penny에 사서 차후 똑같은 가격으로 되팔겠다는 확약서를 써 주고 명의를 이전받았다. 대신 한국인들과 임대차계약을 맺어 한국인들은 임차료를 내지 않고 자신의 부동산을 이용하는 형식을 취했다. 《뉴욕타임스》는 헐버트와의 회견 기사에서 이때 헐버트가 명의를 이전받은 부동산 규모가 5만 에이커 acre나 되었다고 보도했다(《뉴욕타임스》 1905년 12월 14일 자). 그런데 명의 이전을 부탁해 오는 대부분은 헐버트가 전혀 모르는 사람들이었다. 얼마나 헐버트의 선행이 알려졌으면 전혀 낯선 사람들이 찾아와서 그런 부탁을 했을까? 헐버트는 후일, 한국인들에게 부동산을 정확히 돌려주었으며 자신의 행동을 매우 자랑스럽게 생각한다고 회고록에 적었다. 한편, 일본은 헐버트가 야비하게 부동산 장사를 하고 있다고 비난했다. 헐버트는 이에 대해 회고록에서 자신은 한국 정부로부터 고용의 대가로 급료를 받고, 특사 활동 시 여비를 받는 이외의 어떠한 돈도 받은 적이 없다고 했다. 헐버트의 부동산 명의 이전 소식은 미국 언론에까지 소개되었다. 《하퍼스 위클리Harper's Weekly》의 엘리스William T. Ellis 기자는 1907년 서울을 방문한 후 특집 기사에서 "수백 명의 한국인들이 일본인들의 재산 강탈에서 벗어나기 위해 그들의 재산을 헐버트에게 1푼에 팔고 헐버트는 다시 그들이 요구할 때 재산을 돌려주었다."라고 소개했다. 엘리스 기자는 자신이 부동산 권리 서류가 들어 있는 가마니를 직접 봤다면서 부동산 권리 서류들이 아주 오래된 책 종이로 묶여 있었다고 증언했다.

HARPER'S WEEKLY

But the plea found only deaf ears at Washington. A still greater 'idence of the natives' confidence in him is the fact that he has 'ught, for a penny apiece, and will return upon demand, the titles · hundreds of Korean properties. I saw the big bundle; and it lkl wrapped up in its motley pages the story of an ancient ition's fall. The reason these properties are put into Hulbert's 'eping is that the Japanese have cultivated a pleasant habit of nicking the native out of his house, shop, or farm without so uch as saying "by your leave." They cannot be quite so sum- ary with a foreigner, although they did lay violent hands upon a 'ominent British resident of Seoul. He, being a missionary, 'cketed the outrage "for the sake of the work."

헐버트가 한국인들의 부동산을 1푼에 사서 그들의 재산을
지켜 주었다고 보도한《하퍼스위클리》기사(1907년 8월)

헐버트의 간절한 호소를 외면하는 이토 히로부미

헐버트는 1907년 7월 만국평화회의가 열린 헤이그를 떠나며《뉴욕헤럴드New York Herald》와 특별 회견을 가졌다. 《뉴욕헤럴드》는 1907년 7월 22일 자 〈을사늑약은 서명된 적이 없다Hulbert Says the Corean-Japanese Treaty Never was Signed〉라는 기사에서 "한국과 한국인의 권리를 위해 미국인 중 가장 앞장서서 싸우는 헐버트가 한국 문제의 근본 원인에 대해 견해를 밝혔다."라고 서두를 시작하였다. 이어서 일본의 불법성에 대한 헐버트의 주장을 신문 한 면 전체에 걸쳐 세세하게 보도하였다. 일부분만 소개하겠다.

헐버트는 최근 한국어로 된 교과서 체계를 완비하는데 사비 15,000달러를 썼으나 일본이 한국어 말살정책을 펴 이제 아무 소용이 없게 되었다면서, 한국인들의 혀가 한국말을 구사할 때 쓰이는 모양대로 보존되기를

바랄 뿐이라고 했다. 고종이 자금 경색을 풀기 위해 300,000엔의 개인 수표를 내놓았으나 수표를 현금으로 교환해 줘야 할 일본 은행이 수표를 교환해 주지 않았다. 일본 다이찌은행은 1천만 달러의 화폐 발행을 할 수 있지만 이를 뒷받침할 정금正金은 1백만 달러밖에 없다. 일진회一進會는 개혁이라는 가면 아래 합법적 애국 단체들을 파괴하는 일본의 도구이다. 일본인들은 일본에서 마약을 들여오고 저급 여자를 데려와 한국 청년들을 타락시키고 있다. 헐버트는 회견 말미에서 "지금 이 순간에도 한국인들은 자신들의 처지를 호소할 정의의 법정이 없다. 나는 이토 히로부미 통감에게 서신을 보내 만약 당신이 한국인들에게 모든 재판에서 공정성을 보장한다면, 일본의 야만 행위를 세계에 고발하는 것을 중지하겠다고 제안했다. 만약 내가 이 한 가지 양보만이라도 얻어낸다면, 나도 이 불법 무도한자들에게 하나의 은전을 베풀겠다는 것이다. 그러나 나의 제안은 거절당했다."라고 증언하였다. 그는 결론적으로 "만약 서양 열강이 한국을 버려둔다면 일본의 가공할 범죄행위는 한국을 죽음으로 몰고 갈 것이다Japan's great crime, if unchecked by the Powers, will result in the death of Corea."라고 한국에 관심을 가질 것을 호소하였다. 한국인들이 당하고 있는 핍박이 얼마나 안타까웠으면 그 강직한 헐버트가 자신의 의지를 굽히면서까지 이토에게 한국인들을 재판에서 공정하게 대해 달라고 간청했을까? 그의 민권 운동의 도착점이 한국인들의 억울함을 풀어주는 인간애에 있음을 뒷받침하는 대목이다. 헐버트는 이 회견을 위해 사전에 《뉴욕헤럴드》 사장에게 자신의 의견을 기사로 실어 줄 것을 간곡히 요청하여 회견이 이루어졌다고 부모에게 보낸 편지에서 밝혔다. 헐버트가 일본의 불법성을 국제사회에 폭로하고자 얼마나 굳게 작심하였는가를 짐작케 한다.

일본의 '경천사 십층석탑' 약탈을
국제사회에 고발

한국 유물을 약탈해가는 일본 대신

용산 국립중앙박물관 1층에 십층 석탑이 장엄하게 놓여 있다. 높이가 13m가 넘는 이 석탑은 기단과 탑신에 조각이 섬세하게 새겨진 걸작 유물로서 국보 제86호이다. 고려 충목왕 시대 1348년에 원元나라의 영향 아래 세워졌다고 전해지고 있다. 이 석탑은 원래 지금은 북한 땅인 개성 부근 풍덕군 부소산扶蘇山에 위치한 경천사敬天寺라는 절에 세워져 있었다. 그런데 일본 대신이 무단으로 이 석탑을 해체하여 일본으로 가져가 자기 집 뒤뜰에 세웠다. 그렇다면 일본에 있어야 할 석탑이 어떻게 지금 국립중앙박물관에 놓여 있을까?

일본 궁내부대신 다나까田中光顯라는 자가 1907년 1월 황태자 순종의 결혼식 축하 사절로 서울에 왔다. 그는 경천사 석탑이 아름답다는 말을 듣고 이 탑을 기념물로 자신의 집에 가져가고 싶었다. 헐버트는 이때 다나까에게 경천사 석탑에 대한 정보를 주며 석탑을 일본으로 가져가도록 부추긴 사람이 을사오적의 한 명인 내부대신 이지용李址鎔이라고 주장했다.[19] 다나까는 고종 황제를 알현하는 자리에서 방자하게도 석탑을 선물로 달라고 요청하였다. 고종은 역사적 유물은 황제의 재산이 아니라 온

---

19 《The Japan Chronicle》 1907년 4월 4일 자 헐버트 기고문. 《The New York Times》 1907년 7월 22일 자 헐버트 회견 기사

백성의 재산이기에 다른 곳으로 옮길 수 없다면서 다나까의 청을 거절했다. 그러나 다나까는 총으로 무장한 80여 명의 일본인을 경천사에 보내 석탑을 해체했다. 해체된 석재를 수레에 실어 송도(지금의 개성)역으로 옮기고, 부산을 거쳐 일본으로 가져갔다. 그러나 석탑 약탈 소문이 퍼지자 다나까는 자신은 모르는 일이라고 시치미를 뗐다.

헐버트, 현장 사진과 함께 일본 신문에 석탑 약탈을 고발

영국인 베델Ernest T. Bethell 등이 발행하던 《대한매일신보》가 1907년 3월 7일 자에서 논설을 통해 일본의 다나까를 거명하며 석탑 약탈 사실을 처음으로 폭로하였다. 《대한매일신보》의 자매지 영문판 《코리아데일리뉴스Korea Daily News》도 같은 내용을 보도했다. 그러자 일본 정부의 대변지인 《재팬메일The Japan Mail》이 《코리아데일리뉴스》의 기사가 터무니없다며 석탑 약탈 사실을 부인하는 기사를 썼다. 석탑 약탈 소식에 분노하고 있던 헐버트는 우선적으로 석탑 약탈 현장을 확인하기로 마음먹었다. 헐버트는 1907년 3월 19일 남대문역(지금의 서울역)에서 기차를 타고 송도로 향했다. 송도에서 30여 리를 걸어 경천사에 도착해 보니 석탑 파편이 여기저기에서 나뒹굴고 있었다. 헐버트는 현장을 목격한 인근 주민들을 만나 석탑 해체에 7~8일이 걸렸다는 등 매우 구체적인 증언을 확보하고, 석탑이 있던 자리, 석탑 파편, 수레바퀴 자국 등을 낱낱이 사진 찍었다.

헐버트는 서울로 돌아와 약탈 현장에 관한 글을 써 현장 사진과 함께 일본 고베에서 발행되던 《재팬크로니클The Japan Chronicle》에 보냈다. 《재팬크로니클》은 1907년 4월 4일 자에 〈한국에서의 만행Vandalism in Korea〉이라는 헐버트의 기고문을 실었다. 헐버트는 기고문에서 사건 전말을 객관적이고도 구체적으로 설명했다. 누가 들어도 다나까의 약탈을 부인할 수 없도록 논리를 전개했다. 헐버트는 석탑 약탈은 영국 런던의 트라팔가Trafalgar 광장에 세워진 넬슨Horatio Nelson 제독의 동상을 훔쳐 가는 것과 같은 만행이라고 비난하며 이것이 한국을 보호하겠다는 일본의 도덕 수준이냐고 비꼬았다. 헐버트는 일본의 보호통치가 문제의 근원이라고 지적하면서 일본 정부는 하루속히 값을 따질 수 없는 귀중한 한국의 유물을 제자리에 돌려놓기를 강제하라고 요구했다. 사기꾼 다나까의 작위를 평민으로 강등하라는 주장도 폈다.

지은이는 2017년 8월 헐버트 기고문 원문을 확보하기 위해 일본 요코하마 개항박물관을 방문하였다. 신문을 뒤적이다가 순간 깜짝 놀라지 않을 수 없었다. 헐버트 기고문 외에《재팬크로니클》의 자체 해설 기사가 눈에 들어왔기 때문이다. 자체 해설 기사의 존재는 당시까지 전혀 알려지지 않았었다. 지은이는《재팬크로니클》이 헐버트로부터 현장 사진을 받았다는 구절을 읽으며 이마에 땀이 흘렀다. 헐버트가 사진을 찍었다는 사실 역시 새롭게 밝혀진 역사 발굴이기 때문이다.《재팬크로니클》은 〈누가 석탑을 훔쳐갔는가Who Removed the Pagoda?〉라는 해설 기사에서 "본 지는 한국에 대한 권위자 헐버트 씨의 진술과 그가 보내온 사진 증거로 보아 이번 사건이 충분히 설명되며, 일본 정부는 헐버트의 주장을 받아들여 석탑을 원래 자리로 되돌리는 조치를 취해야 한다."라고 일본 정부를 공격하였다.《재팬크로니클》이 일본인의 석탑 약탈을 최초로 공식화한 것이다. 석탑 약탈을 부인하던 일본 정부는《재팬크로니클》의 해설 기사로 인해 더 이상 발뺌을 할 수가 없게 됐다. 헐버트의 기고문과 현장 사진이 잃어버린 역사를 되찾는 데에 결정적인 역할을 한 것이다. 지은이는 2017년《재팬크로니클》과 합병한《재팬타임스The Japan Times》에 서한을 보내 헐버트 관련 해설 기사를 제시하며 헐버트가 보낸 사진을 찾아봐 달라고 요청했다. 오래전 일이어서 사진이 남아 있지 않다는 답변만 들었다.

개성 부근 경천사에 있던
원래의 십층석탑
(출처: 한국고중세사 사전)

용산 국립중앙박물관에 복원된
국보 86호인 경천사 십층석탑

헐버트, 헤이그에서도 석탑 약탈을 폭로

《재팬크로니클》이 석탑 약탈을 공식화했음에도 다나까는 계속 버티며 석탑을 돌려주지 않았다. 헐버트는 국제 여론에 호소하기로 마음먹었다. 헐버트는 만국평화회의가 열린 헤이그에서도 석탑 약탈 사실을 폭로하였다. 1907년 7월 10일 헤이그 평화클럽Peace Club에서 일본의 부당성을 폭로하는 연설을 하며 경천사 십층석탑 약탈 사건을 예로 들었다. 《만국평화회의보Courrier de la Conférence》가 헐버트의 주장을 보도하자 《뉴욕포스트New York Post》 등 국제적인 신문들이 이를 받아 대서특필하였다. 《뉴욕타임스》도 헐버트 회견 기사에서 이 사건을 다뤘다. 베델도 《대한매일신보》 등을 통해 계속적으로 일본에 석탑 반환을 촉구하였다. 석탑 약탈에 대한 비난 여론이 국제적으로 들끓자 당황한 일본 외교관들이 석탑을 한국에 돌려줄 것을 본국에 건의하기까지 했다. 일본은 1918년에 가서야 석탑을 돌려주었다. 두 외국인 헐버트와 베델이 이 문제를 국제여론전으로 몰고 감으로써 결국 석탑이 한국에 돌아온 것이다. 돌아온 석탑은 조선총독부 창고에서 뒹굴다가 우여곡절 끝에 2005년 용산 국립중앙박물관 개관과 함께 지금의 자리에 세워졌다. 헐버트가 현장에 가서 사진으로 증거를 남기지 않았다면 경천사 십층석탑은 아마도 우리 역사 속에서 영원히 사라졌을지도 모른다. 현장 사진 증거가 없었다면 일본이 과연 약탈을 인정했겠는가? 헐버트가 희망한 대로 언젠가 석탑이 원래 자리인 경천사에 원형대로 복원되어야 할 것이다.

경천사 십층석탑은 1907년을 계기로 석탑 자체의 역사만큼 중요한 또 다른 역사를 함의하고 있다. 헐버트가 찍은 현장 사진은 우리가 우리의 유물을 어떻게 지켜내야 하는가를 증언하고 있다. 우리는 역사 교육에

《재팬크로니클》헐버트 기고문과 자체 해설 기사(1907년 4월 4일).
《재팬크로니클》은 헐버트로부터 현장 사진을 받았음을 확인하였다.

서 유물의 존재와 가치를 가르쳐야 하지만, 유물이 간직한 수난의 역사도
가르쳐야 한다. 석탑이 돌아오기까지의 투쟁의 역사가 석탑 앞에 표시되

어 헐버트와 베델의 역할이 국민들에게 올바
로 전해졌으면 좋겠다.

베델(한국명은 배설裵說)은 런던의 《데일리크로니클
The Daily Chronicle》특파원으로 1904년 러일전쟁
을 취재하러 한국에 왔다가 1909년 서울에서 사망했
다. 그는 헐버트와 짝을 이루며 필봉으로 일본의 간담
을 서늘케 했다.

헤이그 만국평화회의 특사 헐버트

고종 황제, 헐버트를 먼저 특사로 임명

만국평화회의는 국제분쟁의 평화적 해결과 군비제한 등을 목적으로 러시아 황제 니콜라이2세Nicholas Ⅱ의 발의로 창설되었으며, 제1차 회의는 1899년 헤이그에서 열렸다. 2차 회의는 1906년 8월에 헤이그에서 개최키로 예정되었으나 실제로는 1907년 6월에 열렸다. 대한제국은 당초 1906년 8월 열리기로 예정됐던 만국평화회의에 1905년 10월 러시아로부터 초청을 받았다. 그러나 일본이 한국이 초청된 사실을 알고 회의를 1년 연기하도록 배후에서 조종하여 한국의 초청을 무효화시켰다.[20] 러시아가 회의를 1907년 6월로 연기하자 대한제국은 다시 초청장을 받기 위해 노력했으나 러시아가 일본의 눈치를 보면서 초청장을 발급하지 않았다. 그러나 일본의 보호통치에서 벗어나고 싶었던 고종 황제와 일단의 애국 인사들은 이 호기를 놓칠 수 없었다.

고종 황제는 회의가 연기되기 전인 1906년 봄 당초 예정됐던 1906년 8월 회의를 목표로 특사 파견을 준비하였다. 우선적으로 대한제국과 조약을 맺고 있던 상대국에 비밀리에 특사를 파견하여 도움을 요청하기로 결심하였다. 만국평화회의에서 한국 문제가 토의되려면 서양 열강의 도

---

20 이태진, 〈이준열사순국100주년기념사업추진위원회 출범식 기조 발표, '20세기 한민족 고난의 역사와 세계평화'〉, 이준열사기념사업회, 2007, 25쪽

움이 절실했기 때문이었다. 고종 황제는 대미 특사로 미국에 다녀온 헐버트를 먼저 만국평화회의 특사로 임명하였다. 헐버트는 국제무대에서 활동할 적임자였으며, 한국어가 유창하여 한국인들과의 비밀스러운 소통도 문제가 없었다. 1906년 6월 22일 자로 헐버트에 대한 특사증과 미국을 비롯한 조약 상대국 국가 원수에게 전달할 고종 황제의 친서가 준비되었다. 특사증과 고종 황제의 친서는 헐버트에 의해 만들어졌다고 추정된다. 그는 비망록에서 "특사 직을 맡았다. 친서가 준비되었다I accepted the offer. The letters are prepared."라고 하여 자신이 친서와 특사증 작성을 주도하였음을 암시하였다.

특사증은 헐버트의 공식 직함을 한자로는 '특별위원特別委員', 영어로는 특사를 뜻하는 'Special Envoy'로 기록하였다. 특사 방문 상대국은 미국, 영국, 프랑스, 독일, 러시아, 오스트리아, 이탈리아, 벨기에, 중국 등 9개국이었다. 그러나 실제로 고종 황제의 친서는 중국과 벨기에가 빠진 7개국 원수에게만 만들어졌다.[21] 고종 황제는 특사증에서 "헐버트에게 헤이그 만국평화회의에 앞서 각국 정부와 제반 관심사를 논의함에 있어 대한제국을 대표하는 전권을 위임한다."라고 하여 헐버트의 권한을 명백히 하였다. 이때 즉 1906년 6월에는 헐버트만이 특사로 확정되었으며, 한국인 특사 파견은 1907년에 가서야 본격적으로 논의되었다고 여긴다.

---

21 헐버트가 1921년 미국 뉴욕에서 강연할 때 쓰인 헐버트 소개서(다트머스대학 소장)에 '미국 및 유럽 6개국에 대한 특사'라는 문구가 나와 있다. 또한, 다른 나라들에 대한 친서의 존재는 모두 확인되었으나 중국과 벨기에에 대한 친서는 현재 어떠한 흔적도 남아 있지 않다. 그러나 헐버트는 1919년 미국 상원에 제출한 '한국 독립 호소문'에서는 벨기에에 대한 친서도 만들었다고 기술하였다.

朕大韓皇帝陛下以紀法另定特別委員委任以
我韓帝國皇室與政府那關一切事為而使之前往英法
德俄墺義此清等各國也須持此賚送親書確呈于以各
國皇帝大統領大君主陛下且以現令我韓帝國諸般苦難事
狀之未盡抗親書中者一々仰陳于以上各國政府而
亦將此事件前往荷蘭國海牙府要請萬國公判
那之公正辨理欽遵施行者

大韓開國五百十五年六月二十二日

一千九百六年六月二十二日

在漢城

(Translation)

By virtue of the power vested in us as the Emperor of Korea and in
accordance with the right granted us in the treaties between Korea and
the various friendly Powers, we hereby constitute and appoint Homer B.
Hulbert as our special Envoy to the Governments of The United States,
Great Britain, France, Germany, Russia, Austria-Hungary, Italy, Bel-
gium and China; and we hereby delegate to him full authority to repre-
sent our interests and those of the Korean Empire at the seat of each
of these Governments.

In consonance with this, we have instructed him to deliver to each of
these Governments a document relative to the present political situ-
ation in Korea, and to take such steps as may lead to the peaceful set-
tlement of the difficulties which have arisen between our Government
and that of Japan.

We hereby give him special authority to secure the adjustment of the
matter before the Peace Conference at The Hague.

In witness whereof we have affix the Imperial Seal.

Done in Seoul this twenty-second day of June A.D. 1906, and of the
Dynasty five hundred and fifteenth year.

고종 황제가 헐버트에게 내린 헤이그 만국평화회의 특사증.
헤이그의 영어 명칭은 'The Hague'로 다른 도시와 달리 The를 붙인다.
다트머스대학에서 입수

특사증 번역문

나 대한제국 황제는 대한제국이 각국 정부와 맺은 조약에 근거하여 호머 헐버트Homer B. Hulbert를 미국, 영국, 프랑스, 독일, 러시아, 오스트리아, 이탈리아, 벨기에 및 중국 정부를 방문하는 특사로 임명한다. 아울러 그에게 각국 정부와 대한제국 간의 제반 관심사를 논의함에 있어 대한제국을 대표하는 전권을 위임한다. 동시에 대한제국 황제는 그에게 대한제국의 정치 현황에 관한 서한을 각국 정부에 전달하고, 대한제국 정부와 일본 정부 간에 야기된 제반 문제의 평화적 해결을 위한 조치를 강구하도록 명한다.

대한제국 황제는 그에게 헤이그 만국평화회의에 앞서 제반 문제의 사전 조율을 위한 특별권한을 부여한다.

서기 1906년, 조선 515년 6월 22일 서울에서

황제 어새 날인과 함께

지은이는 다트머스대학 헐버트 관련 문서함에서 위 특사증 사본을 처음 발견하였다. 특사증 원본은 현재까지 발견되지 않고 있다. 미국 어디에 숨어 있을 것으로 추정된다.

헤이그 특사는 선각자 대표의 조합

고종 황제는 헐버트에 이어 1907년 이상설(李相卨, 전 의정부 참찬), 이준(李儁, 전 평리원 검사), 이위종(李瑋鍾, 전 러시아 공사관 참사관)을 헤이그 만국평화회의 특사로 임명했다. 고종 황제는 조약 상대국 원수를 방문하는 특사도 파견하고, 만국평화회의에 참석하는 특사도 파견하는 입체적 계획을 세운 것이다. 이처럼 두 갈래의 특사 파견은 별개가 아닌 하나의 목표 아래 추진된 고종 황제의 원려한 외교술이었다. 이로써 보호 통치를 뒤엎어야 할 막중한 사명을 띤 고종 황제의 헤이그 특사 4인이 확정되었다.

헤이그 특사 4인은 모두 학문이 출중하고, 나라 사랑이 지극하였으며, 신학문과 개화에 적극적인 선각자들이었다. 이상설은 을사늑약 직후 망국의 책임을 느껴 자결을 시도하였으며, 1906년 북간도에 서전서숙瑞甸書塾이라는 교육기관을 설립하였다. 이준은 검사 1호로 만민공동회에서 연설하다가 투옥되었으며, 1902년 개혁당을 조직하기도 했다. 러시아에서 합류한 20세 청년 이위종은 주미 공사, 주 러시아 공사를 역임한 이범진의 아들로서 영어, 프랑스어, 러시아어를 구사하는 등 기개에 찬 인물이었다. 헐버트 역시 학문이 출중하고, 안중근이 감동할 정도로 정의감이 남달랐다. 여러모로 이들 4인은 헤이그 특사를 넘어 애국심의 표상이었다. 특히 이상설, 이준, 헐버트 3인이야말로 정의감, 지성에서 대한제국을 대표하는 최상의 선각자 조합이었다.

헤이그 특사 선정은 결코 단순하게 이루어진 것이 아니라 누군가에 의해 치밀한 계산 하에 나온 결정이라고 여긴다. 헐버트가 1906년 먼저 특사에 임명되었기에, 이후 임명된 한국인 특사들은 헐버트와 잘 아는 인사들로 선정되었다고 보인다. 왜냐하면, 외국에서 특사로 활동하려면 당시 시대 상황에 비추어 서로 잘 아는 사이여야 특사 임무를 원활히 수행할 수 있었을 것이기 때문이다. 이상설, 이준, 헐버트의 관계가 이를 증명한다. 이상설은 젊은 시절부터 헐버트와 친교를 맺으며, 헐버트로부터 영어, 프랑스어 등 신학문을 배웠다고 알려졌다.[22] 헐버트와 이준의 관계 역시 특별하였다. 헐버트와 이준은 YMCA와 1904년에 설립된 국민교육회에서 같이 활동하였다. 특히 헐버트, 이상설, 이준 3인은 구국 계몽운동에 앞장섰던 감리교 상동교회를 통해서도 잘 아는 사이였다. 상동교회 내청년 단체인 상동청년회에서 이준이 크게 활약하였고, 이상설은 상동청년회 후원자 역할을 했다. 헐버트 역시 상동교회와 교류가 깊었고, 상동청년학원에서 역사를 가르쳤다. 헐버트는 또 이위종의 아버지 이범진하고도 잘 아는 사이였다.

헤이그 특사 파견은 점조직 연결로 이루어져

헤이그 특사 파견은 누가 건의했으며, 고종 황제와의 연결, 특사 선정, 특사증 준비, 특사 여행경비 조달 등은 어떤 경로를 거쳐 이루어졌을까? 이에 대해 여러 연구가 있으나 명백한 기록은 발견되지 않고 있다. 그 이유는 일본이 모르게 극비리에 거사를 꾸며야 했기 때문이다. 지은이는 헤이그 특사 파견은 고종 황제의 묵인 아래 점조직 연결로 이루어졌으며, 정황으로 보아 상동교회가 특사 파견의 중심이었다고 여긴다. 헐버트, 이상설, 이준 3인 모두가 상동교회와 관련이 있고, 증언도 존재한다. 최남선은 "상동교회 뒷방에는 전덕기 목사를 중심으로 이회영, 이상설, 이준 등 지사들이 수시로 모여 국사를 논하였으며 나도 그때 끼인 일이 있다."라고 증언하였다.[23] 이상설이 1906년 4월 서울을 떠났기에 최남선의 증언

22 〈보재 이상설 선생 해적이〉, 《나라사랑》, 제20집, 외솔회, 1975, 17쪽. 윤병석, 《이상설전》, 일조각, 1998, 16쪽

23 전택부, 《한국 기독교청년회 운동사》, 범우사, 1994, 226쪽. 전덕기는 부목사였다가 1907년 7월 목사가 되었다.

에 허점은 있어 보이지만 그의 증언은 상동교회가 헤이그 특사 파견의 중심이었을 가능성을 높게 한다. "헐버트와 이준이 헤이그 특사 파견을 모의할 때 차후 만남의 장소로 상동교회를 지목하였다."라는 기록도 존재한다.[24] 상동교회 담임목사인 미국인 선교사 스크랜턴William B. Scranton이 헐버트와 가까운 사이였다는 점도 이를 뒷받침한다. 만일 스크랜턴이 한국에 우호적이지 않았다면 아무리 전덕기 부목사가 있었다 해도 결코 상동교회가 극비를 요하는 헤이그 특사 파견의 모의 장소로 활용되기는 쉽지 않았을 것이다. 헤이그 특사 파견에서 상동교회의 전덕기, 이회영 등이 큰 역할을 하였다는 연구가 오늘날 대세를 이루고 있다. 특히 이회영의 위치가 눈길을 끈다. 이회영의 며느리가 고종 황제의 생질녀이며, 사돈 조정구는 궁내부대신이었다. 조정구의 아들 조남승은 고종 황제 곁에서 비밀스러운 일을 도맡은 최측근이었다. 따라서 이회영은 고종과의 연결을 가장 손쉽게 할 수 있는 위치에 있었다. 전덕기, 이회영 모두 헐버트와 친숙한 사이였다. 이회영과 헐버트의 만남은 1888년 저동에 있는 이상설의 서재에서 이상설, 이회영, 여준, 이시영 등이 정치, 사회, 경제 등을 토론할 때 시작되어 이후 친분을 이어갔다고 전해지고 있다.[25] 헐버트 기록에서 헤이그 특사 파견 모의에 관한 특별한 언급은 찾지 못하였으나 그의 고종 황제, 상동교회, 이회영과의 관계로 보아 그가 특별한 역할을 담당했다고 상정하기란 어려운 일이 아닐 것이다. 김원모 교수 등은 헐버트가 고종 황제에게 만국평화회의 특사 파견을 건의했다고 주장하였다.[26]

---

24 유자후, 《해아밀사》, 일성이준선생기념사업회, 1948, 38쪽. 이현주, 〈상동청년회와 전덕기의 민족운동〉, 《나라사랑》 제 97집, 외솔회, 1998
25 〈우당 이회영 선생 연보〉, 우당이회영선생기념사업회, 2017년 11월 17일 발간
26 김원모, 〈개화기의 한미 문화 교류〉, 《인하19》, 인하대학교, 1983, 211쪽

헐버트의 여정을 감시하는 일본, "헐버트는 시종일관 우리의 대한정책을 방해하는 자"

조약 상대국에 보낼 고종 황제의 친서를 준비한 헐버트는 사적인 용무로 미국에 간다는 핑계로 1907년 5월 8일 서울을 떠나 부산을 거쳐 5월 10일 일본 고베에 도착하였다. 그는 고베에서 일본 열도 서쪽 츠루가敦賀로 가 그곳에서 배편으로 블라디보스토크로 향했다. 헐버트가 부산에서 블라디보스토크로 직행하지 않고 일본 여러 곳을 경유한 이유는 일본을 최대한 혼란시키기 위해서였다고 여긴다. 헐버트가 서울을 떠나자 일본은 곧바로 헐버트 감시 체제로 들어섰다. 서울에 있는 통감부, 일본 본국 외무성, 주 네덜란드 일본 대사관이 삼각 교신을 하면서 헐버트의 동향과 관련하여 면밀한 대책을 세워나갔다. 헐버트가 서울을 출발한 다음 날인 5월 9일 통감부 총무장관은 일본 외무차관에게 〈한국 주재 미국인 헐버트, 한국의 밀사로 헤이그 제2차 만국평화회의 파견 풍설의 건〉이라는 제목의 기밀문서를 보냈다. 문서에서 통감부는 "한국민을 선동하는 등 시종일관 우리의 대한정책을 방해하는 헐버트가 서울을 출발하였다. 그는 이곳을 잠시 떠날 뿐이라고 말하고 있으나 헤이그에서 열리는 만국평화회의를 이용하여 왕년 미국에서 시도한 것처럼 뭔가 행하는 바가 있을 것이라는 풍설이 있다. 그가 헤이그로 가는 것이 풍설에 지나지 않더라도, 대한제국의 밀사라고 칭해 각국을 방문하는 등의 일이 있을 수 있다."라며 헐버트의 동정을 밀착 감시하라고 요청하였다. 통감부의 요청을 받은 일본 외무성은 헐버트의 동정을 철저히 감시했다. 심지어 헐버트가 잠시 바람을 쐬는 일상까지 미행하였다. 일본 효고兵庫현 지사는 외무대신에게 보낸 미행 보고서에서 "...... 배일당排日黨의 신문기자였던 헐버트는 5월

10일 오후 2시에 여관을 나와 시내 누노비카布引 폭포를 관광하고 돌아와 다시는 외출하지 않았고, 방문자도 없었고, 이상한 행동도 보이지 않았다."라고 보고하였다.[27] 일본은 헐버트가 서울을 떠나 블라디보스토크에서 시베리아 횡단 열차를 탄 5월 중순까지 헐버트에 대한 8건의 동태보고서를 남겼다. 유럽에서 활동한 7월 중순까지에는 헤이그, 도쿄, 서울 간에 삼각 교신을 하며 20건의 동태보고서를 작성하여, 주미 공관과도 공유하였다. 헐버트에 대한 일본의 두려움이 어느 정도였는가를 말해 준다.

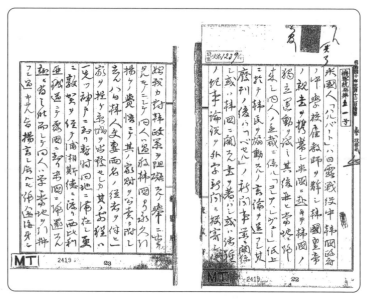

통감부가 일본 외무성에 보고한 1907년 5월 9일 자 기밀문서.
통감부는 헐버트가 헤이그에 특사로 파견된다는 풍설이 있으니
그의 동정을 감시하라고 외무성에 요청하였다.

---

27 통감부 기밀문서 통발 제51호(1907년 5월 9일 자): 헐버트박사기념사업회, 《헤이그 만국평화회의 관련 일본 정부 기밀문서 자료집》, 2007, 20~21쪽. 이 자료집에는 헤이그 특사 파견을 전후한 헐버트의 동태, 헤이그 특사들의 행적, 고종 황제의 강제 퇴위 경위 등에 대한 일본 측 문서가 담겨 있다.

헐버트가 감시당하는 사이 이준은 서울을 빠져나가

헐버트가 일찍부터 일본의 감시 대상이 되었기에 일본은 한국인 특사들에 대해서는 전혀 의심을 보내지 않았다. 만약 한국이 헤이그 만국평화회의와 관련하여 무슨 일을 시도한다면 틀림없이 헐버트에게 그 일을 맡길 것으로 보았기 때문이었다. 주한 영국 공사 콕번Henry Cockburn도 본국에 보낸 1907년 8월 1일 자 서신에서 "한국이 만국평화회의에 참석을 시도할 경우 그것을 행동에 옮길 인물은 헐버트라고 예상했기에 일본이 한국 특사들의 헤이그 출현에 경악을 금치 못하였다."라고 보고하였다.[28] 이준은 헤이그로 갈 준비를 마치고 1907년 4월 22일 서울을 빠져나가 부산을 거쳐 블라디보스토크로 향했다. 일본이 눈치채지 못하게 특사를 파견하는 것 자체가 물리적으로 어려웠던 시기에 이준이 전혀 의심받지 않고 서울을 빠져나간 것은 일본이 헐버트만을 감시하고 있었기 때문이었다. 헐버트가 이준보다 2주 뒤에 서울에서 출발한 것도 이준이 무사히 서울을 빠져나가게 하는 계책이었을 가능성이 짙다. 4월 26일경 블라디보스토크에 도착한 이준은 북간도에서 온 이상설을 만났다. 이상설은 1906년 4월에 북간도로 갔다가 그곳에서 블라디보스토크로 간 것이다. 1907년 5월 중순 이상설과 이준은 무사히 시베리아 횡단 열차에 올랐다. 이들은 러시아에서 또 한 명의 특사 이위종을 만나 헤이그로 향했다. 이때 3특사가 특사증을 휴대하였는지는 확인할 수 없다. 3특사는 헤이그에서 특사증을 제시하지 않고, 이위종이 1907년 8월 미국에서 한 언론을 통해 공개하였을 뿐이다.

28 Cockburn's letter to Sir Edward Grey, Seoul, Aug.1,1907, 《한영외교사관계자료집》 24, 동광출판사, 1997, 390쪽

헤이그 특사증은 어떻게 만들어졌을까?

일본이 일거수일투족을 감시하는 상황에서 특사증을 준비하고 교부하는 일은 생사를 가를 수도 있는 모험이었다. 헐버트 특사증과 이위종이 미국에서 공개한 3특사 특사증을 비교해보면 의미 있는 차이를 발견할 수 있다. 헐버트 특사증은 한문과 영문으로 만들어져 외교 형식을 제대로 갖췄다. 그러나 어새가 글자 위에, 왼편에 찍혔다. 조약 상대국 원수에게 보내는 고종 황제의 친서도 한문과 영문으로 작성되어 형식을 갖췄다. 황제의 친서 역시 어새가 왼편에 글자를 덮은 채 찍혔다. 1907년 4월 20일자 3특사 특사증은 한문으로만 쓰였고 영문이 없다.[29] 중차대한 국제회의에 참석하는 엄중함으로 볼 때 특사증에 영문이 빠졌다는 점은 선뜻 이해가 가지 않는다. 특사 호칭에서도 헐버트 특사증에는 헐버트를 '특별위원'으로 영어로는 특사를 뜻하는 'Special Envoy'로 부른 반면, 3특사 특사증에는 특사를 '특파위원'이라 하였다. 또한, 헐버트 특사증은 서울을 '한성漢城'으로 표기하였으나, 3특사 특사증은 '한양경성漢陽京城'으로 표기하였다. 연호에 있어서도 헐버트 특사증은 '대한개국大韓開國'[30]을, 3특사 특사증은 '광무光武'를 썼다. 두 특사증의 한자 글씨체나 문장에서도 커다란 차이가 느껴진다. 어새 날인에 있어서도 헐버트 특사증은 '황제어새皇帝御璽'라는 글씨가 세로가 아닌 가로로 찍혔으나, 3특사 특사증은 세로로 찍혔다. 3특사 특사증에는 특별히 황제의 수결이 있다. 일본의 감시가 엄중한 상황에서 어떻게 고종 황제가 수결을 할 수 있었을까? 어새가 찍혔

---

29 현재 학계에 알려진 3특사 특사증에는 한자와 영문이 같이 나와 있으나, 《인디펜던트The Independent》 편집자 의견란을 보면 원래 한자만 있는 특사증에 편집 과정에서 영문 번역을 추가하였다는 해석을 낳게 한다.

30 '대한개국 515년'이라 하여 조선 개국부터 계산하였다.

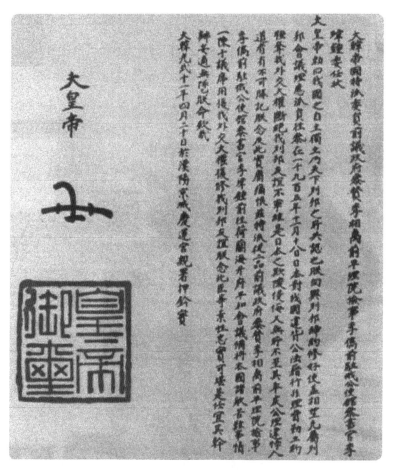

《인디펜던트》1907년 8월호에 소개된 3특사 특사증

다면 왜 수결이 필요하였는지에 대한 의문도 떠오른다. 이상을 종합해 보면 두 특사증이 확연히 다르게 준비되었음을 알 수 있다. 지은이는 헐버트 특사증은 백지에 어새만 찍힌 채 궁 밖으로 전달되어 헐버트를 비롯한 상동교회 인맥이 만들었다고 추정한다. 특사증이 거의 완벽하게 꾸며진 것을 보면 비교적 시간적 여유 속에서 만들었으며, 고종의 윤허도 있었다고 여긴다. 그러나 3특사 특사증은 영문 번역이 없다는 점, 서울을 '漢陽京城'이라고 표현한 점, 수결, 글씨체 등에서 여러 의문을 낳게 한다. 또한, 3특사 특사증에는 '가슴 아프다', '특사들의 성품이 충실하고 강직하여 이번 일을 수행하는데 적임자이다'라는 구절이 있다. 이러한 구절들은 국제적으로 쓰일 신임장의 문구로는 적절치 않다. 따라서 누군가가 허겁지겁 만들었다는 느낌을 지울 수 없다. 한국 특사는 헤이그에서 누구에게도 특사증을 제시하지 않고 구두로 고종 황제가 보냈다고만 답했다. 3특사 특사증은 이위종이 헤이그를 떠난 후 미국 잡지 《인디펜던트》 1907년 8월호에 기고문과 함께 공개하여 세상에 알려졌다. 《뉴욕헤럴드》 파리 판은 고종 황제가 특사 파견을 부인하고 특사증은 조작되었다고 말한 것으로 보도하였다.[31] 고종 황제가 일본의 추궁에 그렇게밖에 진술할 수 없었을지도 모르지만, 고종 황제는 3특사 특사증에 대해서는 실제로 내용을 알지 못하였을 수도 있다. 그렇다면 누가 3특사 특사증을 만들었을까? 서울에서 만들었다면 이회영이 주도했을 가능성이 높으나, 헐버트 특사증과의 차이로 보아 서울에서 만들었다고는 믿기지 않는다. 지은이는 정황상 이위종의 아버지 이범진이 주도하여 러시아에서 만들었다고 추측한다. 3특사 특사증이 누군가에 의해 만들어졌다 해서 특사의 권위에 흠이 되는 것은 절대 아니다. 이는 일본의 감시가 얼마나 엄중했는가를 웅변할 뿐이다.

---

31 주 네덜란드 일본 대사가 외무대신에게 보낸 전문(1907년 7월 5일 자): 헐버트박사기념사업회, 《헤이그 만국평화회의 관련 일본 정부 기밀문서 자료집》, 도서출판 선인, 2007, 62~63쪽

친서를 선교사 부인의 아기 옷가방에 숨겨 헤이그로

헐버트는 이상설, 이준이 블라디보스토크를 떠난 시점과 비슷한 5월 중순에 블라디보스토크에서 시베리아 횡단 열차에 몸을 실어 헤이그로 향했다. 헐버트가 이상설, 이준과 블라디보스토크에서 만났는지는 기록이 없다. 그러나 이들이 같은 시기에 블라디보스토크에 체류하였고, 유럽행 기차를 탄 시점도 비슷하기에 블라디보스토크에서 교감하였을 가능성은 매우 높다. 일본의 눈을 피하기 위해 공개적인 접촉은 삼갔을 수 있지만 이들이 어떤 식으로든 연락을 취했기에 후일 헤이그에서 만날 수 있었다고 본다. 일본은 헐버트가 블라디보스토크를 떠난 시점인 1907년 5월 17일 외무대신 명의로 주 네덜란드 일본 대사에게 〈우리의 대한 정책에 가지가지의 방해를 가하여 온 미국인 헐버트의 문제에 관하여〉라는 제목의 기밀문서를 보내 헐버트의 동정을 꼼꼼히 살필 것을 지시했다. 서울에 있는 이토도 5월 19일 자 일본 외무대신 하야시 타다스林董 앞 기밀문서에서 "헐버트가 헤이그 만국평화회의에 참석하기 위해 이미 블라디보스토크를 거쳐 유럽으로 향하고 있다. 헐버트가 러시아에 의존하고 있다." 라면서 러시아를 경계할 것을 주문했다.

헐버트는 유럽으로 떠날 채비를 갖췄으나 각국 원수에게 보내는 고종 황제의 친서를 휴대하는 일이 심히 걱정되었다. 여행 중 일본이 친서를 강탈할지도 모른다는 우려가 커져갔다. 한국의 주권을 되찾는 데에 써야 할 황제의 밀서가 아닌가. 마침 미국 남장로회 선교사 불William F. Bull이 가족과 함께 유럽에 간다는 정보를 입수했다. 헐버트는 불 부부에게 친서와 특사증을 러시아까지 가져가 달라고 부탁했다. 불 부부는 쾌히 승낙하여 친서와 특사증을 모스크바에서 헐버트에게 넘겨줬다. 이러한 사실은 불의 부인Libby Bull이 후일 "헐버트의 부탁으로 서류들을 아이들 옷가방에 숨겨 시베리아 횡단 열차를 탔으며, 모스크바에서 이 서류들을 헐버트에게 넘겨줬다."라고 한 친구에게 보낸 편지에서 밝힘으로써 세상에 알려졌다.[32]

헐버트, 러시아 황제에게 고종 황제 친서 전달을 시도

모스크바를 거쳐 상트페테르부르크에 도착한 헐버트는 러시아 황제에게 고종 황제 친서를 전달하고자 이즈볼스끼Iswolsky 러시아 외무장관에게 면담을 요청하였다. 그러나 러시아는 면담을 거절하였다. 헐버트는 러시아가 이미 일본에 기울었다고 판단했다. 한편, 헐버트와는 별도로 3

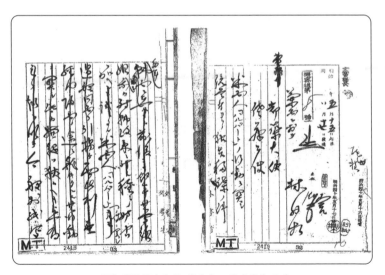

일본 외무대신이 주 네덜란드 대사에게 보낸
〈가지가지의 방해를 가하여 온 미국인 헐버트의 문제에 관하여〉라는
제목의 헐버트 감시를 지시하는 1907년 5월 17일 자 기밀문서

32 Shaw, Carole C., The Foreign Destruction of Korean Independence, SNU Press, 2007, p 200

특사가 러시아 황제에게 고종 황제의 친서를 전했다는 설이 전해지고 있으나 지은이는 이에 대한 어떠한 근거도 발견하지 못했다. 황제의 친서가 두 번에 나뉘어 같은 시기에 전달되는 일은 상상할 수 없다. 헐버트가 휴대한 친서가 유일한 황제의 친서라고 여긴다. 러시아와 대한제국의 관계를 집중적으로 연구한 박종효 전 모스크바대학 교수는 한국인 특사가 고종의 친서를 러시아 황제에게 전했다는 기록은 제정러시아 대외정책문서보관소 어디에도 남아 있지 않다고 증언하였다.

러시아 황제에게 보내는 고종 황제의 친서 번역문

러시아 황제 폐하,

여러 해 동안 대한제국은 귀국과 우방 관계를 유지해 오면서 귀국의 호의를 입기도 하였는바, 정의가 바로 서기를 바라는 귀국은 작금의 대한제국이 처해 있는 어려움을 헤아려 주시리라 기대합니다. 대한제국은 1905년 11월 18일 일본의 불의로 맺어진 조약이 사기임을 선언합니다. 세 가지 증거가 있습니다.

(1) 대한제국 대신의 서명이 위협과 강압으로 이루어졌습니다.
(2) 대한제국 황제는 의정부에 조약 문서에 서명할 권한을 준 적이 없습니다.
(3) 조약이 서명된 의정부 회의는 불법입니다. 왜냐하면, 대한제국 황제나 총리대신이 소집한 것이 아니고 일본이 소집하였습니다.

상황이 그러한즉 조약은 국제법적으로 무효이며, 대한제국 황제는 어

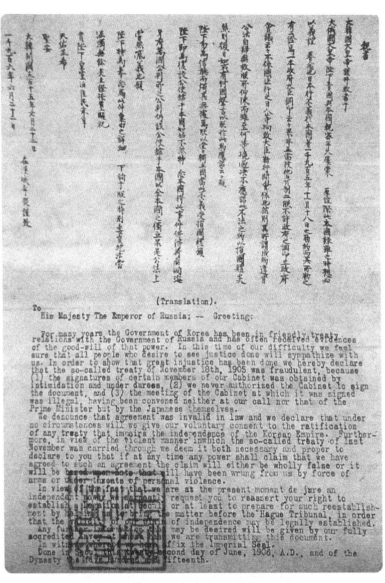

러시아 황제에게 보내는 고종 황제의 친서. 영국 국왕 등
다른 나라 원수들에게도 같은 내용의 친서가 만들어졌다.
서울대학교 한국교육사고, 〈고종황제의 주권수호 외교〉(1994)에서

떠한 경우라도 대한제국의 독립을 해치는 어느 조약의 비준에도 자발적으로 동의하지 않을 것임을 선언합니다. 더욱이 소위 지난 11월의 조약을 해치우면서 보여 준 일본의 폭력적 태도에 비추어, 만약 어느 국가가 대한제국이 을사늑약에 동의했다고 주장한다면 대한제국 황제는 그 주장은 완전한 허위라는 것을 말씀드립니다. 그렇지 않으면 그러한 주장은 무력을 행사하여 또는 신체에 대한 위협에서 기인하였음을 천명하는 바입니다.

대한제국이 현재 완전한 독립국임에 비추어, 대한제국 황제는 폐하의 혜량으로 귀국이 서울에 공사관을 개설할 수 있는 권리가 있음을 재천명할 것을 진지하게 청하나이다. 아니면, 대한제국이 일본의 침략주의를 헤이그 국제중재재판소에 제소함에 있어 귀국이 도움을 주시어, 그 결과로 공사관 설치가 추진되기를 요청하나이다. 그리해 주시면 대한제국이 독립국이라는 주장의 정당성이 국제법적으로 확고해질 것입니다. 상세한 내용은 본 친서를 휴대한, 전권이 부여된 특사와 협의해 주시기 바랍니다.

서기 1906년, 조선 515년 6월 22일 서울에서

황제 어새 날인과 함께

헐버트가 러시아 황제에게 전달하려 했던 고종 황제의 친서는 현재 미국 컬럼비아대학 도서관 '김용중 문서Yong-Jeung Kim Papers' 함에 소장되어 있다. 미국에서 독립운동에 헌신하고 광복 후에는 통일 운동에 앞장섰던 김용중의 처가 그의 사후에 위탁하였다. 이 친서는 김용중이 미국에서 헐버트로부터 확보한 것으로 보인다. 황제의 친서를 김용중에게 넘긴 것을 보면 헐버트가 김용중을 크게 신뢰하였다고 여긴다. 컬럼비아대학에는 러시아에 대한 친서 말고도 독일, 프랑스, 이탈리아, 오스트리아-헝 가리에 대한 친서 원본이 보관되어 있다. 영국에 대한 친서는 미국 국립 문서보관소The U.S. National Archives and Records Administration에 사본으로 남아 있으며, 미국에 대한 친서는 원본, 사본 모두 발견하지 못했다. 미국에 대한 친서는 헐버트가 미국 행정부에 직접 전달하였다고 여긴다.

"구미 열강이 한국 문제에 무관심한다면 언젠가 후회할 것"

헐버트는 6월 중순 러시아를 떠나 베를린을 거쳐 스위스로 가 그곳에서 요양하고 있던 언더우드를 만났다. 이때 헐버트와 언더우드는 한국이 하루빨리 미국의 지지를 얻어야 한다는데 의견 일치를 보았다. 왜냐하면, 다른 나라 원수를 만나 한국을 도와 달라고 호소할 때 그들은 당신의 나라인 미국은 어떠한 입장이냐고 물을 것이 명백하게 예상되었기 때문이었다. 헐버트는 언더우드를 만난 뒤 제네바를 거쳐 파리로 갔다. 헐버트는 이 기간 동안 베를린이나 파리에서《만국평화회의보Courrier de la Conférence》 편집장인 영국 언론인 스테드William T. Stead를 만나 한국의 처지를 설명하고 그의 지지를 끌어냈다고 추정된다.[33] 스테드는 만국평화회의 기간 내내 한국 특사들의 활동을 보도하면서 한국을 지원하는 입장을 취했다. 각국 언론은 스테드의 기사를 인용하여 한국의 입장을 알렸다. 중요한 점은 당시 특사들의 활동에 대해 국제적 언론 보도가 없었다면 한국의 독립 의지가 세계에 그리 알려지지 않았을 것이고, 국내에서도 헤이그 만국평화회의 특사 파견의 역사적 의미가 지금처럼 크게 조명 받지 못하였을 것이다. 스테드가 한국의 입장을 지지한 배경에는 스테드와

---

33 Weems, Clarence N., 《Hulbert's History of Korea》, 1962, p ED 52

헐버트의 구연이 크게 작용하였다고 여긴다. 스테드는 이미 1899년 헐버트의 미국 《하퍼스》 기고문 〈한국의 발명품〉을 자신이 발행하는 잡지에 소개한 적이 있다. 따라서 스테드는 헐버트의 글을 통해 한국을 피상적으로라도 알고 있었을 터이고, 그러던 차에 헐버트가 한국을 도와 달라고 요청한 것이다. 헐버트는 또 세계 언론에 수작의 글을 기고해 왔고, 《한국평론》의 발행인으로서 그의 명성은 이미 국제사회에서 회자되고 있었다. 이러한 헐버트의 국제적 위상은 스테드 및 각국 언론의 한국에 관한 보도에 상당한 영향을 미쳤다고 여긴다. 스테드는 안타깝게도 1912년 영국에서 뉴욕으로 가던 중 타이타닉Titanic호의 침몰로 사망하였다.

한편, 일본 측 기밀문서에 의하면 헐버트는 파리에서 언론과 회견을 가졌다. 그는 회견에서 "서구 열강들이 현재의 한국 문제에 무관심하게 대처한다면 언젠가 후회할 것이다."라고 경고했다.[34]

일본 대사, "모든 것을 헐버트가 배후에서 조종하고 있다."

1907년 6월 25일경 헤이그에 도착한 이상설, 이준, 이위종 특사는 만국평화회의 참가를 위해 넬리도프N. De Nelidov 만국평화회의 의장을 방문하는 등 동분서주하였다. 3특사가 헤이그에 나타나자 일본은 당혹감을 감추지 못했다. 일본은, 을사늑약으로 모든 외교권이 일본에 위임됐기에 한국 대표는 회의에 참석할 권한이 없다고 성명을 발표하는 등 온갖 방해 공작을 벌였다. 구미 열강도 한국 특사에 무관심하자 결국 한국 특사의 회의 참석은 수포로 돌아갔다. 그러한 상황에서 한국 특사는 6월 27일 각

---

34 주 네덜란드 일본 대사가 외무대신에게 보낸 전문(1907년 7월 2일 자): 헐버트박사기념사업회, 《헤이그 만국평화회의 관련 일본정부 기밀문서 자료집》, 도서출판 선인, 2007, 41쪽.

국 대표들에게 대한제국의 호소문 〈공고사控告詞〉를 배포했다. 〈공고사〉
는 잘 짜인 문장일 뿐만 아니라 을사늑약이 불법적으로 이루어졌음을 알
리는 내용으로 한국의 입장과 요구를 명백하게 담았다. 스테드는 〈공고
사〉를 《만국평화회의보》 1907년 6월 30일 자에 실었다. 〈공고사〉를 누
가 기초하고 번역하였는지에 대해 결정적 자료는 존재하지 않으나, 웜스
는 헐버트가 영문으로 기초하고 한국 특사들이 오기 전에 프랑스어로 번
역하였다고 추정했다.[35] 그러나 한국인 3특사가 상트페테르부르크에서
준비했다는 주장도 있다.[36] 7월 9일 이위종은 스테드의 주선으로 각국 신
문기자단 모임인 국제협력재단The Foundation of Internationalism의 평화클
럽에서 프랑스어로 〈대한제국의 호소A Plea for Korea〉라는 제목의 연설
을 하였다. 그의 연설은 언론인들에게 큰 감동을 주었다. 이때 이위종은
미국 언론과의 회견에서 "헐버트가 곧 미국 대통령을 만나러 미국에 갈
것이다. 그는 고종 황제가 가장 신뢰하는 고문most trusted adviser이며 우
리(3특사)를 여기 헤이그까지 안내하였다accompanied us here."라고 밝혔
다.[37] 이 회견은 3특사와 헐버트의 행적을 말해 주는 중요한 증언으로서,
헐버트가 3특사와 긴밀하게 연락하고 있었음을 확인해 주고 있다. 한편,
네덜란드 주재 츠즈끼都築馨六 일본 대사는 한국 특사의 헤이그 출현에
대해 본국 외무대신에게 보낸 1907년 7월 3일 자 기밀문서에서 "물증은
없지만 본인은 확신한다. 헐버트는 이상설, 이준과 함께 시베리아 횡단
열차로 같이 와서 상트페테르부르크에서 며칠간 머물렀다. 한국인들은

35 Weems, Clarence N., 《Hulbert's History of Korea》, 1962, p ED 53
36 한철호, 〈만국평화회의와 한미관계〉, 《'만국평화회의와 한국특사 100주년의 역사적 의의' 국제학
   술심포지움 자료집》, 한국독립운동사연구소, 123쪽
37 《The Washington Times》, Jul. 12, 1907

헤이그로 향하였고 헐버트는 외부 노출을 피하기 위해 파리로 갔다."라고 보고하였다. 츠즈끼는 이 문서에서 "헐버트가 모든 것을 배후에서 조종하고 있다…it is Hulbert who is pulling string."라고 덧붙였다.

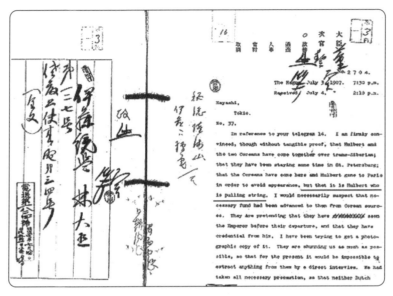

주 네덜란드 일본 대사가 본국 외무대신에게 보낸 1907년 7월 3일 자 기밀문서. "헐버트가 배후에서 조종하고 있다."라고 보고했다.

"일본이 폭정을 멈추지 않는다면 한국인들은 크게 봉기할 것"

헐버트는 파리에서 6월 말경 런던으로 가 '복음동맹Evangelical Alliance' 회의에 참석하였다. 그는 이 회의에서 7월 3일과 5일 두 차례에 걸쳐 연설하며 한국에서 기독교가 크게 번창하여 1906년에만도 성도 수가 배로 늘었다고 보고했다. 아울러 그는 한국에서의 일본의 부당성을 폭로하면서 "한국인들은 하나의 언어와 한마음을 가지고 있기에 일치단결하여 언젠가는 자신들의 꿈을 이룰 수 있을 것이다."라고 설파했다. 헐버트는 런던을 떠나 헤이그로 갔다. 7월 10일 헤이그에 도착한 헐버트는 3특사를 만나 방책을 협의하고, 스테드의 주선으로 7월 10일 밤 평화클럽에서 연설하였다. 이위종이 연설한 다음 날이다. 헐버트가 헤이그에 나타난 당일에 연설할 수 있었던 것은 헐버트와 스테드가 이미 사전에 교감하였기에 가능하였을 것이다. 그는 연설에서 일본의 불법성을 성토하며 이위종의 주장을 지원하였다. 《만국평화회의보》는 1907년 7월 11일 자에서 "헐버트는 일본이 한국에서 폭정을 멈추지 않는다면 한국인들은 크게 봉기할 것이라고 헐버트가 경고했다."라고 보도하였다. 마치 1919년 3.1만세 항쟁을 예견하는 듯하다. 그는 연설 후 헤이그를 떠나 미국으로 향했다.

한편, 참으로 불행한 사건이 발생했다. 좌절을 견디지 못한 이준 특사가 1907년 7월 14일 울분을 토하면서 순국한 것이다. 헐버트는 이미 헤이그를 떠났기에 현장에 없었다. 헐버트는 7월 19일 선편으로 뉴욕에 도착하였으며, 도착한 지 한 시간 만에 고종 황제가 폐위되었다는 소식을 들었다. 이준 열사 순국에 이어 고종 황제가 폐위되었다는 소식은 그를 더욱 슬프게 했다. 헐버트는, 애초 특사로 임명될 때부터 특사 파견이 알려지면 고종 황제가 일제로부터 육신적 화를 당할 것으로 보았기에 물리적 보복이 없는 것만도 다행이라고 회고했다.

고종은 폐위되고, 특사들은 국외에 유배당해

헤이그 특사 파견 사건은 나라의 운명은 물론이고 고종 황제와 특사들 개인의 운명도 완전히 뒤바꿔 놓았다. 일제는 헤이그 특사 파견의 책임을 묻는다면서 7월 20일 고종을 황제 자리에서 퇴위시키고 순종을 황제 자리에 앉혔다. 7월 24일에는 소위 정미7조약丁未七條約을 체결하여 한국의 내정까지 공식적으로 접수하고, 대한제국 군대도 해산시켰다. 헐버트는 특사증을 발급한 고종 황제가 퇴위 되어 더 이상 특사 자격을 유지할 수 없었다. 그는 1919년 미국 의회에 제출한 '한국 독립 호소문'에서, 일본이 고종 황제를 재빨리 퇴위시킨 것은 자신이 고종 황제의 특사로 조약 상대국을 방문한다는 사실을 눈치채고 친서를 무효화시키기 위한 것이 하나의 이유였다고 밝혔다.[38] 일제는 궐석재판을 열어 정사인 이상설에게는 사형을, 이미 서거한 이준과 이위종에게는 무기징역을 선고하였다. 헐버트도 일제의 위협에 한국에 더 이상 살 수 없었다.[39] 일제가 어떻게든 그에게 위해를 가할 것이 틀림없었기 때문이었다. 따라서 헤이그 특사 4인 모두는 한국에 돌아올 수 없는 신세가 되었다. 그러나 헐버트, 이상설, 이위종 특사는 모두 생을 마감할 때까지 국외에서 특사 정신을 이어가며 독립운동을 계속하였다. 헐버트는 미국에서, 이상설은 미국과 블라디보스토크를 오가며 독립운동을 펼쳤다. 이상설은 이후 중국, 러시아에서 독립운동에 매진하다가 1917년 생을 마감하였다. 이위종도 미국을 거쳐 블라디보스토크에서 독립운동을 하다가 후일 러시아군에 입대하여 제1차 세계대전에 참전 중 러시아 서부전선에서 전사한 것으로 알려졌다. 헤이그 만국평화회의 특사 파견은 일본의 보호통치를 당장 제거하지는 못했지만, 세계만방에 일본의 부당성을 고발하고 한민족의 기백을 보여 주었다. 이들

---

38 U. S. Congressional Record – Senate, 66th Congress 1st Session, August 18, 1919, p 3925

39 언론인으로 헐버트를 오랫동안 연구한 김을한은 그의 저서 《한국신문사화》(탐구당, 1976, 40쪽)에서, "통감부 외사과장이었던 고마쓰小松綠가 그의 저서 《일한합병비사》에서 '고종 황제와 합작으로 해아밀사사건을 일으킨 헐버트는 실로 교활무쌍한 자이어서 그자에게 한국에서 퇴거명령을 내리었다'는 기록을 남겼다."라고 기술하였다.

고종 황제와 헤이그 특사. 헐버트, 이상설(상단), 이준. 이위종(하단)

의 활약은 이후 국내외에서 펼쳐진 한국 독립운동의 기폭제로 작용하였다. 또한, 이 거사는 일거수일투족을 감시당하는 상황에서 비밀리에 자금을 조달하고 특사를 파견한 고종 황제의 강렬한 주권 수호 의지를 웅변한다.

헐버트가 고종 황제의 주권 수호 외교에서 두 번씩이나 특사 역할을 맡았지만 그가 고종 황제 특사 외교의 중심축이었다는 사실을 아는 사람은 많지 않다. 고종 황제가 헐버트에게 내린 헤이그 특사증이 존재하고, 헐버트가 고종 황제의 친서를 휴대하였음이 드러났다. 그러함에도 역사학 교수들조차 헐버트를 그저 특사의 변방으로 인식하는 경향을 보이고 있다. 헐버트와 3특사는 고종 황제라는 연출가 밑에서 공통의 목적을 달성하기 위해 미시적 역할만 분담했을 뿐이다. 헐버트의 특사 역할이 대외적으로 공개되지 않은 이유는 그의 국가 원수 방문이 철저하게 보안을 요하는 사항이었기 때문이다. 헐버트가 외국인이라 해서 엄연한 역사의 진실을 외면해선 안 된다.

5부
미국에서도 38년의 독립운동을 이어가

- 단신 독립운동을 선언
- 유서를 남기고 한국 땅을 다시 밟아
- "나는 죽을 때까지 한국을 위해 싸울 것이다."
- 루스벨트 대통령을 굴복시키다
- '3.1혁명'을 천부적 권리로 승화시켜
- 식어가는 독립운동 열기를 되살려
- 고종은 무능한 군주였는가?

헐버트는 "나는 언제나 한국인들을 위해 싸울 것이다.
그들은 모든 권리와 재산을 빼앗겼다. 나는 죽을 때까지 그들을 대변할 것이다
I stand for Korean people, now and always.
Despoiled of rights and possessions, my voice shall go out for them until I die."라며
미국에서도 단신 독립운동을 선언하였다.

단신 독립운동을 선언

언론 회견으로 일본을 압박, "한국인들은 끝까지 투쟁할 것이다"

헐버트는 헤이그를 떠나 7월 19일 뉴욕에 도착하자마자 《뉴욕타임스》, 《뉴욕헤럴드》 등 국제적 신문들과 잇따라 회견을 가졌다. 《뉴욕타임스》는 1907년 7월 20일 자 〈한국을 위한 호소Pleads for Korea〉 기사에서 뉴욕에 막 도착한 헐버트가, 보호조약은 한국을 망치고 있다며 미국인들이 한국에서 일어나는 어두운 현실을 똑바로 알기를 주문했다고 보도했다. 이어서 헐버트는 《뉴욕타임스》 1907년 7월 22일 자 회견 기사 〈한국인들은 끝까지 투쟁할 것이다Sure Korea Will Fight〉에서 "일본은 한국인들을 말살시켜야만 한반도에서 평화를 얻을 수 있을 것이다."라며 한민족이 나라를 절대 포기하지 않을 것임을 일깨웠다. 그러면서 "한국인들은 침묵을 지키다가도 계기만 마련되면 분연히 일어나 1592년 임진왜란 때처럼 그들에게 고통을 준 자들에게 게릴라전도 불사할 것이다."라고 주장했다. 그는 한민족의 생존력을 믿어 의심치 않으면서 한국인들에게 용기를 불어넣는 주술을 걸고 있었다. 헐버트는 또 《뉴욕헤럴드》 1907년 7월 22일 자 회견 기사 〈을사늑약은 서명된 적이 없다Hulbert Says the Corean-Japanese Treaty Never was Signed〉에서, "황제는 조약에 서명하지 않았다. 국새는 도둑맞았으며, 모든 절차는 사기 수법으로 행해졌다. 따라서 법률적으로 조약이 성립되지 않았다."라며 을사늑약이 불법조약이라고 선언했다.

intriguing against the Japanese, and, as
The Daily Graphic humorously remarks,
by "having taken The Hague Conference
too seriously."

The general opinion is that the abdi-
cation of the Emperor is the best thing
that could happen for Korea. The Daily
Telegraph says:

"After all, Korea, by the very circum-
stances of her geographical position, was
foredoomed to be a spoil of war, and the
complete Japanization of Korea can only
be a matter of time, provided the verdict
of the last war remains unaltered."

According to a Shanghai dispatch the
Emperor had arranged to fly to the pro-
tection of the Russian Consulate, but the
plan was circumvented by the precau-
tions taken by the Japanese.

PLEADS FOR KOREA.

H. B. Hulburt Declares Protectorate Is Ruining the Country.

A gloomy picture of the Japanese pro-
tectorate in Korea was painted yester-
day by Homer B. Hulburt, who arrived
on the Hamburg-American liner Deutsch-
land with his family. For many years
Mr. Hulburt has been engaged in edu-
cational work in Korea, and it is his
purpose to bring to the notice of the
United States the conditions which now
exist there.

"Korea is thoroughly outraged over
the injustices which the Japanese are
heaping upon her," he said. "The people
are angered beyond words, but they feel

THE HAGUE, July 21.—The Korean
delegation left here to-day for London.
Many rumors are in circulation. Ac-
cording to one of them, the Koreans have
only been the Japanese instruments for
creating such a situation as would jus-
tify the abdication of the Emperor and
the practical annexation of Korea by
Japan.

SURE KOREA WILL FIGHT.

H. B. Hulbert Says the People Are Being Made Desperate.

Homer B. Hulbert, for several years
intimately associated with the Korean
Court and a confidential adviser to the
deposed Emperor of Korea, who has just
come to America, said yesterday:

"Knowing, as I do, the Korean tempera-
ment and the policy which Japan has
pursued in the peninsula, I am able to
predict that Japan will obtain peace there
only by the decimation of the people.

"It is hard to arouse the Koreans to
the fighting point. They are almost in-
finitely patient, but drive them to des-
peration and they will turn on their tor-
mentors as they did in 1592, and then
nothing but extermination will give Japan
peace there. But to exterminate 13,000,-
000 people, or even to beat them into
quiescence, will be no easy task. And
who could blame the Koreans if they
should turn upon those who are trampling
them to the ground? An American offi-
cer once told me that no one would care
to help the Koreans until they showed
a disposition to help themselves.

"Many believe the Koreans have not
enough virility to turn upon the Japanese,
but those who know them best think dif-
ferently. The Koreans are fast approach-
ing the turning point, and despair will
arm them to resistance even though it be
suicidal. The Korean people, thoroughly
aroused, could carry on a guerrilla war-
fare that would bankrupt Japan in three
years. The enormous vested interests of

헐버트의《뉴욕타임스》회견 기사(1907년 7월 20일, 1907년 7월 22일).
헐버트는 보호조약은 한국을 망치고 있으며, 일본은 한국인들을 말살시켜
야만 한반도에서 평화를 얻을 것이라고 했다.

"한국인들의 믿음을 저버릴 수 없어"

헐버트는 언론 회견에 이어 곧바로 워싱턴으로 갔다. 이상설과 이위
종이 8월 1일 뉴욕에 도착하여 이들과 함께 행동했다.[1] 주 네덜란드 일본
대사는 이미 헤이그에서 외무대신에게 "헐버트와 이상설이 일본에 적대
적인 선동을 펼치기 위해 곧 미국으로 떠날 것을 계획하고 있는 것 같다."

---

1 헐버트는 이 무렵 아버지에게 보낸 편지(Mt. Vernon에서, 일자 미상)에서 어제 한국인 특사들을 만
났으며, 그들을 도와야 하기에 바쁘다고 했다.

라고 전문을 보냈다.[2] 이들이 워싱턴에 간 것은 루스벨트 대통령에게 고종 황제의 친서를 전달하면서 한국의 독립을 호소하기 위해서였다. 그러나 고종 황제가 퇴위 되어 친서의 효력이 없어져 면담이 불발되고, 단지 친서만 미국 정부에 전해졌다고 여긴다. 헐버트는 비망록에서 루스벨트의 강경한 입장 때문에 아무것도 성사시킬 수 없었다고 회고했다.

헐버트는 매사추세츠주 스프링필드Springfield에 거처를 정했다. 어언 44살 장년의 나이에 어떻게 새로운 미국 생활에 적응할지가 막막하였다. 주위에서는 한국은 이제 희망이 없다며 한국 일을 그만두고 새로운 일을 찾아야 한다고 조언했다. 헐버트의 부모도 아들의 생계를 걱정했다. 그러나 헐버트는 고종 황제와 한국인들의 믿음을 저버릴 수 없다며, 미국에서도 투쟁의 횃불을 계속 밝히리라 다짐했다. 단신 독립운동 선언이었다. 헐버트는 계속해서 언론과 회견을 가지며 일본을 압박했다. 《뉴욕헤럴드》는 1907년 8월 20일 자 〈위험에 처한 한국의 도덕Declares Corean Morals in Peril〉 기사에서 헐버트가 "일본인들이 마약, 도박, 매춘을 일삼아 한국을 퇴폐와 폐허로 몰아넣고 있다."라고 주장했다고 보도하였다. 콜로라도주의 《브레켄리지뉴스The Brekenridge News》는 헐버트가 "훗날 역사가들이 일본의 한국 강탈을 기록할 때 미국은 부끄러움에 젖을 것이다."라고 말했다고 보도하였다. 이뿐만이 아니었다. 미국 전역에서 언론이 앞다퉈 헐버트의 주장을 실으며 일본의 만행을 알렸다. 헐버트의 일본 비난이 미국 신문을 장식하자 일본은 "헐버트는 선동가이자 공명심에 사

2 일본 외무성 전수 2930호(1907년 7월 15일 자): 헐버트박사기념사업회, 《헤이그 만국평화회의 관련 일본 정부 기밀문서 자료집》, 도서출판 선인, 2007, 160쪽

로잡힌 자"라고 비난했다.[3]

　한편, 한국으로부터 우울한 소식이 들려왔다. 일부 주민이 의병에 가담했다는 이유로 일본군이 한 마을 전체를 불사르는 사건이 미국의 헐버트에게까지 전해졌다. 의병 활동을 한민족의 전형적인 투쟁 유전자로 규정하며 의병 활동의 가치를 높이 샀던 헐버트는 일본의 야만 행위를 규탄하는 집회를 맨해튼에서 개최하는 계획을 추진하였다. 이어서 루스벨트 대통령에게 일본의 폭압행위를 당장 제지하는 조치를 취할 것을 호소하는 서한을 보내고, 이 서한을 뉴욕의 신문을 통해 공개할 작정이라고 부모에게 보낸 편지(1907년 9월 20일)에서 밝혔다.

서부 지역을 순회, "한국 청년들은 낙심하지 말아야. 일본은 결국 패망할 것"

　헐버트는 1907년 11월 미국의 서부 지역을 돌면서 한국의 억울함을 호소했다. 샌프란시스코 지역 한인 단체인 공립협회共立協會 기관지《공립신보》는 11월 15일 자 기사에서, "헐버트 박사가 한국을 위해 진력한 것은 세상이 다 아는 바이다. 그는 샌프란시스코 한인청년회에서 감동적인 연설을 하였다."라고 보도하였다. 헐버트는 강연에서 "제군은 낙심하지 말고 정신을 바짝 차려야 하오. 일심성의로 나라를 위해 몸을 바칠 것을 맹세하여야 합니다. 일본이 강하다 하나 일본 문명은 뿌리 없는 꽃과 같소. 결단코 오래지 아니하여 한국에서 일인 세력이 패망할 것입니다. 한국에서 수십 년 살았기에 한국 사정을 잘 알고 일본의 학정을 눈으로

---

3 《The Pacific Commercial Advertiser(Honolulu)》, Aug. 24, 1907

보았소. 이제 미국에 돌아와서 나의 힘을 다하여 공론을 일으키려고 지금 미국의 각 지방을 다니는 중이요. 한국은 장래에 여망이 많은 나라이오 니 제군은 힘을 다하여 독립 준비를 게을리하지 마시오."라고 한국 청년 들에게 호소하였다. 《공립신보》는 "헐버트 박사의 연설을 듣고 모든 참석 자들이 낙루하였다."라고 기사를 마쳤다. 《솔트레이크트리뷴The Salt Lake Tribune》도 1907년 11월 13일 자 〈헐버트, 일본의 학정을 규탄Accuses Japanese of Many Atrocities〉 기사에서 "헐버트가 이곳 한인들에게 한국어 로 연설하며 일본에 도둑맞은 한국의 주권을 되찾아야 하고, 미국의 상업 적 이익도 회복해야 한다."라고 말했다고 보도했다. 헐버트가 일본이 한 국을 합병하지 못하도록 의회에 호소할 계획을 가지고 있다는 말도 덧붙 였다.

"외국인도 이 같거늘 하물며 한국인이야"

《공립신보》는 11월 22일 자 〈헐버트 씨의 운동력〉이라는 특별 기사 에서 "헐버트 박사는 샌프란시스코상업회의소에서 특별회의를 열어 캘리 포니아 대의원에게 청탁하야 워싱턴 의회에 조미수호통상조약을 유지하 는 문제를 제기하고, 또한 미국과 일본과 한국과의 관계가 어떻게 되는가 를 대통령에게 질문하기로 결정하여 일본이 한국에서 불법 행동을 하는 것을 미국 정치가들이 처음으로 의회에서 변론함이 일어날 터이라. 이같 이 공론을 일으켜서 한미관계와 미일관계를 변동케 하는 것은 전혀 헐버 트 박사의 운동력이라 할 것이다."라고 보도하였다. 이어서 "박애주의자 헐버트 박사가 미국인들에게 '일본이 한국에서 저지르는 불법 행위', '일 본인들이 한국에서 미국의 상무활동을 방해하는 행동', '미국이 한국을 도와줄 의무'에 대해 중점적으로 설명했다."라며, "외국인도 이 같거늘 하물며 한국인이야"라는 말로 기사를 끝맺었다. 《공립신보》는 또 1907년 11월 29일 자에서 "미국 각처를 방문하여 공론을 일으키는 헐버트 씨가 솔트레이크시티를 방문하여 한인들의 열렬한 환영을 받으면서 공립관에서 연설하며 한인들에게 단결할 것을 주문했다."라고 보도하였다.

헐버트가 "미국은 한국을 도와줄 의무가 있다."라는 연설을 했다고
보도한 《공립신보》(1907년 11월 22일)

일본의 한국 강제병합을 예견하며 미국이 나서기를 촉구

헐버트는 서부에 이어 1907년 말 미국 남부를 돌며 일본의 부당성을 폭로하였다. 애틀랜타에서 발행되는 한 신문은 "고종의 헤이그 만국평화회의 공식 특사였으며 일본으로부터 입국이 금지되고, 현재 이위종과 함께 살해 위협을 받고 있는 헐버트 교수에 따르면 일본은 한국에서 면

화 사업도 빼앗아 가려 한다."라고 증언하였다고 보도하였다.[4] 헐버트는 1908년에도 서부지역을 다시 돌며 미국에 한국을 도울 것을 호소하고, 한국인들에게는 단결을 요구했다. 그는 1908년 8월 오리건주 포틀랜드Portland에서 발행되던 월간지《퍼시픽The Pacific Monthly》에 〈한국에서의 일본의 행태Japan's Object Lesson in Korea〉를 기고하였다. 헐버트는 9쪽에 이르는 이 글에서 일본이 한국을 강제병합하면 미국인들은 극동에서 오리건주에서 많이 생산되는 밀 등의 무역 기회를 완전히 잃을 것이라고 주장했다. 그는 글 말미에서 "일본은 지금 한국을 병합하기 위해 서양 열강과 열심히 접촉하고 있다. 그리되면 한국에게는 치명적인 상황이 올 것이지만 일본에게도 자살행위가 될 것이다. 한국은 미국이 1776년 독립전쟁 때 가진 독립의 권리보다 더 당당한 독립의 권리를 가지고 있다Koreans have a better right to fight than we did in 1776."라며, 미국에 당장 일본에 영향력을 행사하여 현재 상태를 종식시키라고 호소했다. 이토 히로부미가 현재의 상황을 경시하고 있지만 임진왜란 때도 일본은 7년이 안 돼 패퇴했다는 말도 덧붙였다.

20세기의 볼거리, 헐버트와 스티븐스의 결투

미국인이면서도 헐버트와 대립적 위치에서 활동한 스티븐스Durham W. Stevens라는 자가 있었다. 스티븐스는 제1차 한일협약에 따라 1904년 12월 일본의 추천으로 대한제국의 외교 고문이 되었으나 대한제국이 아닌 일본 정부와 이토 히로부미를 위해 일하였다. 《하퍼스위클리》의 엘리

---

4 《The Post》, Atlanta, Georgia, 1907(일자 미상). 헐버트의 손자Bruce로부터 입수

스 기자는 1907년 8월 〈대한제국을 위해 싸우는 한 미국인A Yankee Tilt for an Empire〉이라는 특집 기사를 썼다. 기사는 "거대한 싸움의 흥미는 더욱 깊어졌다. 왜냐하면 싸움꾼들이 서로 앙숙 관계인 한국과 일본의 대표적 지지자들이기 때문이다. 싸움의 승자에게 상금은 없으나, 두 사람의 싸움으로 세계에서 어느 나라가 두 번째로 오래된 나라가 될 것인가가 결판나게 된다."라고 서두를 시작하였다. 스티븐스가 이기면 한국이 일본의 속국이 되기에 일본이 세계에서 중국 다음으로 오래된 나라가 된다고 본 것이다. 기사는 "한국은, 협객knight errant이자 기사도 정신으로 무장한 한국을 일본으로부터 구해보겠다는 신념에 찬 헐버트에게 희망을 걸고 있다. 헐버트 반대편에 있는 이는 일본 황실에 의해 추천된 능력이 뛰어나고 모든 조건을 갖춘 국제적으로도 명성이 있는 스티븐스이다. 오로지 외교능력 면에서만 본다면 스티븐스가 헐버트보다 한 수 위에 있다. 그러나 헐버트는 담대한 용기와 솔직함을 지녔으며 '위험을 감수할 줄 아는 의지willingness to take big risks'가 있다. 최근 조야에서는 헐버트에게 무게가 쏠리고 있다."라고 두 사람을 비교하였다. 그러면서 두 사람의 싸움은 누가 승리하든 희귀한 20세기의 볼거리라고 했다. 기사는, 헐버트가 한국에서 존경을 받는 이유는 그가 보여 준 신뢰성 때문이라면서 헐버트가 한국인들의 부동산을 지켜 주었다고 소개했다. 엘리스 기자는 스티븐스는 친일 정책을 펴고 있는 루스벨트 대통령의 생각을 간파하여 행동했지만, 헐버트는 오직 정의에 입각하여 한국을 위해 싸워 왔다며 대의를 좇는 헐버트의 가치관적 삶에 찬사를 보냈다. 이어서 "일본 경찰의 도움을 받는 스티븐스는 한국의 헤이그 특사 파견을 모르고 있었고, 헐버트가 한국 특사들을 무사히 한국에서 빠져나가게 한 사실은 놀랍기만 하다. 결국 헐버트가 일본의 국제적 위상에 일격을 가하는 데 성공했다. 그러나 스티븐스는 한국 특사들이 회의장에 들어가지 못하도록 막았다."라고 두 사람의 입지를 비교하였다. 미국의 여타 언론도 헐버트와 스티븐스와의 관계를 보도하였다. 버지니아주의 한 신문은 〈한국의 강력한 친구 Strong Friend of Korea〉 기사에서 "두 사람의 결투에서 헐버트가 헤이그에서 한 방 맞았으나, 헐버트는 결코 항복을 모르는 사람이다."라며, "헐버트가 한국의 헤이그 만국평화회의 특사 파견을 총지휘했다organized and engineered."라고 보도했다.[5]

1908년 봄 스티븐스에게 치명적인 사건이 발발했다. 스티븐스가 1908년 3월 샌프란시스코에 도착하여 언론과 회견하며 "한국인 대부분은 일본 통치를 환영하고 있으며 일본이 한국을 보호한 이후로 한국에 유익한 일이 많아졌다."라고 주장하였다. 스티븐스의 발언에 격분한 한인 동포 장인환, 전명운이 3월 23일 샌프란시스코 오클랜드 역에서 스티븐스를 저격하고 말았다. 스티븐스는 병원에 실려 갔으나 결국 3월 25일 비명횡사했다. 그런데 장인환, 전명운 두 사람은 각각 상대방의 거사 계획을 모르고 독자적으로 샌프란시스코 부두 역에 갔다고 경찰 조사에서 진술했다. 스티븐스에 대한 한국인들의 원한이 어느 정도였는지를 말해 준다. 《뉴욕타임스》는 1908년 3월 24일 자 기사에서 스티븐스의 저격 의거를 소상히 다루었다. 기사는 일본은 최근 스티븐스에게 1만 달러의 은사금grant을 주고 매년 840달러의 보조금annuity을 주기로 했다고 밝혔다. 스티븐스가 당시 공식적으로 대한제국의 외교 고문이었던 만큼 이 돈이

---

5 《The Virginia Enterprise》, Aug. 30, 1907

A YANKEE TILT
FOR AN EMPIRE

HOW TWO AMBITIOUS AMERICANS ENGAGED IN THE LISTS OF DIPLOMACY, WITH KOREA AS THE STAKE

By WILLIAM T. ELLIS

BACK of the day's news there generally lies the really interesting story; that is the province which the novelist invades. But no novelist ever imagined a better story than lies concealed behind the scarcely intelligible despatches which have come from Korea, and from the Hague concerning Korea, during recent weeks.

These cablegrams are but moves—feints, thrusts, and parries—in a prolonged duel between two rival Americans at the capital of "The Land of the Morning Calm." Interest in the great conflict is deepened by the fact that the duelists are champions of two opposing countries, and that the prize is nothing less than the very existence of the second oldest nation in the world.

Korea's hope is centred in her champion, Homer B. Hulbert, an American knight errant, who has chivalrously staked his all upon an endeavor to save Korea from Japan. Opposed to him is one of the ablest, best-equipped, and worldly-wise advisers ever employed by the Mikado's government, W. D. Stevens, whom official Washington knows as an attractive, effective, and far-sighted diplomat. In sheer ability, he is probably Hulbert's superior, but the latter has an audacious courage, an outspokenness, and a willingness to take big risks, which qualities often give him the advantage. Of late he seems to be scoring heavily.

In order not to speak in mysteries, a few words of explanation concerning the political conditions existent in Korea are necessary. It was primarily over Korea that the late war was fought; for Korea is a "buffer state," between Russian aggression on the north and Japanese possession on the south. For decades there have probably been more international intrigue and big politics of the dime-novel sort at Seoul, where dwells the Korean court, than in any other capital in the world. Not to go into Korea's ancient history, when she gave civilization to Japan, nor even into the comparatively recent events of a dozen years ago, when the Japanese murdered the late King's clever wife, in a daring but abortive attempt to seize the government, it must suffice to say that both Russia and Japan regarded the control of Korea as essential to the carrying out of their national policies. China and Germany, too (the former being Korea's ancient suzerain), were quite willing to figure in the situation, if the two prime plotters would give them a chance.

Meanwhile, the Korean patriots were not idle. Conditions were ripe for what one of them designated to me as their "automatic self-cleansing method, a dynastic revolution." That is to say, when conditions got so bad that they could not be worse, the reigning family would be thrown out and a fresh start made. The machinations of the Japanese and Russians, however, prevented this revolution from being carried into effect. The lately deposed King was no good—a weak, weeping, wailing creature with-

Korean patriots. The late Crown Prince, who is now the puppet King, is even more incompetent than his father; and he will have no heir. The second son was educated in America and has of late been made much of by the Japanese; but he still remains an unknown quantity.

This precious ex-King was an absolute prisoner in his palace; nobody could see him without a Japanese pass. He did refuse, as did also his prime minister, to sign a treaty surrendering the control of the nation to the Japanese, although Marquis Ito took a company of armed soldiers into the royal presence and tried to force him to do so. Nevertheless, that "treaty" was promulgated by the Japanese as genuine. The government of Korea is now absolutely in Japanese hands—which gives Mr. Stevens an immense advantage. Japanese policemen and soldiers keep down the Koreans, and make it possible for the hundred thousand Japanese immigrants to work their own sweet will throughout the country. The result has been a series of outrages which have no parallel nearer than the Congo. Marquis Ito assured me that Japan is doing everything in her power to suppress this lawlessness; the Koreans, on the other hand, say that guilty Japanese are not punished, and that no Korean can obtain redress for the most flagrant wrongs from the Japanese authorities.

Here enter the two Yankee duelists. The situation was one calling for the Occidental type of brains and the Occidental cosmopolitanism. Japan had the right man at hand. W. D. Stevens had been the confidential adviser of her legation at Washington for several years; he had previously been in the Foreign Office at Tokio, whither he had been called from a subordinate position in the American legation. He is a typical modern American man of affairs, the sort to be seen walking self-confidently down-town between nine and ten any morning. He is master of the "savoir in modo"; he knows men; he knows the world; he knows how to handle big things, and how to create impressions and influence popular sentiment. His well-trained legal brain is responsible for not a few of the measures which have enhanced Marquis Ito's reputation.

So Stevens was installed—grim irony!—as "adviser to the Korean Emperor," and paid from the Korean treasury. He speaks sardonically of "my imperial master," but he goes up the hill to the residence of Marquis Ito for his orders. He was, in a sense, the Emperor's jailer; and he refused me permission to see his royal prisoner. That there might be no misunderstanding as to the status of the case, I had the refusal confirmed by Marquis Ito himself after an hour's conversation with that interesting old gentleman. Of course, I was more interested, as a journalist, in confirming the report that the King was a prisoner in Japan's hands than I was in seeing that timorous King him-

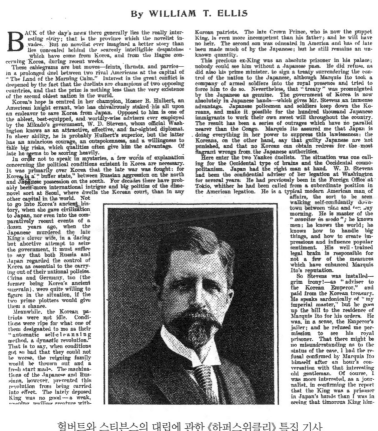

헐버트와 스티븐스의 대립에 관한 《하퍼스위클리》 특집 기사.
기사는 스티븐스가 대한제국으로부터 급여를 받으면서도 실은
일본을 위해 일하고 있다며 이를 '오싹한 모순grim irony'이라고 했다.

대한제국 국고에서 지급되었음이 틀림없다. 미화 1만 달러는 금 500온스
가 넘는 가치로서, 스티븐스는 한국을 팔아서 대박을 터뜨리고 있었다.
그는 1907년 일본으로부터 최고 훈장First Class Order of the Rising Sun도
받았다. 스티븐스 피격 사건으로 인해 헐버트도 국제적 관심을 모았다.
《샌프란시스코콜The San Francisco Call》은 1908년 3월 24일 자에서 "스티
븐스와 헐버트는 앙숙이다. 헐버트는 한국인들이 신뢰하는 유일한 외국
인이다. 그는 한국의 억울함에 대해 전 세계의 관심을 끌게 한 일등공신
이다."라고 보도하였다. 일본의《아사히신문朝日新聞》도 1908년 3월 29
일자에서 "헐버트는 학식이 풍부하며 한국에 주재하는 외국인 중에서 실
로 한 단계 뛰어난 인물"이라고 평가하였다. 역사는 스티븐스와 헐버트를
어떻게 기록하고 있는가? 분명한 것은 스티븐스는 일본에서도 거의 잊힌
존재이지만, 헐버트의 대의와 정의를 좇는 순수성은 오늘날 세계인들에
게 감동을 주고 있다는 사실이다.

친일 미국 지식인들에 둘러싸여 외롭게 투쟁

헐버트는 미국에서 한국의 독립을 호소하는 과정에서 번번이 친일 성
향의 지식인들과 부딪쳤다. 대부분의 미국인들은 러일전쟁에서 승리한
일본을 대단한 존재로 보았다. 지성 사회 역시 한국에 관한 지식은 일천
하고 일본을 동양의 신문명국으로 인식하였기에, 헐버트가 미국인들에게
한국의 억울함을 알리기란 그리 쉬운 일이 아니었다.

헐버트와 가장 첨예하게 부딪친 인물은 대표적 친일 인사인 예일대
학Yale University의 래드George T. Ladd 교수였다. 두 사람은 한일 문제에
서 수시로 부딪쳤다. 헐버트가 일찍이《한국사》를 저술하여 한국의 고유

의 가치를 세계에 알렸다면, 래드는 1908년 《이토 후작과 함께 한국에서 In Korea with Marquis Ito》라는 책을 저술하여 "한국인들은 게으르고, 신용을 지킬 줄 모르는 사람들"이라고 혹평했다. 래드와 헐버트는 1908년 5월 미국을 후끈 달군 뜨거운 논쟁을 벌였다. 《뉴욕타임스》는 5월 13일 자에 "이토 히로부미가 한국을 병합하지 않는다고 선언했다. 한국에서 모든 일이 잘 되어가고 있다."라는 등 일본의 한국 보호통치를 지지하는 래드의 주장을 실었다. 헐버트는 이 기사에 발끈하며 당장 반박의 글을 보냈다. 《뉴욕타임스》는 3일 뒤인 5월 16일 〈일본이 한국을 집어삼키고 있다Japan Absorbing Korea, He Says.〉라는 제목으로 헐버트의 주장을 상당한 지면을 할애하여 보도하였다. 이 글에서 헐버트는 "일본은 한국에 적어도 4번의 약속을 어겼다. 한국에서 일본의 행태를 직접 목격한 사람으로서 일본은 한국을 도우러 온 것이 아니고 모든 분야에서 한국을 망치고 있다."라고 래드의 주장을 반박하였다. 이어서 "한국인 피해자들이 보낸 일본인들의 범법 자료가 내 수중에 있다. 나는 만약 이토가 공정한 심리를 통해 한국인들의 억울한 입장을 들어준다면 일본에 대한 비난을 멈출 수 있다는 제안을 외교 고문 스티븐스Durham W. Stevens를 통해 이토에게 전했다."라는 내용도 소개했다. 그러자 래드가 다시 헐버트를 공격했다. 그는 1주일 뒤인 5월 23일 자 《뉴욕타임스》를 통해 헐버트가 1905년 11월 17일의 한일조약을 강압에 의해 이루어졌다고 말하나, 조약은 필수적인 요소를 갖췄느냐가 중요하다면서 을사늑약은 정당한 조약이라는 논리를 폈다. 그는 헐버트가 일본에 무조건 반대하는 시정잡배들의 뜬소문을 근거로 조약을 문제 삼는다며, "《한국사》라는 역사책을 쓴 역사학자가 그런 주장을 하니 무척 안타깝다. 진실과 신뢰의 바탕 위에서 주장을 펼쳐라."

라고 오히려 헐버트의 학자적 순수성을 공격했다. 그러면서 친일 성향을 이유로 자신이 비난받아서는 안 된다는 말도 남겼다. 두 사람은 이후에도 한일 문제로 두고두고 대립하였다. 마치 예일대학 교수의 위상과 한국학 권위자의 위상이 충돌한 양상이며, 《뉴욕타임스》는 은근히 두 사람의 논쟁을 즐기는 듯했다. 래드는 1909년 정식으로 이토 히로부미의 고문으로 위촉되어 대한제국의 국고를 축냈다.[6]

한편, 일본은 헐버트의 행적을 미국에서도 감시하였다.[7] 오리건주 포틀랜드 주재 일본 영사는 1909년 3월 8일 자 본국 외무대신에게 보낸 전문에서, 3월 2일 열린 한국 장로교를 위한 기금 모금 순회 강연에서 서울에서 온 선교사들은 일본에 호의적인 연설을 하였으나 헐버트는 일본을 비난하는 연설을 했다고 보고했다. 이때 에비슨 선교사가 한국에 명문대학을 설립하는 안을 꺼내면서 일본으로부터 양해를 얻어내겠다며 헐버트에게 한국행을 권하였다. 헐버트는 한국에 가고 싶은 마음은 굴뚝같으나 일본의 불의를 참고 넘어갈 수 없다는 의사를 분명히 했다. 주미 일본 대사관도 헐버트가 1909년 3월 콜로라도주 덴버Denver에서 강연하며 일본을 비난하는 연설을 했다고 외무성을 통해 서울의 통감부에 보고하였다. 을사늑약을 전후한 한미일 관계를 오랫동안 연구한 일본 조치대학교上智大學校 나가타長田彰文 교수는 "일본은 한국인 독립운동가들과는 달리 헐버트의 반일운동에는 손을 쓸 수가 없었다. 헐버트의 특이한 한국을 향한 '열정'은 일본인들에게는 악몽이었고, 한국인들에게는 희망이었다."라고 헐버트를 평가하였다.

---

6 《The New York Times》, Nov. 2, 1909

7 나가타 아키후미長田彰文, 〈한말기 헐버트의 한국 독립운동에 관한 일본 측 반응과 대응〉, 《'헐버트의 내한 초기 활동과 한국 독립운동' 국제학술회의 자료집》, 헐버트박사기념사업회, 2016, 33~35쪽

유서를 남기고 한국 땅을 다시 밟아

권총을 품고 압록강 철교를 넘어

미국에서 분주하게 2년을 보낸 헐버트는 서울행을 결심했다. 2년 전 헤이그로 떠나면서 서울을 허겁지겁 빠져나왔기에 가사를 정리해야 했고, 서울이 무척 그리웠다. 남겨둔 책들이 어떻게 됐는지도 궁금했다. 헐버트는 서울로 출발하기 전 유서를 썼다. 곧 세상을 하직할 사람처럼 부인에게 자녀들의 양육을 당부하고, 재산 정리도 분명히 했다. 일본의 위협에 대한 불안감이 얼마나 컸으면 유서까지 남겼을까.

헐버트는 1909년 8월 중순 보스턴을 떠나 배편으로 대서양을 건너 유럽에 도착하였다. 이어서 시베리아 횡단 열차에 올라 한국으로 향했다. 열차가 러시아 국경을 넘어 극동에 다다르자 신변에 대한 불안감이 서서히 고개를 내밀었다. 스티븐스가 샌프란시스코에서 한국인들에게 피격되다 보니 일본 측이 자신에게 어떻게 나올지가 궁금하였다. 그러나 마음을 다잡았다. 헐버트는 블라디보스토크, 하얼빈, 묵덴Mukden(지금의 센양瀋陽)을 거쳐 한국으로 들어가는 길목인 단둥丹東으로 갔다. 막상 압록강 근처에 다다르니 신변에 대한 불안감이 증폭되었다. 그는 베를린에서 구입한 리볼버 권총을 가슴에 품고 여관방에서 하룻밤을 보냈다. 헐버트는 8월 30일 서울행 기차를 타고 압록강을 건넜다. 한국 땅을 다시 밟는다는 사실이 너무 기뻤다. 한국의 산야를 보니 순간 신변에 대한 불안감도 사

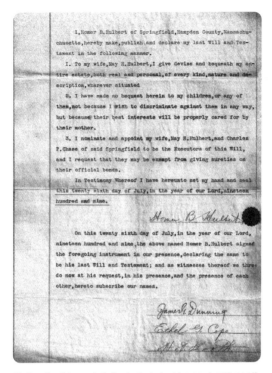

헐버트가 서울로 떠나기 전 남긴 유서(1909년 7월 26일).
헐버트의 외손녀Judith로부터 입수

라졌다. 우연히 기차 안에서 한 미국인 선교사를 만나 평양에서 장로교 연례 선교회가 열리고 있다는 사실을 알았다. 헐버트는 평양에서 내렸다. 선교사들은 헐버트를 보자 기뻐하면서도 놀라워했다. 헐버트가 한국에 다시 오리라고는 전혀 예상치 못했기 때문이었다. 한 선교사가 일본이 지난 2년 동안 헐버트를 얼마나 혹독하게 비난하였는지를 전해 주었다. 그러던 차에 길거리에서 전부터 알던 일본 관리와 마주쳤다. 자신의 입국이 탄로 났다고 생각하니 불안감이 치솟았다. 헐버트는 평양에서 하룻밤을 자고 서울행 기차를 탔다. 서울행은 선교사 피터스Alexander A. Pieters의 부인과 함께했다. 남대문역에 도착하니 어둠이 깔리고, 200여 명의 인파가 예전처럼 역사 앞을 오갔다. 헐버트는 승강장을 나오면서 왼팔로는 동행한 피터스 부인의 아들을 안고, 오른손으로는 코트 안쪽으로 리볼버 권총을 움켜쥐고 돌발 상황에 대비했다. 그러나 아무 일 없이 역사를 빠져나왔다. 헐버트는 곧장 미국 영사관으로 달려가 신변 보호를 요청했다. 영사관으로부터 안심하라는 대답을 들었다. 알고 보니 헐버트가 미국을 떠나자 미국 정보 당국자General Wood는 2명의 비밀 경호원을 따라 붙여 헐버트의 신변을 보호하고 있었다. 미국은 헐버트의 신변 위험을 이미 잘 알고 있던 터였다. 헐버트는 이 사실을 한참 뒤에야 알았으며, 11월 유럽을 거쳐 미국으로 돌아갈 때 바르샤바Warsaw 여정까지 보호를 받았다. 이상은 헐버트가 1909년 2년 만에 한국을 다시 찾으며 서울에 도착하는 여정을 회고한 글의 일부이다.

첩자들의 감시를 따돌리고 을사늑약 서명을 거부한 한규설을 만나

헐버트는 육영공원에서 교사로 같이 근무했던 벙커 집에 숙소를 정했다. 헐버트의 첫 일정은 미국 영사관의 권고로 일본 통감부를 방문하는 일이었다. 미국 영사관 대리영사와 함께 이토 히로부미를 이은 신임 통감 소네曾禰荒助 백작을 만나, 방문 목적을 설명했다. 소네는 헐버트가 헤이그 사건의 주범이라고 굳게 믿고 있었다. 헐버트는 자신이 일본을 비난하는 것은 일본이 한국인들을 정당하게 대우하지 않기 때문이라고 당당하게 말했다. 이후 일본은 헐버트에게 직접적인 위해는 가하지 않았다. 그러나 첩자들을 붙여 헐버트의 일거수일투족을 감시했다. 헐버트의 서울

체류 2달 동안 통감부 경시총감이 외무부장에게 헐버트의 동정을 보고한 기밀문서가 18건이나 남아 있다. 헐버트가 후일 임시정부 부주석을 지낸 김규식에게 자전거를 빌려 탔더니, 일본 경찰이 김규식에게 무엇 때문에 헐버트를 만났느냐고 캐물을 정도였다. 그러자 일부 한국인들은 헐버트를 만나기를 꺼려하였다. 헐버트는 미국에 있는 부인에게 편지를 보낼 때, 비밀스런 편지는 서울에서 보내지 않고 외국에 가는 인편에 부탁하기까지 했다.

헐버트는 서울 땅을 밟고 옛 친구들을 만나니 무척 기뻤다. 그러나 자신의 옛 사무실에 가 보니 일본이 자신의 역사책들을 모두 몰수해버렸다. 헐버트는 미국으로 귀환 후 친구에게 보낸 서신에서 "일본은 한국어로 된 어떤 역사책도 없기를 바랐다. 일본 경찰이 영장도 없이 출판사를 급습하여 《대한력사》 책 전부를 몰수하여 불태웠다. 미국 정부를 통해 항의했지만 아무 효과가 없었다."라고 일본의 한국 역사 말살 정책을 증언하였다. 헐버트는 하루는 자정 무렵 담을 넘어 가까스로 일본의 감시를 따돌리고 을사늑약 당시 참정대신이었던 한규설의 집으로 향했다. 그는 한규설을 만나 을사늑약 현장에서 일제가 총칼로 위협하며 서명을 강요한 상황을 소상하게 들을 수 있었다. 그날 밤 한규설로부터 직접 들은 증언은 헐버트가 후일 을사늑약의 불법성을 설파할 때 유용한 정보로 활용되었다.

"헐버트 한국인들의 암살 표적이 되다"

헐버트는 서울에 체류하는 동안 가사를 정리하면서 YMCA, 상동교회 등 여러 단체에서 강연도 하였다. 귀한 선물도 받았다. 고종 황제의 조카인 조남복의 부인이 남편을 돌봐 줘 고맙다며 손수 만들었다는 자수 방석을 들고 헐버트를 찾았다. 헐버트는 고종 황제의 요청으로 미국에 유학한 조남복에게 여러 편의를 제공하고 있었다. 그런데 해괴한 소문이 들려왔다. 일단의 한국인들이 헐버트를 헤이그 사건의 주모자라며 응징하겠다는 결심을 했다는 것이다. 황현도 《매천야록》에서 헐버트가 서울에 왔다는 소식을 전하며, "사람들이 헐버트를 헤이그 사건의 주모자로 지칭하였다."라고 적었다. 한편, 헐버트가 서울에 체류하던 중인 1909년 10월 26일 안중근 의거가 하얼빈에서 발생했다. 이 거사와 관련하여 《아사

HULBERT MARKED FOR DEATH.

Ladd Says American Adviser of ex-Emperor May Be Killed.

Special to The New York Times.

NEW HAVEN, Nov. 1.—George Trumbull Ladd, formerly of Yale, and more recently adviser of Prince Ito in Korea, says that Homer B. Bulbert, an American who has been working with the ex-Emperor of Korea, has been marked for assassination by natives. He said to-day:

"An Item of news from the Far East that is unintelligible without explanation is the report that certain parties in Seoul hoped by the assassination of Ito to call the attention of foreign nations to the condition of Korea, and thus, if possible, to secure sympathy and perhaps intervention; that in all this their hopes were especially directed toward the United States. Such a hope would be quite incredible were it not for the following facts:

The New York Times
Copyright © The New York Times
Originally published November 2, 1909

헐버트가 암살 표적이 되었다고 보도한 《뉴욕타임스》 기사
(1909년 11월 2일)

히신문》이 헐버트가 배후일 가능성을 내비치는 기사를 실었다. 그러자 미국 언론이 헐버트의 신변을 걱정하는 기사를 내보냈다. 《뉴욕타임스》는 1909년 11월 2일 자 〈헐버트 암살 표적이 되다Hulbert Marked for Death〉 기사에서 "한 한국인이 헐버트를 헤이그 특사 파견의 장본인으로 지목하며 자객을 동원하여 헐버트 암살 계획을 세웠다고 한다."라고 보도하였다. 《샌프란시스코콜The San Francisco Call》도 래드George T. Ladd 교수가 발표한 성명을 인용하여 1909년 11월 2일 자 〈한국인들, 미국인 암살 계획Koreans Plan to Murder Americans〉 기사에서, "이토를 처단에 이르게 한 배경과 연관하여 일단의 한국인들이 헐버트를 살해하려 한다. 그들은 헐버트를, 고종 황제를 설득하여 헤이그에 특사를 파견케 함으로써 결국 고종 황제를 양위케 한 '한국의 대적arch enemy of Korea'으로 보기 때문이다."라고 보도하였다. 물론 안중근 의거의 헐버트 배후설은 근거가 없었다. 다만 《아사히신문》의 보도는 헐버트의 항일투쟁 위상이 어느 정도였는가를 말해 준다. 헐버트는 11월 5일 인천을 출발하여 중국 상하이에 들렀다가, 유럽을 거쳐 미국으로 돌아갔다.

"나는 죽을 때까지 한국을 위해 싸울 것이다."

헐버트 귀환 회견, "일본, 한국을 병합하려 해"

한국에서 돌아온 헐버트는 곧장 뉴욕에서 기자회견을 가졌다. 《뉴욕 타임스》는 1909년 12월 23일 자에서 헐버트가 "한때 나의 제자였으며 현재 친일의 우두머리인 이완용은 살해 위협을 당하고 있다. 일본은 언제일지 모르지만 한국을 병합할 계획을 세우고 있으며, 한국인들을 일본 인으로 개조시키고 있다."라고 주장했다고 보도하였다. 《대한매일신보》도 1910년 1월 9일 자에서 헐버트가 "일본이 한국을 병합하려 함은 포츠 머스조약 위반이며, 또 일본이 위력으로 병합을 강행한다 해도 한국에서 싸움이 끝날 날이 없을 것이다. 나는 한국을 위해 싸우는 사람이나 애국 심이 충만한 한국인들은 내가 더 진력하지 않는다 하여 나를 원망한다더 라."라고 말했다고 보도했다. 재미 한인 독립운동 단체 '대한국민회'가 발 행하던 《신한민보》도 1910년 1월 26일 자에서 헐버트가 뉴욕에서 "일본 이 합방코자 하는 것은 포츠머스조약 위반이요 인도주의 상 죄악이다. 일 본은 일진회를 선동하여 한국인이 합방을 원한다고 한 것 아닌가."라고 말했다고 보도했다.[8]

헐버트는 형이 목사로 있는 미국 포틀랜드의 한 교회에서 중대한 결

---

8 1910년 2월 '대동보국회'가 '국민회'에 흡수되면서 '대한인국민회'가 탄생하였다.

심을 발표했다. 《포틀랜드Portland》는 헐버트가 이 강연에서 "나는 언제나 한국인들을 위해 싸울 것이다. 그들은 모든 권리와 재산을 빼앗겼다. 나는 죽을 때까지 그들을 대변할 것이다I stand for Korean people, now and always. Despoiled of rights and possessions, my voice shall go out for them until I die."라고 선언했다고 보도했다.[9] 그는 한국에 다녀와서 한국 사랑에 대한 결기를 더욱 뜨겁게 달군 것이다.

헐버트가 "나는 죽을 때까지 한국을 위해 싸울 것이다."라고
선언했다고 보도한 신문 기사

---

9 《Portland》, 일자 미상(1909년 12월로 추정), 헐버트 손자Bruce로부터 입수

한편, 헐버트는 한국에서 돌아오자마자 한국에 관심을 가진 인사들을 규합하여 '한민족 보존the preservation of their nationality'을 위한 단체를 만들기로 결심했다. 미국에 강력한 단체를 만들어 일본을 압박하고 한국에 주재 사무소도 두기로 했다. 그는 부모에게 보낸 편지(1909년 12월 22일)에서 이 단체가 해야 할 일을 구체적으로 나열했다. 한국에서 마약류를 취급하는 자를 잡아내 고발하고, 기독교를 신봉하는 유능한 일본인 변호사를 고용하여 한국인들이 공정한 재판을 받게 하고, 한글로 쓰인 문학 서적을 출판하고, 한국인들의 교양과 도덕성을 고양시키는 활동을 하는 등이었다. 그는 이 단체 예산으로 1년에 2만 달러를 어림잡으며 관심 있는 저명인사를 이미 확보했다고 했다. 참여 폭을 서부지역으로 넓힐 것이라고도 했다. 안타깝게도 이 계획이 어떻게 구체화되었는지에 대해서는 기록이 남아 있지 않다. 그러나 이러한 계획만으로도 그의 한국 사랑의 깊이를 짐작케 한다.

헐버트 부인도 일본을 비난하는 회견에 나서

헐버트는 1910년에 들어서며 큰 아픔을 겪어야 했다. 둘째 딸 마들렌Madeleine이 16살의 나이에 폐렴으로 병사하여 스프링필드 공동묘지에 묻혔다. 딸을 잃은 헐버트 부인은 평생 가슴앓이를 했다고 한다.

헐버트는 일정한 직업 없이 강연과 기고로 생계를 이어갔다. YMCA 등 기독교 관련 단체, 대학, 학회 등에서 강연하였다. 그는 1910년 초 보스턴의 선교 박람회Great Missionary Exposition에서 매일 강연하였으며, 시카고를 포함한 중서부 지역에서도 강연을 했다. 그가 강연에서 한국이 만든 세계 최초의 현수교, 금속활자 등의 그림과 모형을 보여 주며 한국 역사를 설명하자 청중들이 한국에 관심을 보이기 시작했다. 그는 하루 7시간씩 열띤 강연을 하다 보니 너무 지쳐서 호텔에 돌아가기가 어려울 정도였다고 술회했다.

《뉴욕트리뷴》은 1910년 5월 8일 자에 〈미국 여인, 일본인들이 한국인들을 희생시키고 있다고 증언American Woman Thinks Japs Victimize Natives〉이라는 제목의 헐버트 부인과의 장문의 회견 기사를 실었다. 기사는 헐버트 부인이 "한국 상류층은 일본 상류층에게 굴욕을 당하고, 한국 노동자들은 일본 노동자들에게 좌우로 두들겨 맞으며 고통스런 나날을 보내고 있다."라고 증언하였다고 보도했다. 기사는 한국 황실의 장례에 대한 흥미 있는 내용도 담았다. 헐버트 부인은 자신이 직접 목격한 한국 황녀의 장례 광경을 소상히 설명하며 희귀 사진 3장도 실었다. 누구의 장례인지는 밝히지 않았으나 1904년 1월 타계한 헌종의 계비 명헌태후明憲太后의 장례로 보인다. 헐버트 부인은, 한국 황실에서는 사람이 죽으면 '혼백 궤'를 만들고, 염을 할 때 시신의 입에 '무공주無孔珠'를 넣는다는 관습도 밝혔다. 구멍이 없는 진주라는 뜻의 무공주는 낙동강 어귀에서만 발견되는 진귀품이라고 했다. 장례 행렬 중, 나무로 만든 3미터 크기의 '나무 말' 여섯 필이 종이에 싸인 채 수레 위에 놓여 상여를 따르는 장면이 가장 이색적이었다면서, '나무 말'은 매장 시 불에 태워지며 한국인들은 망자의 혼백이 나무 말을 타고 저승으로 간다는 속설을 믿는다고 했다. 귀신을 쫓는다는 도깨비 형상이 장례 행렬을 따르며, 이는 한국에서만 볼수 있는 특이한 장면일 것이라는 설명도 덧붙였다. 헐버트 부인은 장례비용을 5십만 달러 정도로 추산하였으며, 한국인들은 조상의 무덤을 참으로 중요시한다고 했다. 한국에서 무덤의 훼손은 중범죄이나 대범한 도굴

꾼들은 무덤에서 송장을 꺼내 주인과 송장을 두고 흥정을 벌이며, 주인은 잃어버린 자식을 찾는 비용보다 비싼 대가를 지불하고 송장을 되찾는다고도 했다. 부창부수인가, 헐버트 부인의 관찰력도 헐버트 못지않다는 느낌이다.

WHAT SHE SAW IN COREA

American Woman Thinks "Japs" Victimize Natives.

If there is anything worth seeing, trust a wide-awake American woman to see it. Mrs. Homer B. Hulbert has recently returned to this country from Corea after a residence of twenty-two years in that quaint, Far Eastern country, bringing home a fund of vivid impressions, some of pleasant memory and others not so agreeable. Accompanying her husband, who first went to Corea commissioned as an instructor in a school for Corean noblemen at Seoul, and who later attained confidential relations with the royal family, Mrs. Hulbert was enabled to acquaint herself with phases of the inner life of the higher classes from a vantage point that would be impossible to the casual traveller or even one who passed considerable time there.

Mrs. Hulbert is decidedly anti-Japanese. As she sums it up, they are corrupting the subjugated empire mentally, morally and physically. Boatloads of Japanese women are being taken over to Corea, Mrs. Hulbert asserts, for immoral purposes, and by the introduction of morphine into the country the health of the men and women is being constantly undermined, as the Coreans easily become victims. In former times the Coreans used morphine, and in order to stamp it out the government made its use a capital offence. That law has been revoked since the Japanese established a protectorate, and its use is becoming alarmingly widespread, Mrs. Hulbert says.

"Judging from the way things happened," she said to a Tribune reporter the other day, "there must have been a well defined plan to humble the natives from the time the Japanese began to take a hand in the country's affairs. Lower class Coreans were beaten right and left by the Japanese coolies, and not even the higher class natives were exempt from insult and worse. The officials when complaints were made would not openly countenance the ruffianly treatment,

헐버트 부인의 회견 기사

FUNERAL OF A COREAN PRINCESS.
ne of the paper horses burned at her tomb so she could have transportation in the next world.

ONE OF THE MEN WITH FALSE FACES.
Drawn along in the funeral procession to frighten away evil spirits.

상여를 따르고 있는 '나무 말'과 귀신을 쫓는다는 도깨비 형상

한일강제병합 소식을 듣고, "일본 외교는 속임수가 전부다"

서울에서 슬픈 소식이 전해졌다. 1910년 8월 29일 일본이 결국 한국을 강제로 병합한 것이다. 헐버트는 흥분을 감추지 못했다. 그는 당일로 언론에 〈대한제국의 소멸The Extinction of Korea〉을 기고하여, "일본의 가면이 벗겨졌다. 일본 외교는 이중성이 전부다. 일본은 항상 처음에는 달콤한 말로 이웃 나라를 돕는다고 하고 종국에는 그 나라를 갉아먹는다. 일본 외교의 전형적인 수법이다. 나는 1905년 을사늑약 직후부터 이를 지적했다. 이제 모든 나라는 일본의 사기 외교에 속지 말아야 한다."라고 분통을 터트리면서, "이는 프랑스 정치가 탈레랑Talleyrand이 썼던 고전적 수법이며, 일본 외교는 속임수가 자산이다."라고 일본의 이중성을 비난했다.[10] 헐버트는 일본의 근원적 문제점으로 기독교 정신을 모르는 데서

---

10 이 기고문은 헐버트 손자로부터 입수했으나 신문 이름과 날짜가 나와 있지 않았다. 기고문 내용으로 보아 미국 시간으로 1910년 8월 29일 썼다고 추정하였다.

오는 인류애의 결여를 꼽았다.

The Korean Dancers (Heathens).

1910년 한일강제병합 직후 일본 외교는 속임수가 전부라며 일본을
맹비난한 헐버트 기고문. 헐버트의 손자Bruce로부터 입수

헐버트는 1911년 들어 정규 강의를 맡아 생계도 유지하고 한국의 억울함도 알리는 기회를 얻었다. 그는 '셔토쿠어순회강좌Chautauqua Circuit' 강사로 선발되어 미국 전역과 캐나다에서 강의를 하게 된 것이다. 셔토쿠어순회강좌는 뉴욕주 셔토쿠어 호숫가에서 시작한 성인 하계대학으로 19세기 말과 20세기 초에 걸쳐 미국에서 가장 인기 높은 성인 교육 운동

이었다. 루스벨트Theodore Roosevelt 대통령도 셔토쿠어순회강좌를 미국에서 가장 미국적인 것이라고 평했다고 한다. 헐버트는 강의에서 극동의 정세와 한국의 현실을 전하면서 한국의 독립을 호소했다. 그는 우수 강사로 뽑히기도 했으며, 1922년까지 강의를 이어갔다. 헐버트는 강의에 열중하면서도 한국 일을 멈추지 않았다. 《리퍼블리컨》 1912년 7월 14일 자에 따르면 헐버트는, 1911년에 발생한 데라우치寺內正毅 총독을 암살하려 했다는 소위 '105인 사건'에 대해 성명을 발표하였다. 그는 이 사건은 완전히 날조된 것으로 한국 기독교인들의 민족애를 꺾기 위한 음모라며, 일본은 한국의 관습, 언어 등 모든 문화를 일본식으로 바꿔 한국인의 일본인화Japanization를 꾀하고 있다고 비난했다. 《뉴욕헤럴드》도 헐버트의 이 성명을 비중 있게 다루었으며, 《신한민보》도 1912년 7월 29일 자에서 《뉴욕헤럴드》를 인용하여 보도하였다.

'셔토쿠어순회강좌'에서 강연하는 헐버트(1913년)

루스벨트 대통령을 굴복시키다

헐버트, "루스벨트는 친구의 나라 한국을 배신한 사람"

헐버트는 참으로 용기 있는 사람이었다. 그는 진실의 역사를 기록하기 위해 루스벨트 대통령과 10년을 넘게 당당하게, 공개적으로 일전을 벌였다. 헐버트가 루스벨트에게 이렇게 세차게 도전한 까닭은 을사늑약 당시 루스벨트 행정부가 조미수호통상조약 정신을 저버리고 친일 정책을 편 것이 한국이 나라를 잃게 된 가장 큰 원인이라는 생각이 항상 뇌리에서 떠나지 않았기 때문이었다. 대통령직을 마친 루스벨트가 1915년 당시 현직 대통령인 윌슨Thomas Woodrow Wilson에게 독일의 벨기에 침공에 대해 미국이 제대로 항의하지 못하고 있다고 언론을 통해 비난했다. 헐버트는 이에 대해 《뉴욕타임스》에 반박의 글을 기고하였다. 그는 《뉴욕타임스》 1915년 12월 12일 자 기고문 〈루스벨트와 한국Roosevelt and Korea〉에서, 루스벨트는 그런 말을 할 자격이 없는 윌슨 행정부 보다 훨씬 더 큰 잘못을 저지른 사람이라고 비난했다. 그는 루스벨트의 당시 친일 정책이 결국 미국에 재앙으로 돌아올 것이라는 말도 덧붙였다. 급기야 미국 상원은 헐버트의 주장에 반응하여 결의안을 채택하고, 외교관계위원회 의장 스톤Stone의 이름으로 러일전쟁 기간에 미국과 한국이 주고받았던 통신문을

ROOSEVELT AND KOREA.

Japan's Attack Compared to the German Invasion of Belgium.

To the Editor of The New York Times:

It is rather amusing to read Mr. Roosevelt's diatribe on the present Administration, as given in his letter to Mr. Dutton, published in your Dec. 1 issue, because the words he there uses are even more applicable to himself and his own acts in 1905. He there speaks of Korea as unable to hold her own against Japan.

Precisely as Belgium lies between two great powers, Germany and France, so Korea lies between Japan and Russia. Precisely as Germany wanted to cross Belgium to strike France, so Japan wanted to cross Korea to strike Russia. Precisely as Germany guaranteed Belgium's independence if she would allow this, so Japan guaranteed Korea's independence if she would allow it. Precisely as Germany broke the neutrality of Belgium, so Japan ignored her obligations and trampled upon Korea; or rather, Japan's acts were far worse than Germany's, for Korea consented to let Japan use her territory to strike at Russia, and, in spite of this, Japan destroyed Korea.

Precisely as it was the duty of America to protest against the violation of Belgium's neutrality, so it was our duty to protest against Japan's encroachments in Korea. Precisely as the present Administration failed to protest in the case of Belgium, so Roosevelt failed to protest against the rapacity of Japan in 1905.

But not only so. The case is far stronger than this. At the moment when Japan was just crouching to spring at the throat of Korea, the Emperor of Korea called upon President Roosevelt to keep America's treaty with him—a treaty which held in its first clause the promise that if Korea were endangered by any third party this Government would use its good offices to affect an amicable arrangement. Roosevelt refused to read, or even to receive the written message sent to him from the Emperor of a friendly power with which we were supposedly on friendly relations. That written message was taken to the State Department, but the Secretary of State refused to receive it for forty-

루스벨트를 맹비난한 헐버트의 《뉴욕타임스》 기고문.
〈루스벨트와 한국〉(1915년 12월 12일)

조사해서 보내 줄 것을 윌슨 대통령에게 요청하였다.[11] 이 기고문은 앨라배마주 출신 토마스Charles S. Thomas 상원 의원에 의해 미국 상원 '의회 기록Congressional Record'에 남겨졌다. 헐버트 기고문의 일부를 소개한다.

"루스벨트 대통령이 윌슨 행정부를 비난하는 것은 가소로운 일이다. 그는 먼저 1905년의 자신의 행동을 되돌아봐야 한다. 루스벨트 대통령은 1905년 일본이 한국을 강박하여 조약을 체결할 당시 미국의 국제적 의무를 저버린 사람으로, 현 윌슨 행정부보다 훨씬 더 큰 잘못을 저질렀다. ……(중략)…… 일본은 러일전쟁 이전에 한국의 독립을 약속했지만 그 약속을 헌신짝처럼 저버렸고, 루스벨트 대통령은 조미수호통상조약에 의거 미국의 도움을 호소한 대한제국 황제의 요청을 거절하였다. 그는 정식 조약 상대국이자 친구의 나라인 한국을 배신한 사람이다."

루스벨트의 반박과 헐버트의 재반박

루스벨트는 헐버트의 주장이 사실이 아니라며 한국이 주권을 빼앗긴 것은 자신과 무관하다고 성명을 발표하였다. 헐버트는 루스벨트의 성명에 대해 다시 《뉴욕타임스》를 통해 반박하였다. 그는 《뉴욕타임스》 1916년 3월 5일 자 〈한국과 벨기에에 대한 미국의 정책American Policy in the Cases of Korea and Belgium〉이라는 3,600단어로 쓰인 장문의 기고문에서 을사늑약의 진상을 낱낱이 밝히고, 루스벨트 행정부의 조미수호통상조약 정신 위배를 조목조목 추궁했다. 그는 을사늑약에 관한 의정부 회의 현장에서 참정대신 한규설이 일제의 겁박에 끝까지 저항한 장면을 마치 활동

---

11 〈Senate to Probe Root's Handling of Korea Affair〉, 《The Citizen-Republican》(South Dakota), Feb. 24, 1916

AMERICAN POLICY IN THE CASES OF KOREA AND BELGIUM

The Special Envoy of the Korean Emperor Tells for the First Time the Full Story of His Attempt to Get President Roosevelt to Intervene Against Japan.

By HOMER B. HULBERT.

을사늑약의 진상을 세세히 밝히며 루스벨트 책임론을 구체화한
헐버트의 《뉴욕타임스》 기고문.
〈한국과 벨기에에 대한 미국의 정책〉(1916년 3월 5일)

사진처럼 기록으로 남겼다. 한국 대신들이 일제의 조약 서명 요구에 저항하자 일제는 한규설을 옆방으로 끌고 갔다. 하세가와 사령관과 하야시 곤스케林權助 공사가 직접 겁박에 나섰지만 한규설이 거절하자 일제는 칼을 들이대며 한규설을 죽이려 했다. 그럼에도 한규설은 끝까지 버텼다. 그러나 남아 있는 대신들은 한규설이 죽은 줄 알고 목숨이 두려워 어쩔 수 없이 서명해버렸다. 헐버트는 이 사실을, 1909년 한국에 잠시 머무를 때 새벽 2시에 15명이 넘는 일본 첩자들의 미행을 따돌리고 담을 넘어 한규설을 만나 밤을 지새우며 그에게 직접 들었다고 했다. 그는 또 루스벨트 행정부는, 1905년 12월 자신이 가지고 간 을사늑약을 부인하는 고종 황제의 전보를 의도적으로 무시하였다고 주장했다. 헐버트는 글 말미에서 루스벨트 대통령은, 1905년 11월 자신이 가지고 간 고종 황제의 친서 접수를 왜 이틀씩이나 시간을 끌면서 거절했는지 그 진짜 이유를 미국 국민에게 밝힐 것을 요구했다.

헐버트의 루스벨트 책임론은 미국에서 엄청난 파장을 낳았다. 미국이 정말 1905년 한국의 호소를 무시하였으며, 당시 외교적 의무를 다했는가라는 의문이 10년이 지나 구체적으로 제기되었기 때문이었다. 의회를 흔들었을 뿐만 아니라 미국 전역의 언론이 헐버트의 기고문을 인용하며 이 주제를 다루었다. 《뉴욕타임스》는 1916년 3월 6일 자에서 당시 국무장관과 차관에게 이에 대한 답변을 요구했으나 그들이 침묵을 지키고 있다는 등 헐버트 기고문에 대한 후속 보도를 이어갔다. 《뉴욕타임스》는 1905년 당시 한국에서 특파원으로 활동했던 리치Robert W. Ritchie 기자가 헐버트의 주장에 전폭 동조했다고 다음 날에도 보도하였다. 그러자 예일대학의 래드 교수가 또 나섰다. 그는 《뉴욕타임스》 1916년 3월 9일 자

〈한국, 일본, 그리고 미국Korea, Japan and America〉 기고문에서 헐버트의 말만을 믿을 수 없다며 일본과 루스벨트를 옹호하는 글을 실었다. 이뿐만이 아니었다. 래드는 한국에 진정한 교회가 들어서려면 몇 세대가 지나야 한다는 등 한국인의 의식 수준을 걸고넘어졌다. 당연히 헐버트도 래드가 미천한 지식으로 미국인들을 현혹시키고 있다며 당장 한국 비하를 멈추라고 요구하였다. 래드와 헐버트가 친일과 반일의 영원한 상징이었음이 또다시 드러났다.

루스벨트, 일본의 한국 강점에 동의했음을 시인

헐버트와 루스벨트의 공방이 있은 지 3년 후인 1919년 루스벨트가 사망했다. 루스벨트는 사망하기 전 "한국에 대한 일본의 강점에 대해 1905년 9월 포츠머스회담에서 내가 일본에 동의하였다."라는 메모를 가족에게 남김으로써 루스벨트 스스로 일본의 한국 강점에 동의했음을 시인했다. 이 메모는 1924년 매사추세츠주 윌리엄스타운Williamstown에서 개최된 국제법 학자 연례 모임에서 공개되었다.[12] 헐버트가 대통령을 상대로 벌인 끈질긴 도전의 승리였다. 헐버트는, 을사늑약 당시 국무장관 루트가 1921년 한 언론과의 회견에서, 을사늑약 당시 미국이 취한 행위의 정당성에 대한 질문에 "국제법상으로는 미국의 행위에 정당성이 없었다the act was unwarranted."라고 답변했다고 비망록에서 밝혔다. 대통령은 미국의 한국 포기 정책을 시인했고, 국무 장관은 을사늑약 당시 조미수호통상조약을 무시한 미국의 행위에 정당성이 없었음을 인정한 것이다. 어느 누가

---

12 Hulbert, Homer B., 《Hulbert's Manuscripts》, p 107

자기 나라 대통령을 상대로 남의 나라를 위해 이토록 장대한 싸움을 벌일 수 있겠는가? 헐버트는 정치인도 아니지 않은가. 헐버트의 을사늑약에 대한 루스벨트 행정부의 책임론 제기는 역사의 진실 규명이자, 한민족에게는 자존심 회복이었다. 이 기고문은 후일 한국 독립운동가들에 의해 폭넓게 활용되었다. 1921년 이승만 등이 군축회의에 제출한 문서에도 헐버트의 반박 논리가 유사하게 쓰였다.

한편, 헐버트는 1916년 미국 잡지《인류 발전The Journal of Race Development》에 〈일본 제국주의의 특색Japan and Isothermal Empire〉을 발표하여 일본이 미국 서부 태평양 연안을 공격할지 모른다고 경고하였다. 그는 일본의 재정 상태를 수치까지 제시하며, 재정난을 겪고 있는 일본은 전쟁이 불가피하다고 보았다.

'3.1혁명'을 천부적 권리로 승화시켜

3.1만세항쟁을 '3.1혁명'으로 부르자

헐버트는 1919년 3월 한국에서 벌어진 만세 항쟁 소식을 프랑스에서
들었다. 제1차 세계대전 연합군을 상대로 강연을 하고 있었다. 헐버트에
게 만세 항쟁 소식은 희망이자 충격이었다. 한국인들은 게릴라전도 불사
하며 끝까지 투쟁할 것이라는 자신의 예측이 현실로 나타나고 비폭력적
으로 일본에 항거한 한민족의 용기에 감동하면서도, 상상을 초월한 희생
자 수에 분노가 치밀었다. 그는 부인에게 보낸 편지에서, 자신이 프랑스
에 있다 보니 한국에서의 만세 항쟁 소식을 미국인들에게 알릴 수 없다며
이를 무척 아쉬워했다.

최근 들어 1919년 3월 1일 촉발한 거족적 만세 항쟁을 '3.1운동'이 아
닌 '3.1혁명'으로 부르자는 주장이 일고 있다. 지은이 역시 이에 적극 찬
동한다. 3.1만세항쟁은 외적으로는 일본의 침략주의에 항거한 독립투쟁
이지만, 내적으로는 군주제를 버리고 민주공화정을 출발시키는 선언이었
다. 3.1만세항쟁은 하루아침에 이루어지지 않았다. 국내외에서 오랫동안
조직화한 독립운동이 구심력을 형성하며 분출한 결과로서, 1919년 3월
정점을 찍은 것이다. 3.1만세항쟁의 결과로 중국 상하이에서 대한민국임
시정부가 탄생하고, 임시정부 헌법에서 한민족 역사 최초로 주권재민의
정치제도가 선언되었다. 임시정부 탄생 자체가 혁명적인 일이다. 존재하

지 않던 정부가 형식을 갖춰 탄생했고, 그 정부는 실효 통치는 못 했지만 이후 독립운동의 대동맥으로 기능하였다. 일본 통치를 뒤엎지 못했기에 혁명이라 부를 수 없다는 주장은 주권재민을 수용한 임시정부의 탄생과 뒤이은 장대한 독립운동의 의미를 퇴색시킬 뿐만 아니라 혁명이라는 용어를 너무 형식적으로 해석하는 논리이다. 특히 '3.1운동'이라는 표현은 거족적 만세 항쟁의 대의와 이어진 민족의 혁명적 흐름을 담아내는 데에 충분치 않다. '운동'이라는 뜻의 영어 'movement'도 부당하게 빼앗긴 주권을 되돌려 받기 위한 투쟁의 의미를 온전히 반영하기에는 부족하다. 이승만도 1942년 워싱턴에서 열린 3.1혁명 23주년 기념 '한인자유대회Korean Liberty Conference' 자료집에서 3.1만세항쟁을 '1919 Revolution'이라 하여 혁명으로 불렀다.[13] 혁명으로 부르자는 국민청원이 이미 청와대에 제출되었다니, 정부가 적극 검토하여 하루빨리 3.1혁명으로 불리기를 기대한다. 1919년 3월의 대일항쟁을 미시적으로 지칭할 때는 3.1만세항쟁이라고 불러도 좋을 것이다.

"3.1혁명은 '신의 손'이 작용한 것"

3.1만세항쟁의 배경도 단선적이 아닌 복합적으로 이해할 필요가 있다. 1905년 을사늑약을 전후한 대미 특사 파견 등 고종의 주권 수호 투쟁, 민영환을 비롯한 애국 인사들의 자결, 1907년 고종의 헤이그 만국평화회의 특사 파견, 대한제국 군대 해산에 이은 의병의 분출, 1909년 안중근 의거 등이 국민의 울분을 애국심으로 승화시키며 한국 독립운동의 기

---

13 〈Korean Liberty Conference〉, published by The Unite Korean Committee in America Los Angeles, California, Honolulu, T. H., p 8~9

폭제가 되었다. 1910년 한일강제병합을 계기로 애국지사들이 중국, 노령, 미국 등으로 이주하여 국외에서 독립운동의 전초기지를 건설하고, 국내에서도 의병과 애국 인사들의 다양한 형태의 항일투쟁이 거족적으로 전개되었다. 1917년 상하이에서 신규식 등에 의해 임시정부 수립을 위한 대동단결선언이 있었다. 국내적으로는 일본의 탄압과 경제적 수탈로 한국인들의 반일감정의 파고가 어느 때보다 높았으며, 애국 인사들의 계몽운동은 국내의 저항 기반을 강화시켰다. 1919년 1월 21일 고종 황제의 붕어가 독살의 의구심을 낳으며 일본에 대한 저항 감정을 자극했다. 나라 밖에서도 혁명의 물결이 스며들었다. 1917년 러시아혁명에 이어 1918년 미국의 윌슨 대통령이 민족자결주의라는 화두를 전 세계에 던졌다. 러시아혁명도 급진 지식인들에게 일정한 영향을 미쳤지만 윌슨의 민족자결주의는 한국 독립운동가들을 들뜨게 했다. 윌슨은 1918년 1월 미국 의회에서 14개조의 제1차 세계 대전 전후 처리 원칙을 밝히며, "각 민족의 운명은 그 민족이 스스로 결정하게 하자."라고 제안했다. 당장 미국에서 활동하던 안창호, 이승만 등이 윌슨의 민족자결주의 선언을 한국 독립의 계기로 삼아야 한다며 1919년 프랑스 파리에서 열릴 예정인 강화회의 참석을 위한 경비를 미주 지역 동포들로부터 모았다. 상하이에서는 여운형, 장덕수 등이 독립운동을 조직적으로 전개하기 위해 1918년 8월 신한청년당을 결성하였다. 1918년 11월 미국에서 윌슨 대통령의 특사 크레인C. R. Crane이 상하이에 도착하자 여운형은 신한청년당 총무Secretary 자격으로 크레인에게 편지를 보내고 면담까지 하면서 윌슨 대통령에게 한국의 억울한 처지를 전해달라고 부탁하였다. 이어서 신한청년당은 이듬해 2월 1일 김규식을 파리강화회의 대표로 파견하였다. 또한, 신한청년당은 여운

형을 만주, 노령 일대에 파견하고 장덕수를 일본에 보내 독립운동 전개
방책을 광범위하게 협의하였다. 1919년 초에는 오산학교를 설립한 이승
훈으로부터 활동자금 제공을 약속받는 등 국내 인사들과도 비밀리에 접
촉하였다. 물론 국내에서도 1918년 말부터 손병희 등의 천도교, 이승훈
등의 기독교, 한용운 등의 불교계, 송진우 등의 교육계 인사들이 한국 독
립 방안을 모색하고 있었다. 드디어 독립의 외침이 폭발하였다. 1919년
2월 1일 무오독립선언이 만주에서, 2월 8일 2.8동경독립선언이 일본 도
쿄에서, 3월 1일 서울에서 3.1독립선언이 만천하에 선포되었다. 간과하
지 말아야 할 것은 2.8동경독립선언은 3.1혁명의 직접적인 도화선으로
작용하였으며, 독립 요구에서 3.1독립선언보다 더 직접적이고 강력하였
다. 특별하게도 이러한 독립선언 물결에서 우리도 장차 제국에서 벗어나
민국으로 가야 한다며 역사상 초유의 주권재민 헌법이 1919년 4월 대한
민국임시정부에 의해 탄생하였다.

헐버트는 3.1혁명을 어떻게 정의하였을까. 그는 필라델피아에서 발
행되던《미주 한국평론Korea Review》1919년 10월호에〈제1차 세계 대
전과 한국Korea's Part in the War〉을 기고하였다.[14] 헐버트는 이 글에서 "인
류애가 고상함이나 영웅주의에 의해 묻힌다면 이는 인류에 대한 모반이
다. 3.1혁명은 '신의 손hand of God'이 작용한 것이며 한국의 독립은 천
부적 권리이다."라고 천명했다. 그는 또 이듬해 1월《국제관계Journal of
International Relations》학술지에 기고한〈일본과 한국Japan in Korea〉에서,

---

14 헐버트가 서울에서 1901~6년에 발행한《한국평론The Korea Review》과는 다른 잡지이다. '미주
대한인학생회The Korean Students League of America'가 서재필이 주관한 '한국통신부Bureau of
Information for the Republic of Korea'의 도움 아래 필라델피아에서 발행한 월간지이다. 처음 발행
은 오하이오주에서 시작하였다.

일본과 한국의 반목은 일본이 역사적으로 한국의 군사력을 얕보는 데서 기인한다고 진단하였다. 이어서 한민족은 3.1만세항쟁에서 원한과 증오를 표출하는 대신, '자유를 달라We must and shall be free'고만 외쳤다면서 3.1혁명의 비폭력 정신을 평가하였다. 이는 한민족의 문명 수준을 말해준다고 덧붙였다. 헐버트는 1949년 7월 죽음을 앞두고 가진 언론 회견에서는 3.1혁명을 한민족 역사에서 가장 숭고한 정신문화적 가치라고 정의하였다.

파리강화회의를 위한 '독립청원서'를 기초

1918년 초겨울 프린스턴대학Princeton University에 유학 중이던 여운홍이 헐버트를 찾아왔다. 여운홍은 독립운동가 여운형의 동생으로 임시정부 의정원 의원을 지내고, 1919년 김규식과 함께 파리강화회의 한국대표로 파견되었다. 파리강화회의는 1914년 발발한 제1차 세계대전에 마침표를 찍는 회의였다. 여운홍은 헐버트 서거 직후인 1949년 8월 25일 헐버트를 추모하는 글을 기고하여 헐버트와 있었던 비사를 소개했다.[15]

여운홍은 이 기고문에서 1918년 11월 16일 뉴욕의 한 호텔에서 헐버트를 만나 이듬해 파리에서 개최되는 강화회의에 보낼 독립청원서를 작성하였다고 밝혔다. 월슨 대통령의 민족자결주의 선언에 따라 파리강화회의에서 한국문제가 토의될 것에 대비한 것이다. 헐버트는 한국 역사에 정통하고 일본의 횡포에 직접 대적한 사람으로서 독립청원서를 영어로 작성하는 데에 매우 합당한 인물이었다. 두 사람은 뜬눈으로 밤을 새며

---

15 여운홍(1891~1973), 〈헐버트 박사와 나〉, 《민성》, 1949년 8월 25일 및 〈파리평화회의에 갔다가〉, 《삼천리》 제 10호, 1930년 11월 1일

여운홍의 기고문 〈헐버트 박사와 나〉. 헐버트와 함께 뉴욕의 한
호텔에서 밤을 새며 독립청원서를 기초하였다고 회고했다.

독립청원서를 기초한 뒤 여운홍은 청원서를 들고 한국으로 가서 100만인
서명을 받아 파리로 가고, 헐버트는 미국에서 직접 파리로 가 여운홍을
기다리기로 약속하며 호텔을 나섰다. 헐버트는 파리강화회의에서 효과
를 보기 위해서는 될수록 많은 한국인의 서명이 필요하다고 판단하였다.
여운홍은 곧장 로스앤젤레스로 달려가 안창호, 이승만, 정한경 등을 만
나 이를 설명하였다. 그는 안창호의 제안으로 '대한인국민회'로부터 300
달러의 여비를 받아 2월 1일 도쿄에 도착하여 애국 한인들을 만나고, 2월
18일 한국에 입국하였다. 여운홍은 서울에서 이상재 등과 100만인 서명
을 협의하였으나, 이는 불가하다는 결론을 내렸다. 여운홍은 1919년 2월
말 상하이로 가 여운형 등 독립운동 지도자들을 만난 후 다시 파리로 갔

다. 그러나 예정보다 늦은 6월 20일에야 파리에 도착하여 이미 파리를 떠난 헐버트를 만날 수 없었다. 여운홍은 헐버트가 1949년 한국에 귀환하여 병원에서 죽음을 기다리고 있을 때 30년 만에 헐버트를 다시 만났다. 두 사람은 부둥켜안고 한동안 눈물만 흘렸다고 한다.

당시 헐버트와 여운홍이 기초했다는 독립청원서가 어떻게 사용되었는지에 대한 기록은 발견하지 못했다. 지은이는 이 청원서가 임시정부를 대표하여 김규식이 1919년 5월 10일 파리강화회의 의장에게 제출한 독립청원서 〈한국과 한국 국민의 요구The Claim of the Korean People and Nation〉와 같은 것이거나, 또는 동 청원서에 중요하게 활용되었다고 추정한다. 왜냐하면, 첫째로 여운홍이 파리강화회의용으로 독립청원서를 기초하였다고 그의 글에서 밝혔다. 여운홍이 1918년 11월 상하이에서 신한청년당 결성을 주도한 형 여운형으로부터 사전에 영어로 독립청원서를 준비하라는 지시를 받았을 개연성을 배제할 수 없다. 여운형은 이즈음 김규식을 파리강화회의에 대표로 파견하기로 마음먹은 상태였다. 둘째로 여운홍은 헐버트와 같이 기초한 독립청원서를 들고 도쿄, 서울을 거쳐 1919년 2월에 상하이에 도착하였다. 김규식은 1919년 2월 1일 상하이를 출발 3월 13일 파리에 도착하였으며, 파리강화회의 의장에게 독립청원서를 제출한 날짜는 5월 10일이다. 여운홍은 김규식이 파리로 떠나기 전 여운형에게 헐버트와 함께 기초한 독립청원서를 보냈을 것이라고 여긴다. 여운홍은 그의 저서에서 당시 형 여운형에게 모든 경과를 보고하였다고 밝혔다.[16] 설사 김규식이 떠날 당시 보지 못했다 해도 파리에서 독립청

---

16 여운홍, 《몽양 여운형》, 청하각, 1967, 33쪽

원서를 최종 확정하는 과정에서 여운홍과 헐버트가 기초한 독립청원서를 활용하였을 가능성은 매우 높다. 셋째로 만약 헐버트와 여운홍이 기초한 독립청원서가 아무 용도에도 사용되지 않았다면 여운홍은 그러한 사실도 기고문에서 밝혔을 것이다.

파리강화회의 현장에서 김규식과 함께 한국 독립을 호소

헐버트는 여운홍과 헤어진 뒤 1918년 11월 말 프랑스로 갔다. 다목적이었다. 여운홍과의 약속도 지키고, YMCA 강사로 연합군 부대에서 강연도 하고, 미 육군 포병장교로 제1차 세계대전에 참전한 둘째 아들 윌리엄William도 만나보기 위해서였다. 그는 군부대 강연에서 빼놓지 않고 한국에서 자행하는 일본의 횡포를 성토했다. 하루는 뜻밖의 일이 벌어졌다. 프랑스 서부 앙제Angers라는 도시의 강연에서 YMCA 감독관이 나타나 평화회담의 한 축인 일본을 비난해서는 안 된다며 헐버트에게 미국으로 돌아갈 것을 명했다. 헐버트는 사정사정하여 간신히 프랑스에 남았다고 회고했다. 헐버트는 1919년 3월 중순 파리로 가 김규식을 만났다. 두 사람은 《독립신문》, YMCA 등을 통해 매우 가까운 사이였으며, 헐버트가 1905년 고종 황제 특사로 미국을 방문했을 때 김규식이 대신 《한국평론》을 발행하기도 했다. 김규식은 원래 상하이 신한청년당 대표로 1919년 3월 초 파리에 도착하였으나, 1919년 4월 11일 대한민국임시정부가 수립되면서 임시정부 대표 신분으로 바뀌었다. 《신한민보》는 1919년 5월 10일 자 〈프랑스로부터 오는 기쁜 소식〉의 기사에서, "단신으로 파리에 와 우군이 절실한 김규식에게 헐버트의 등장은 큰 행운"이라고 보도했다. 김규식과 헐버트는 강화회의에 참가한 각국 대표들을 상대로 한국의 독립을 호소하였다. 헐버트는 중국 외교 고문 밀라드Thomas F. Millard 등을 만나 한국 문제를 논의했으나 서구 열강의 무관심으로 별 효과를 거두지 못했다고 회고했다. 한편, 이승만의 기록을 보면 미주지역에서도 파리 강화회의에 한국 대표 파견을 고려하였다. 이승만은 안창호에게 보낸 편지(1919년 3월 20일)에서, 적절한 사람을 찾을 수 없다면 파리에 가 있는 헐버트를 대표로 선정하자고 제안하였다.[17]

한국이 파리강화회의에서 뚜렷한 성과를 거두지 못한 배경에는 일본의 음흉하고도 노련한 국제외교가 한몫했다고 여긴다. 일본은 1904년 러일전쟁의 승리로 기세를 올리며 이권만 챙기다가 1910년대 들어 미국, 영국 등 강대국과 외교적으로 불편한 관계에 놓였다. 그러던 중 제1차 세계대전이 발발하자 일본은 특유의 외교적 변신으로 영국 편에 섰다. 영국이 중국 연안에서 독일 군함을 격파해달라고 일본에 요청하자 일본은 이를 하늘이 준 기회로 여기며 전쟁에 즉각 참여하여 연합국 일원으로 승전국이 되었다. 이를 기화로 일본은 영국, 미국과의 관계를 호전시키고 국제무대에서 발언권을 강화하였다.

미국 상원에 '한국 독립 호소문'을 제출, 3.1혁명을 알리고 일본의 잔학상을 고발

《신한민보》에 따르면 1919년 7월 프랑스에서 미국으로 돌아온 헐버트는 평생을 한국을 위해 희생하겠다고 재차 다짐하였다.[18] 헐버트는 미국 도착 직후인 1919년 8월 〈한국을 어찌할 것인가What about Korea?〉라

---

17 〈이 박사가 총회장 안창호 씨에게〉, 《신한민보》, 1919년 3월 29일
18 〈할벝 박사가 귀국하여〉, 《신한민보》, 1919년 8월 12일

는 제목의 '한국 독립 호소문Statement'을 스펜서Seldon P. Spencer 상원의원의 도움을 받아 미국 상원 '외교관계위원회Foreign Relations Committee'에 제출하여, 3.1혁명을 알리고 일본의 잔학상을 고발하였다. 그는 호소문의 진실성을 담보하기 위해 1919년 8월 15일 자로 공증까지 받았다. 공증서에서 헐버트는 스스로를 고종 황제의 '마음의 벗friend and confidant'이라 칭했다. '한국 독립 호소문'은 스펜서 상원의원에 의해 1919년 8월 18일 자로 미국 상원 '의회 기록Congressional Record'에 남겨졌다.

헐버트는 '한국 독립 호소문'에서 "일본의 폭정으로부터 해방되어야 한다는 한국인들의 요구를 미국인들에게 간곡히 호소할 시점에 이르렀습니다."라고 서두를 시작했다. 이어서 "3.1혁명에서 한국인들은 평화적으로 독립을 요구하였으나 수천 명의 한국인이 일본 군국주의에 의해 고문당하고 살해되었으며, 부녀자들은 성적 만행을 당하기도 했습니다."라고 일본의 야만성을 폭로했다. 헐버트는 계속하여 일본의 역사적 호전성과 근대사에서 보여 준 일본의 이중성을 고발하고, 일본이 한국에서 자행한 잔학 행위 10가지 사례를 담았다. 잔학 행위의 한 예는 이렇다. 한국 의병이 한 마을에 나타나 전신선을 끊자, 일본군이 주변 10개 마을을 불태웠다. 이때 한 노인이 자신의 집을 태우지 말라고 애원하자 일본군이 오히려 그 노인의 목을 베어 불구덩이에 처넣어 버렸다. 헐버트는 호소문 말미에서 "일본이 한국의 발전을 가져온다는 궤변을 믿어서는 아니 되며, 한국의 완전한 독립만이 한국 문제의 해결책이다."라고 주장했다. 그는 호소문에 자신의 1907년 헤이그 만국평화회의 특사증, 영국 국왕에게 보내는 고종 황제 친서 등 핵심 역사 자료의 사본을 첨부하였다.

《뉴욕타임스》는 1919년 8월 17일 자 〈헐버트, 일본의 광란을 고발

Accuses Japanese of orgy in Korea〉 기사에서 헐버트의 '한국 독립 호소 문' 제출을 상세하게 보도하였다. 기사는 호소문 내용을 조목조목 소개 하면서 "헐버트가 미국 의회에 일본의 잔학상을 고발하고, 한국의 완전 한 독립을 강력히 호소하였다."라고 전했다. 《워싱턴헤럴드Washington Herald》, 《선Sun(Baltimore)》 등 동부, 서부를 가리지 않고 미국 전역에서

미국 의회에 제출한 '한국 독립 호소문'에 대한 헐버트의 공증서.
미국 국립문서보관소에서 입수

헐버트의 '한국 독립 호소문' 제출을 보도하였다. 《신한민보》도 1919년 8월 19일 자에서 "헐벝 박사가 한국의 자유를 승인하지 않으면 천팔백만 한국인은 멸망할 것이라고 했다."라며 헐버트의 '한국 독립 호소문' 제출에 크게 고무되었음을 보여 주었다. 헐버트의 '한국 독립 호소문' 제출은, 1919년 10월 1일 펠란James D. Phelan 의원이 상원에, 1919년 10월 24일 메이슨William E. Mason 의원이 하원에 발의한 한국 문제 결의안이 채택되는 데에 크게 기여하고, 1920년 7월 미국 상하 의원 49명의 동양시찰단 구성에도 상당한 영향을 미쳤다고 여긴다. 미국 의회 동양시찰단은 상하이에서 그리고 서울에서 애국 인사들을 만나 한국인들의 독립 의지를 전달받았다.[19] 헐버트는 또 1919년 10월 미국의 네브래스카주 출신 노리스George W. Norris 상원의원에게 일본의 부당한 한국 강점에 대해 서신을 보냈다. 노리스 의원은 헐버트의 서신 내용 등을 토대로 일본의 야만성에 대해 1919년 10월 13일 미국 의회에서 연설하였으며 그의 연설은 의회 기록에 남겨졌다.[20]

한편, 헐버트의 반일 활동은 일본인들을 발끈하게 했다. 일본인 의사 구도工藤武城는 《매일신보每日申報》 1919년 9월 8, 9일 자에 〈닥터 헐버트 군에게 與함〉을 연재하여 헐버트의 반일 활동을 맹렬히 비난했다. 그는 헐버트가 일본을 무장한 도적이라고 비난하는 것은 미국의 군사적 야욕을 묵과한 행동이라면서, "헐버트는 조선 문제에 간섭하기 전에 우선 필리핀과 하와이의 독립을 허락하지 않는 미국의 이유부터 대야 할 것이다."라며 헐버트의 반일 활동을 미국 문제와 결부시켰다.

---

19 박은식(김도형 역), 《한국독립운동지혈사》, 소명출판, 2008, 381쪽
20 량기백, 《미 의사록 한국관계기록 요약집, 1878~1949》, 도서출판 선인, 2008, 101쪽

3924   CONGRESSIONAL RECORD—SENATE.   AUGUST 18,

AFFAIRS IN KOREA.

Mr. SPENCER. Mr. President, I hold in my hand a sworn statement of Mr. Homer B. Hulbert, who was for 23 years a resident of Korea and the confidential adviser of the Emperor of Korea. This statement presents information which I think Senators will be glad to read. I ask that it be printed in the Record and referred to the Committee on Foreign Relations.

There being no objection, the statement was referred to the Committee on Foreign Relations and ordered to be printed in the Record, as follows:

UNITED STATES OF AMERICA,

District of Columbia, city of Washington, ss:

. . . .

WHAT ABOUT KOREA?

The time has arrived when it seems necessary to lay before the American people some facts bearing upon request of the Korean people that they be freed from the tyranny of Japan. This request was made by millions of that nation in a perfectly peaceful way on March 1, 1919, and was met by a perfect orgy of abuse and persecution on the part of the military authorities there. Thousands of people were beaten, tortured, and even killed, and women were treated with obscene brutality.

In order to show the genesis of this remarkable moral and patriotic uprising in which the Koreans, realizing clearly the tragic consequences of their demand, stood up and declared that death is preferable to a continuance of the present situation, it will be necessary to review briefly the course of Japanese policy in that country.

There has never been a time in history, from 600 B. C. to the present time, when Japan has not exhibited a hostile and aggressive spirit toward the Korean people and Government. For 2,000 years it was a series of robber raids and attempted extortions on the part of Japan, until in 1592 A. D. a Korean general succeeded in inflicting such punishment upon the invaders that they ceased for a time their raids. But in 1592 the Japanese invaded the country with an immense army, and it was only after seven years of sanguinary strife that combined Korean and Chinese armies finally expelled the invaders. It is said that 20 per cent of the Korean population perished in this conflict. It put a stop to Japanese aggression for 300 years.

When Korea was opened to foreign relations, about the year 1882, Japan immediately began to exercise her baneful influence again. In 1884 she organized and supported by force of arms an insurrection in Korea, in which every minister of the King's cabinet was murdered in cold blood before his very eyes. In 1895, after the Japan-China War, though formally recognizing the independence of Korea, Japan made such outrageous demands, economic and commercial, that the Queen of Korea put her foot down and used her great influence to veto the proposition. Therefore the accredited minister of Japan to Korea sent into the palace a band of ruffians, who killed the Queen and incinerated her body, nothing being found but one little finger.

But, not content with this, the Japanese forced upon the King a cabinet of traitors, who held the King a prisoner, and through these tools they compelled the King to put out an edict degrading his dead Queen, the mother of his children, to the position virtually of a prostitute. Perhaps the reader will see why the Koreans have never been eager to accept "western civilization" at the hands of the Japanese.

But Korea managed to hold off the Japanese until after the Japan-Russia War. It will be remembered that at the beginning of that war Japan made a treaty with Korea guaranteeing her perpetual independence. The fact that such treaty was entirely insincere and that the Japanese had no intention of keeping it has nothing to do with the binding nature of the treaty. But it became immediately evident that Japan had no intention of implementing that treaty honestly. She allowed her people to abuse and rob the Koreans without affording any means for redress. She kept encroaching thus until it became evident that the treaty was in her eyes merely a "scrap of paper."

The Emperor of Korea, being aware of the fact that in his treaty with America there was a clause in which the American Government promised to use its good offices if Korea were endangered and announced the fact to us, determined to appeal to our Government to

미국 상원 '의회 기록'에 남겨진 '한국 독립 호소문' 시작 부문.
3.1혁명에서 수천명이 살해되고 고문당했다고 주장했다.

351

서재필, 이승만 등 한국 독립운동가들을 지원

3.1혁명 직후인 1919년 5월 서재필의 주도로 필라델피아에 '한국친우회The League of The Friends of Korea'가 결성되고, 8월에는 워싱턴에 임시정부 '구미위원부The Korean Commission to America and Europe'가 설립되었다. 구미위원부 초대 위원장은 김규식이었으나 9월부터 이승만이 이끌었다. 두 단체는 미국 전역에서 강연, 집회 등을 통해 일본의 만행을 알리고 한국인들을 결속시켰다. 동시에 미국인들의 참여를 유도하여 미국 내 여러 지역에서 '한국친우회'를 결성하였다. 헐버트는 두 단체에서 중심적으로 활동하였다. 서재필은 후일 "헐버트가 1907년 강제 추방forced retirement된 것은 한국으로서는 참으로 불행한 일이었으며, 헐버트야말로 진정한 한국의 친구truly friend of Korea이다."라고 증언하였다.[21] 헐버트는 1919년 8월 3일 오하이오주 포스토리아Fostoria에서 처음 강연한 이래 12월까지 오하이오주 곳곳을 누비며 한국친우회 결성에 힘을 보탰다. 1920년에도 매사추세츠주, 미시건주, 오하이오주, 미주리주 등에서 강연하였다. 《미주 한국평론》은 헐버트가 1920년 3월, 3.1혁명 1주년을 맞아 캔자스, 신시내티, 시카고 등 서부지역을 순회하며 미국인들에게 일본의 거짓말에 속지 말기를 호소하였다고 보도하였다. 1919~1920년에 결성된 21개의 한국친우회 중 9곳이 헐버트의 직접적인 활동으로 결성되었다.[22] 헐버트는 1920년 4월 20일 보스턴대학Boston University에서 이승만과 함께 강연하며 그의 평화 사상의 진수를 설파하였다. 《크리스천사

---

21 서재필, 〈My Days in Korea〉, 《The New Korea》(《신한민보》 영문판), 1938년 9월 29일 자
22 홍선표, 〈헐버트(Homer B. Hulbert)의 재미 한국독립운동〉, 《한국독립운동사 연구》 제55집 별쇄본, 2016. 8., 74쪽

이언스모니터The Christian Science Monitor》는 헐버트가 미국의 진실한 번영은 모든 국가의 번영에 달려 있다면서, "모든 이웃 나라가 평화롭지 못하면 어느 나라도 영원히 평화로울 수 없다No land can be permanently free unless all lands are free."라고 주장했다고 보도하였다. 헐버트의 강연은 1921년 이후에도 여러 형태로 이어졌다. 그는 1921년 3월 2일 뉴욕 맨해튼 43번가에서 개최된 3.1혁명 2주년 집회(서재필 사회, 1,300여 한국인 참석)에 특별 연사로 초청되어 자신이 서울에서 직접 보았던 일본의 악행을 고발하여 청중을 숙연케 하였다. 그는 미국에게 당장 일본에 영향력을 행사하기를 촉구하면서, 이는 1882년 체결한 조미수호통상조약에 대한 경건한 의무라고 주장하였다.[23] 헐버트는 이 무렵 후일 주미대사를 지낸 양유찬, 유한양행의 창립자 유일한 등 많은 한국인 청년들을 만나, 애국심을 불어 넣었다.

한편, 헐버트는 《미주 한국평론》 1921년 10월호에 〈셔토쿠어와 한국 Chautauqua and Korea〉을 기고하여 1905년 을사늑약 당시 미국의 태도를 국제범죄로 규정하고, 미국은 국제범죄의 대가로 일본으로부터 수모를 얻었을 뿐이라고 했다. 그러면서 미국은 왜 신이 부여한 권능을 사용하지 못하느냐며, 지금 바로 일본을 압박하여 한국을 놓아주게 하라고 요구했다.

헐버트, "한국인들, 살아서 노예가 되는 것보다 죽어서 자유의 혼이 되겠다고 분기"

헐버트는 상하이 임시정부 기관지 《독립신문獨立新聞》을 통해서도 한

---

23 《Korea Review》(Philadelphia). Mar. 1921

국인들을 격려하였다. 《독립신문》은 헐버트를 '현 독립후원회 회원'으로 소개하면서 1919년 11월 11일과 15일 2회에 걸쳐 〈한국 독립운동에 관하여〉라는 그의 글을 실었다. 헐버트는 이 글에서 "한국인들은 3.1혁명이 가져올 인고의 후폭풍을 알면서도 살아서 타민족의 노예가 되는 것보다 차라리 죽어서 자유의 혼이 되겠다고 분기하였다."라며 한국인들의 불굴의 투쟁정신에 감동하였음을 밝혔다. 《독립신문》은 12월 2일 자에서도 헐버트의 연설을 소개하였다. 헐버트는 미국의 한국위원회 모임에서 "사람들이 나를 반한국인이라고 합니다. 누구나 자기 나라를 사랑하는 동시에 다른 나라도 사랑할 수 있어야 합니다. 세상에서 제일 마음을 상하게 하는 것은 자유를 잃는 것입니다. 나라가 부인이면 자유는 남편입니다. 일본은 자유라는 남편 보물을 도적질해간 강도범입니다. 헤이그에서 세차게 밀어붙였지만 자유의 문은 열리지 않았습니다. 그러나 한국인들은 장차 자유를 얻을 터입니다."라고 한국인들에게 용기를 북돋웠다. 헐버트의 글과 강연 내용이 《독립신문》에 소개되었다는 사실은 그가 미국에서도 대한민국임시정부 인사들과 가깝게 교감하고 있었다는 방증일 것이다.

식어가는 독립운동 열기를 되살려

헐버트, "한국인들이 단합하지 못함에 대해 근심은 할지언정 낙심하지는 않아"

3.1혁명으로 촉발된 독립운동의 열기가 1922년부터 급격히 식어갔다. 미국에서는 서재필이 독립운동 일선에서 물러나고, 이승만의 구미위원부는 재정압박으로 활동이 급격히 침체되었다. 상하이 임시정부에서도 1923년 이승만 탄핵론이 제기되고, 국민대표회의가 결렬되는 등 정파 간 대립이 격화하며 독립운동 동력이 쇠퇴하였다. 이러한 침체기에 한국 독립운동의 열기를 이어가기 위해 헐버트가 발 벗고 나섰다. 헐버트는 1924년 미국 중서부지역을 순회하는 강연 계획을 스스로 수립하였다. 그는 1924년 1월 대한인국민회 총회장에게 서신을 보내 앞으로 130일 동안 순회강연을 할 것이며, 한인들이 많든 적든 간에 한국인들이 있는 곳이라면 어디든지 찾아가 도움을 주고 싶다는 의사를 피력하였다.[24] 그는 1924년 말까지 220곳에서 강연할 계획을 세웠다. 헐버트는 계획대로 1924년 4월 초부터 미주리주, 콜로라도주, 오하이오주 등의 도시를 순회하며 한국의 독립을 호소하였다. 로스앤젤레스 환영연에서는 10년 넘게 쓰지 않았던 한국말로 연설하였다는 보도도 있다. 그는 강연에서 "나

---

24 〈헐벝 박사가 한국 위하여 순회강연〉, 《신한민보》, 1924년 1월 3일

의 문안을 전하여 주고 외국인의 동정을 얻으려면 한국인들이 단합해야 한다고 전해 주시오. 내가 보기에는 한국인들만 단결하면 속히 성공할 수 있다고 봅니다. 나는 한국인들이 단합하지 못함에 대해 근심은 할지언정 낙심하지는 않습니다. 나의 관찰에는 머지않아 동양에 정치상 변동이 도 래할 것입니다."라며 한국인들의 단결을 호소하고 끝까지 희망의 끈을 놓 지 말기를 당부했다.[25] 남의 나라를 위해 이토록 처절하게 침체된 독립운 동 열기를 되살리자는 발상을 어느 누가 할 수 있을까? 이 무렵 심지어 독 립운동가들조차도 한국은 가망이 없다며 친일 대열에 나서지 않았는가?

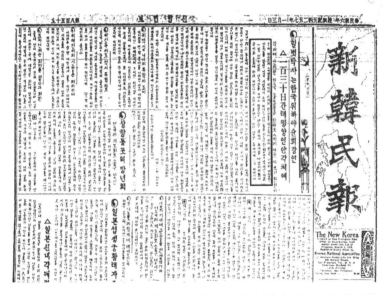

헐버트가 스스로 순회강연 계획을 제안했다고 보도한 《신한민보》(1924년 1월 3일)

---

25 〈헐벝 교수는 강연 여행에 한국 사정 소개〉, 《신한민보》, 1924년 5월 15일

헐버트는 1920년대 후반에도 강연을 이어갔다. 그는 1928년 워싱턴에서 구미위원부 일로 한 달을 보냈다. 1929년 3월 1일 뉴욕한인교회에서 거행된 3.1혁명 10주년 기념행사에서는 서재필과 함께 주연사로 참여하였다. 그는 또 이 시기 저술에도 열중하였다. 우리나라 설화를 번안한 동화책, 제주도를 소재로 한 소설을 출간하여 미국인들에게 한국을 알렸다. 희곡도 쓰고, 세 권의 자서전을 집필했다. 1930년 구미위원부의 요청으로 《한국은 독립되어야 한다Korea Must Be Free》라는 제목의 소책자를 한국인 집회를 위해 저술하였다. 헐버트는 32쪽의 이 책에서 역사적 한일 관계를 기술하며 "한국의 자유는 일본의 안녕을 위해서도 중요하다. 한국은 기필코 독립되어야 한다."라고 역설하였다.

헐버트는 1934년 이승만이 뉴욕에서 발행한 영문 월간지 《뉴오리엔트The New Orient》의 주요 필진으로 참여하였다.[26] 이때 해방정국에서 암살당한 장덕수도 헐버트와 함께 《뉴오리엔트》의 발간을 도왔다. 1942년에는 유수의 백과사전인 《엔싸이클로피디아 브리태니카 Encyclopedia Britanica》에 한국 역사에 관한 글을 제공하기도 했다.

'한인자유대회'에서 연설, "신은 한국이 망하는 것을 절대 허락하지 않을 것"

이승만의 주도로 1942년 2월 27일부터 3월 1일까지 워싱턴의 백악관 근처 라파엣호텔Lafayette Hotel에서 3.1혁명 23주년을 맞아 '한인자유대회The Korean Liberty Conference'가 열렸다. 헐버트는 이 대회에서 참으로

---

26 이승만 영문 일기(1934년 4월 7일), 《이승만연구원 자료총서1권》, 2015, 252쪽

감동적인 연설을 남겼다.[27] 그는 3월 1일 연설에 나서 "한국의 자유는 천부적 권리이다. 만약 세계 2차 대전 종료와 함께 한국이 독립을 얻지 못한다면 인류는 오늘날 겪고 있는 재앙보다 훨씬 더 큰 재앙을 만날 것이다." 라고 경고했다. 그는 한국은 문명화의 중심이었던 지중해 연안의 작은 국가들과 같은 존재라며 "한국은 '신의 손hand of God'에 의해 형성된 국가로서 신은 한국이 망하는 것을 절대 허락하지 않고, 오히려 한국은 강대국의 제국주의 야심을 막아내는 역할a negation of universal empire을 할 것이다."라고 주장했다. 한국은 신의 섭리Providence of God에 의해 새롭게 태어날 것이라고도 했다. 이어서 역사적 근거를 예시하며 한민족의 문화적 우월성을 설파하고, 을사늑약 전후 사정 등 일본의 악행을 조목조목 고발하였다. 그는 연설 말미에서 "신은 지구상에서 의지를 관철하기 위해 날개달린 천사가 필요 없다. 신은 인간을 이용한다. 한국을 사막에서 구해 자유의 그늘로 인도할 사람은 바로 미국이다."라고 미국의 책임과 역할을 강조했다.

한인자유대회는 결의문을 채택하여 대한민국임시정부를 승인해 줄 것을 미국 의회에 청원하고, 장제스蔣介石, 처칠, 스탈린Joseph V. Stalin 및 주요 나라 지도자들에게도 전보를 보내기로 결의하였다.

한인자유대회 개최 등 헐버트, 이승만 등의 미주 독립운동이 1943년 카이로선언Cairo Declaration에서 한국 독립이 언급되는 데에 미국 정부에 일정하게 영향을 미쳤다고 상정하는 것은 무리가 아닐 것이다.

---

27 〈Korean Liberty Conference〉, published by The Unite Korean Committee in America Los Angeles, California, Honolulu, T. H., 1942, p 91~98

한인자유대회에 참석한 헐버트(왼쪽)와 이승만(오른쪽)

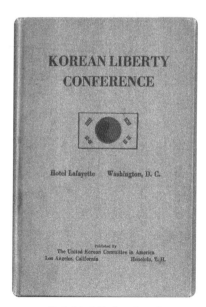

한인자유대회 자료집 표지

임시정부 승인과 파벌주의

헐버트는 이승만의 주도로 1941년 말경 결성된 '한미협회The Korean-American Council'와, 같은 무렵 미국 기독교인들을 주축으로 탄생한 '기독교인친한회The Christian Friends of Korea'에서도 활약했다. 두 단체는 한국의 독립과 임시정부 승인을 주 목표로 두었다. 헐버트는 '기독교인친한회'가 1944년 1월 20~21일 오하이오주 애쉬랜드Ashland에서 개최한 '한인대회Korean Conference'에 참석하여 회원들과 함께 미국에 임시정부 승인을 촉구하였다. 그는 대회가 끝난 후 3월 16일 '기독교인친한회' 회원 및 기독교인들에게 서신을 보내, 한국이 극동에서 기독교 문명의 중심이 될 것이라며 미국 기독교계가 한국의 자유와 독립을 위해 앞장서 주기를 호소하였다.

일제 강점기 내내 한국 독립운동가들과 헐버트를 비롯한 친한 미국 인사들이 끈질기게 한국의 독립을 호소했지만 미국 행정부는 미동도 않다가, 1941년 말 태평양전쟁이 발발하고서야 한국에 관심을 보였다. 그러나 미국은 대한민국임시정부를 끝내 승인하지 않았다. 이로 인해 우리는 한반도 분단 등 현대사 초입에서 능동적으로 대처하지 못하고 극심한 혼란을 겪었다. 그런데 미국이 임시정부를 승인하지 않은 배경에는 한국인들의 파벌주의도 한몫했다는 주장이 있다.[28] 미국에 상주하던 중국 외교부장 쑹쯔원宋子文은 1943년 카이로회담에 앞서 한국의 독립과 관련하여 한인 단체들이 공동으로 미국 국무부에 접촉하기를 권고하였다. 미국 국무부도 1945년 4월 25일부터 샌프란시스코에서 개최된 국제연합을 창설

---

28 김자동, 《상하이일기 임정의 품안에서》, 도서출판 두꺼비, 2012, 249~252쪽

하기 위한 '국제기구 창설에 관한 연합국회의United Nations Conference on International Organization'에 대비하여 재미 한인 사회에 한인 연합체 구성을 촉구하였다. 따라서 한인 사회는 각 파벌을 통합하는 '통일한인위원회 United Korean Committee' 구성을 논의키로 했다. 임시정부도 이러한 기구 구성에 찬동하였다. 그러나 한국인들은 이념 갈등으로 서로 논의조차 못하였으며, 미국 국무부는 결국 한인들과의 대화를 포기했다고 한다. 우리가 꼭 교훈을 얻어야 할 대목이다.

임시정부 승인을 촉구하기 위해 오하이오주에서 개최된 '한인대회'에
참석한 헐버트(오른쪽에서 두 번째)와 이승만(왼쪽 끝)

100편의 기고, 1천 회의 강연, 5천 건의 언론 기사

헐버트는 80이 넘어서도 글을 썼다. 그는 김용중이 워싱턴에서 발행하던 영문 잡지 《한국의 소리The Voice of Korea》에 1944년 11월부터 4회에 걸쳐 〈한국의 개방The Opening of Korea〉을 기고했다. 헐버트는 이 글에서, 1905년 루스벨트 대통령이 을사늑약을 저지해달라는 고종 황제의 청을 받아들였더라면 극동의 역사가 바뀌었을 것이고 태평양전쟁도 발발하지 않았을 것이라고 주장했다. 이 글은 헐버트의 확인된 마지막 기고문이다.

헐버트가 국외 언론에 기고한 글은 확인된 것만 75편이다. 대부분이 한국과 관련한 글이다. 미확인 기고까지 합치면 100편에 육박하리라고 본다. 헐버트가 미국으로 돌아간 1907년 7월 이후, 미국 전역을 누비며 한국을 소개하고 독립을 호소한 강연 횟수는 상상을 초월한다. '셔토쿠어순회강좌' 강연만 1911년부터 1922년까지 500여회로 추정되며, 기독교 및 사회단체에서도 수많은 강연을 하였다. 한국인들을 향한 강연도 1924년 한 해에만 220회를 계획했으며 한국친우회, 구미위원부 등에서도 맹활약했다. 따라서 38년 동안 총 강연 횟수는 1천 회가 훨씬 넘으리라 추정된다. 미국 언론의 헐버트 관련 기사 역시 너무 많아 파악이 불가능하다. 미국의 언론 기사 자료은행genealogybank.com에서 '헐버트와 한국Hulbert Korea(Corea포함)'을 검색하면 1907년에만 150건이 뜬다. 자료은행의 검색 대상 언론은 미국 전역을 망라하지 않고 매체도 제한적이기에, 실제로는 배도 더 된다고 여긴다. 1907년부터 1945년까지 전 미국 언론의 헐버트의 한국 관련 기사는 5천 건이 넘을 것으로 추정된다. 헐버트는 강연과 언론 활동에서 '전 대한제국 황제의 특사ex Envoy of Korean

Emperor' 또는 '한국의 대변자Advocate of Korea'라는 직함으로 한민족을 소개하고 한국의 독립을 호소하였다. 따라서 그의 언론 및 강연 활동은 한국을 위한 공공 외교이자 독립운동이었다. 특히 헐버트가 미국인이기에 그의 소개나 호소는 미국인들에게 더욱 설득력 있게 다가왔을 것이다.

헐버트가 미국에서 벌인 38년의 장대한 한국 독립운동의 의미는 무엇일까. 먼저 그의 숭고한 희생정신을 인정해야 한다. 그는 오롯이 인생 후반기를 한국 독립운동에만 매진했다. 그저 한민족이 좋고, 일본의 불의가 싫었다. 헐버트의 한국 독립 호소는 미국 지성 사회를 흔들었다. 그는 미국인들에게 일본의 학정을 알려 반일 정서를 자극하고, 한국 독립의 정당성을 홍보하여 한국에 대한 동정심을 불러일으켰다. 동시에 한국인들에게는 용기와 희망을 주고, 애국심을 유발하여 단결케 했다. 특히 유학생들의 모국애를 자극했다. 뉴욕 YMCA 한인 유학생들이 발행하던 〈한인학생소식The Korean Student Bulletin〉은 1933년 2월호에서 헐버트를 한국사랑의 특별한 존재로 규정하며 특집 기사를 실어 헐버트에게 감사를 보냈다. 헐버트의 독립운동 메아리는 미국에만 머물러 있지 않았다. 상하이, 블라디보스토크 등에도 전해져 세계에 산재한 애국 동포들에게 용기를 북돋웠다.

헐버트는 총칼로 일본과 싸운 군사적 영웅은 아니다. 세력을 이끄는 결사체의 지도자도 아니다. 그러나 헐버트는 1895년 을미사변 직후 고종 침전에서 불침번을 선 이래 필봉으로, 민권운동으로, 밀사 활동으로, 언론 회견과 기고로, 집회와 강연으로 반세기에 걸쳐 일본의 침략주의에 맞서 싸운 한국 독립운동의 횃불이자, 어떤 결사체 못지않은 대일항쟁의 전천후 화력이었다.

"한국 사랑은 내 인생의 가장 소중한 가치"

시공을 초월한 헐버트의 한국 독립운동은 정의와 인간애, 즉 양심만으로는 가능하지 않다. 헐버트만의 특별한 한국 사랑이라는 가슴앓이가 없었다면 불가능하였다고 여긴다. 지은이는 헐버트의 외로운 가슴앓이 흔적을 그의 모교의 먼지 쌓인 봉투에서 발견하였다. 2004년 다트머스대학을 방문하여 헐버트 기록을 추적하던 중 헐버트가 졸업 45주년을 앞두고 모교에 제출한 '졸업 후 신상기록부Post Graduate Data'가 눈에 들어왔다. 헐버트가 70을 바라보며 친필로 작성한 자신의 삶의 흔적이었다. 필기체로 휘갈겨 쓴 기록부를 세세히 읽다가 소리 없이 눈물이 흘렀다. 헐버트는 신상기록부 '나의 일생My Life Story'란에 자신과 한민족의 관계를 정의하는 글을 남겼다:

"나는 천팔백만 한국인들의 권리와 자유를 위해 싸워왔으며, 한국인들에 대한 사랑은 내 인생의 가장 소중한 가치이다. 결과가 어떻게 되든 나의 한민족에 대한 충심은 값어치 있는 일이라고 여긴다."

원문 : I have been fighting for the rights and liberties of 18,000,000 people whose love I hold as my most precious possession and whatever the outcome I deem that loyalty to such a cause is worthwhile.

헐버트는 그의 삶의 가치가 곧 한국 사랑임을 고백한 것이다. 이 글이 언론에 발표되는 것도 아니고, 이 글을 읽을 사람도 없다. 그저 모교에 기록으로만 남겨질 따름이었다. 당시는 한국이 일본 지배하에 있었기에 미국에서는 거의 아무도 한국에 관심이 없었다. 그러한 상황에서 헐버트는 한국 사랑이 자신의 삶의 최고 가치이며, 그 가치에 헌신했음을 자랑스럽게 여겼다. 그의 한국 사랑이 순수성을 넘어 신앙으로 다가온다. 지은이

POST GRADUATE DATA

<table>
<tr><td>RESIDENCES</td><td>New York 1884 - 1886
Seoul Korea 1886 - 1891
Zanesville O. 1891 - 1893
Seoul Korea 1893 - 1897
Seoul Korea 1901 - 1905
Seoul Korea 1905 - 1907
Springfield Mass 1907 -</td><td>Occupation Student
" Gov't Educational dep't
" Education
" gov't ...... Publishing
" Gov't Educational dep't
" ... of Emperor of Korea
" Agent of Korean Ex- emperor</td></tr>
<tr><td>BUSINESS OR PROFESSION</td><td colspan="2">Education
Publication
Literature
Lectures</td></tr>
<tr><td>POST GRADUATE COURSES with HONORS, DEGREES, etc.</td><td colspan="2">A.M. Dart. 1897 (not earned)
<s>F.R.Y.S. 1897 ......</s>
Two years in Union Theological Seminary</td></tr>
<tr><td>LITERARY SCIENTIFIC, etc., WORK</td><td colspan="2">Published Korean Repository (monthly mag.) 1895 - 1897
Published first geography & gazetteer in native Korean 1892
Published "Search for a Siberian Klondike" Century c. 1903
Short Story "Sign of the Jumna" Century magazine July 1898
Editor Korea Review (monthly mag) 1901 - 1906 inclusive
History of Korea present dynasty in Chinese 1899
History of Korea in English 2vol 1904
"The Passing of Korea" Doubleday, Page &Co 1906
"Comparative grammar of Korean and Dravidian" 1905
Hulbert Series of Korean School Tr ' Books in Korean 1906 — fifteen titles ......
up to Summer of 1908.</td></tr>
<tr><td>PUBLIC, SOCIAL, PRO- ESSIONAL OFFICES, HONORS, etc., Received</td><td colspan="2">Charter member of Korea Branch of Royal Asiatic Society 1901
Fellow of Royal Geographical Society 1898
Decoration from Emperor of Korea 1902
Envoy of Emperor of Korea to America 1905
Advocate of Korean People</td></tr>
</table>

헐버트가 모교에 제출한 '졸업 후 신상기록부Post Graduate Data'. 1902년에 고종 황제로부터 훈장을 받았으며, 1905~7년에 고종 황제의 특사였다고 썼다.

는 다트머스대학 도서관에서 신상기록부 봉투를 처음 개봉하여 이 글을 찾아냈다. 도서관 사서에게 눈총을 받아가며 봉투를 찢자고 요구하던 순간을 떠올리면서, '만약 봉투를 찢자고 요구할 용기가 없었다면' 하는 아찔한 생각에 고개가 저절로 저어진다.

그렇다면 헐버트의 한국 사랑의 원천은 무엇이었을까. 그의 타고난 인간애가 한민족을 만나면서 자연발생적으로 발화하였다고 여긴다. 그는 조선에 당도하자마자 조선인들의 순박함과 우호적 기질에 빠져들고,

신상기록부 중 헐버트가 친필로 쓴 '나의 일생My Life Story'란.
헐버트는 그의 삶의 가치가 곧 한국 사랑임을 고백하였다.

한민족의 정 문화는 그의 성정과 맥을 같이 했다. 게다가 한민족의 역사, 문화를 탐구하며 자신도 모르는 사이에 한국혼이 그의 가슴속에 자리 잡았다.

헐버트의 일본관과 애국관

헐버트가 일본에 저항했지만 일본을 편협하게 대한 사람은 아니었다. 그의 일본관은 인류의 보편적 가치를 바탕으로 객관적 토대에서 이루어졌다. 헐버트가 1886년 내한할 시에는 여느 서양인처럼 그도 일본이 빠르게 서양 문물을 받아들여 문명 진화를 이룬 점을 평가하였다. 다만 일본인들의 태도의 순수성에는 의구심을 표하기도 했다. 그는 어머니에게 보낸 편지에서 일본인들의 친절성과 시간 엄수 자세를 높이 사면서도, 이를 '무사무욕으로 보기보다는 의식적 행동based upon policy rather than self forgetfulness'으로 보았다.

헐버트는 지정학적 여건에서 일본을 한국의 근대화에 필요한 존재로 인식하였다. 더욱이 무능력한 청나라, 러시아에 비교하여 더욱 그러하였다. 그는 러일전쟁 무렵 "미국은 조선에 냉담할 뿐만 아니라 관심도 없고 apathy and no interest, 러시아는 무능하고 이기적이며incapable and selfish, 청나라는 무능력incapable 자체이다."라고 현실을 진단했다. 헐버트는 러일전쟁에서 러시아가 승리하면 대한제국은 러시아의 '합법적 전리품legal spoils'이 될 것이라며,《한국평론》을 통해 러시아보다는 일본을 지지하는 논조를 펴기도 했다. 이는 일본이 러시아보다는 문명국이며, 또한 1904년 2월 체결한 '한일의정서'에서 일본이 한국의 독립을 보장하였기 때문이었다. 그러나 러일전쟁 후 일본이 한국을 배신하자 헐버트는《헐버트

문서》에 자신이 일시적으로 일본에 기대를 건 것에 대해 자책의 글을 남겼다. 사실상 당시 헐버트뿐만 아니라 대부분의 한국 지식인도 러일전쟁에서 일본이 이기기를 바랐다. 황현은 《매천야록》에서 "조야에서 모두 말하기를 '그래도 왜인은 사람 축에 드나 아라사 사람은 짐승 같으니 만약아라사가 일본군을 이기고 남쪽까지 석권할 것 같으면 우리 인종은 모두멸망할 것이라' 하고 모두들 일본이 승리하고 아라사가 패망하기를 빌었다."라고 적었다.[29] 안중근도 러일전쟁 전까지는 일본에 대한 기대를 저버리지 않았다고 한다.[30]

한편, 우리는 헐버트의 애국관을 올바로 이해할 필요가 있다. 그는 맹목적 애국이 아닌 '올바른 애국심right patriotism'을 요구하였다. 인류의 보편적 가치에 합당한 애국심이 진정한 애국이라는 뜻이다. 그는 자신의 조국도 정의에 어긋나면 서슴없이 지적하였다. 미국 센트럴미시건대학교 메이Hope E. May 교수는, "1905년 을사늑약 당시 미국을 비난한 헐버트야말로 국경을 초월한 진정한 애국자true patriot이다."라며 헐버트를 최초의 여성 노벨상 수상자인 오스트리아의 슈트너Bertha von Suttner와 함께 20세기 초 국제 평화의 상징 인물로 평가하고 있다. 헐버트의 올바른 애국심은 오늘날의 우리에게도 적용되는 교훈이다. 우리는 자신의 주장이나 행동을 무조건적으로 애국심의 발로라고 단정하기 전에 자신의 주장과 행동이 진정 정의에 부합하고 사회와 국가를 위한 것인지, 이념이나아집에서 오는 편집적 애국 타령인지 성찰해 봐야 한다. 잘못된 가치관

---

29 황현(이장희 옮김) 《매천야록》 상권, 명문당, 2017, 13~14쪽
30 윤경로, 〈안중근의거 배경과 '동양평화론'의 현대사적 의의〉, 광복회 역사 강좌 학술강연 자료, 2018, 21쪽

과 신념은 평생 스스로를 옥죄는 비극의 감옥에 빠지게 한다. 또한, 헐버트는 나라가 어려움에 처했을 때 스스로 나라를 지켜 내야 한다는 교훈을 행동으로 남겼다. 따라서 설령 국가가 문둥병에 걸렸다 해도 결코 자신의 조국을 저버리는 일은 있어서는 아니 될 것이다.

고종은 무능한 군주였는가?

싹이 잘린 고종의 근대화 의지

우리는 고종을 무능하고, 나라를 빼앗긴 지도자라고 배웠다. 그러나 고종 시대의 배경을 올바로 이해할 필요가 있다. 고종은 서양의 기계문명을 받아들이는 것이 조선의 살길이라고 판단하여 아버지 대원군이 폈던 폐쇄적 대외정책을 떨쳐버렸다. 고종은 1882년 미국과의 수교를 기점으로 근대화의 기초를 닦았다. 1884년 미국의 에디슨전등회사와 서양 문명의 총아인 전기 시설 도입을 계약하고, 1887년 3월 경복궁 건청궁에 백열등을 밝혔다. 1898년 한성전기회사를 설립하고, 1899년 서울에 전차를 개통하고, 경인선 철로를 완공하고, 1900년 한강 철교를 준공하였다. 고종은 1885년 '광혜원' 설립을 후원하면서 서양식 병원을 태동시켰다. 1886년 육영공원을 설립하여 근대식 교육기관을 출발시켰다. 선교사들이 세운 기독교 학교도 후원하였다. 1895년 교육조서를 발표하여 소학교, 사범학교, 외국어학교, 중학교 등 관립 학교를 양성하면서 근대 교육의 저변을 확대했다. 근대식 교육기관은 크게 번창하여 1910년 한일강제 병합 때에는 기독교 학교만도 800여 개나 되었다. 이처럼 조선은 근대화를 차근차근 진행하고 있었다. 그러나 1905년 을사늑약과 1910년 한일강제병합으로 자주적 근대화의 싹이 잘렸다. 자주적 산업 발전의 기회가 사라지고, 350개가 넘는 기독교 계통의 학교가 폐교되었다. 고종을 탓하기 전에 일본의 침략주의를 먼저 규탄해야 할 이유이다. 일본의 극우 인사들은 지금까지도 걸핏하면 '일본의 한국 병합이 한국을 근대화시켰다'는 망언을 서슴지 않고 있다. 이들에게 누가 한국을 근대화시켜 달라고 졸랐느냐고 묻고 싶다. 더욱 통탄할 일은 한국인 중에도 이에 동조하는 사람이 있다는 사실이다. 이들은 마치 일제 강점기가 있었기에 한국이 근대화됐다고 주장한다. 참으로 이해할 수 없는 논리 전개이다. 일본은 자신들의 침략 야욕을 달성하기 위해 한국의 산업화가 일정하게 필요했을 뿐이지, 한민족의 문명 진화를 위해 한국을 도운 것이 아니다.

헐버트, "고종은 휜 적은 있으나 끝내 굴복하지 않았다"

고종은 나라를 빼앗기는 과정에서도 의연하게 대처하며 최선을 다했다. 고종은 나라를 빼앗기지 않으려고 끝까지 을사늑약에 국새를 찍지 않았다. 을사늑약이 강압으로 체결되자 자신은 이에 동의하지 않았다면서 즉각 헐버트에게 전보를 쳐 을사늑약이 무효임을 선언했다. 고종은 또 1907년 헤이그에서 열린 제2차 만국평화회의에 특사를 파견하여 일본의 불법성을 폭로하며 주권을 되찾으려 투쟁했다. 고종의 특사 파견은 목숨을 담보로 한 도박이었다. 오늘날의 국제 외교 환경에 비추어 특사를 파견하는 일이 대수롭지 않게 보일 수 있으나 당시 일제의 폭력성 앞에서는 엄두도 못 낼 일이었다. 이러한 고종을 그저 무능, 무지했다고 치부해버려야만 하는가?

헐버트는 고종을 어떻게 인식하였을까? 그는 1907년 한 언론 회견에서 고종을 '악의가 없는 유약한well-meaning but weak' 성품으로, '결단력과 행정 능력이 부족한lack of resoluteness and executive ability' 지도자로 보았다. 헐버트는 고종을 사적으로는 '선하고 자상하며 정직한good fair honest' 임금이라며 존경을 표했다. 특히 고종의 신교육과 산업화 열정에 박수를 보내고, 일본에 끝까지 항거한 주권 수호 의지를 높이 샀다. 물론 고종의 내치에 대해서는 실망도 컸다. 부정부패의 만연을 한탄했고, 관리들의 수구적 태도를 맹렬히 비난했다. 헐버트는 1942년 워싱턴에서 열린 한인자유대회에서 고종의 주권 수호 의지를 명백하게 정의하였다. 연설 내용의 일부를 소개한다.

"역사에 꼭 기록되어야 할 가장 중요한 사실을 증언하겠다. 고종 황제는 결코 일본에 항복하지 않았다. 굴종하여 신성한 국체를 더럽히지도 않았다. 휜 적은 있으나 끝내 굴복하지 않았다. 생명의 위협을 무릅쓰고 미국에 협조를 구하였으나 성과가 없었다. 생명의 위협을 무릅쓰고 헤이그 만국평화회의에 호소했으나 성과가 없었다. 생명의 위협을 무릅쓰고 유럽 열강에 밀서를 보냈으나 강제 퇴위당하여 전달되지 못했다. 그는 고립무원의 군주였다. 한민족 모두에게 호소한다. 황제가 보이신 불멸의 충의를 고이 간직하자."[31]

원문: There is one matter of prime importance which must be inscribed on the pages of history. It is this. The King of Korea never surrendered to the Japanese. Never did he soil the sanctity of his regal office by voluntary consent. He bent but he never broke. At the risk of his life, he appealed to us for aid - without effect. At the risk of his life, he approached the Peace Conference at the Hague - without effect. At

---

31 〈Korean Liberty Conference〉, published by The Unite Korean Committee in America Los Angeles, California, Honolulu, T. H., 1942, p 97

the risk of his life, he sent appeals to every chancellery in Europe but enforced abdication prevented their delivery. He was marooned upon a throne. I say to the Korean people everywhere that they can cherish through all the ages to ages to come the undying loyalty of their last King.

독립운동의 가치

민족사에서 가장 치욕적 사건인 일제의 한국 지배를 우리는 어떻게 받아들여야 할까. 나라를 잃었다는 사실에는 무한한 부끄러움으로 반성해야 한다. 그러나 우리가 독립운동을 거족적으로 펼치고 나라를 되찾았다는 사실에는 긍지를 가져야 한다. 우리는 독립운동으로 나라를 되찾았을 뿐만 아니라 독립운동 와중에 공화제도 탄생시켰다. 오늘날 우리는 일제 강점기 일본의 만행에 대해 일본에 사과를 요구하고 있다. 만약 우리가 독립운동에 소극적이었다면 이렇게 떳떳하게 일본에 사과를 요구할 수 있을까? 일부 인사들은 일본의 패망으로 우리가 해방을 맞았지 독립운동으로 맞은 것이 아니라고 한다. 이는 형이하학적 착시 현상이다. 만약 친일파가 그랬듯이 우리 민족이 일본에 충성만 하고 독립을 요구하지 않았다면 전승국들이 우리에게 독립을 그저 선사할 리가 만무하다. 영국의 처칠은 실제로 한국의 독립을 반대하지 않았는가. 독립운동가들이 국내외에서 펼친 활약이 없었다면 우리는 일본이 패전하였다 해도 광복을 맞을 수 없었거나, 한참 뒤에나 맞았을지 모른다.

일제 강점기와 관련하여 우리가 꼭 알아야 할 사실도 있다. 1905년 을사늑약과 1910년 한일강제병합 조약이 국제법적 입장에서 조약의 형식

과 내용을 모두 어긴 불법 조약이라는 점이다. 1935년 미국 국제법학회
는 강박 아래 체결된 어떤 계약도 무효임을 재확인했고, 강박의 대표적
사례로 을사늑약을 예시하였다.[32] 두 조약 외에 1907년 7월의 정미칠조
약도 조약 조건을 갖추지 못했다고 학계는 인식하고 있다. 지나간 역사라
치부하지 말고 우리는 이를 일본을 비롯한 국제사회에 알리고 후손에게
교육시켜야 한다.

---

32 서울대학교 한국교육사고, 〈고종 황제 주권 수호 외교〉, 1994, 11쪽

6부
일본이 탈취해 간 고종 황제 내탕금

영사로부터 청천벽력 같은 이야기를 들었다.

황제의 예치금이 이미 1년 전에 일본에 지급되었다는 것이다.

예금주인 고종 황제에게만 내주기로 한 돈이

어떻게 일본에 지급되었는가를 물었으나

영사는 자신은 단지 사실만 밝히는 것이라고 했다.

헐버트는 고종 황제 돈이 황제 모르게 인출되었다니 분노가 치밀어 숨이 막힐 지경이었다.

고종 황제의 세 번째 소명을 받다

무수리 치마 속에 숨겨 나온 예치금 증서와 위임장

1909년 가을 2년 만에 서울에 온 헐버트는 고종 황제를 뵙고 싶었다. 그러나 황제가 영어의 몸이나 마찬가지여서 만날 수가 없었다. 자녀들도 일본의 허락하에 한 달에 한 번씩밖에 뵐 수 없었다. 그런데 뜻밖에 10월 중순 고종 황제로부터 은밀하게 연락이 왔다. 조남승을 시켜 보내온 전갈은, 상하이에 있는 덕화은행德華銀行 Deutsch Asiatische Bank에 예치한 자신의 내탕금을 찾아 나라를 위해 요긴하게 써야 한다는 내용이었다.[1] 깜짝 놀랄 소식이었다. 조남승은 대원군의 둘째 사위인 조정구의 장남으로 고종 황제와는 숙질간이었다. 헐버트는 조남승으로부터 고종 황제 대신 예금을 찾을 수 있는 위임장과 예치금 관련 서류를 전달받았다. 서류에는 예치금 증서securities, 수표cheque, 그리고 예치금을 고종 황제에게만 내준다는 덕화은행장의 확인서도 들어 있었다. 고종 황제는 일제의 눈을 피하기 위해 궁궐의 한 무수리scrub-woman를 통해 서류를 빼돌렸다. 무수리는 위임장 등 서류뭉치를 치마 속에 숨겨 궁을 빠져나와 조남승에게 전했다. 이 무렵 헐버트는 부인으로부터 둘째 딸이 급성 뇌종양으로 뉴욕의 한 병원에 입원해 있다는 전보를 받아 속히 미국으로 돌아가야 했지만 덕

---

1 내탕금內帑金이란 임금이 오늘날의 금고 같은 내탕고에 재물을 넣어 두고 개인적으로 쓰는 돈을 말한다.

화은행이 있는 중국 상하이부터 가기로 마음먹었다. 그러나 위임장과 관련 서류를 어떻게 한국 밖으로 빼낼 것인가가 문제였다. 일본이 미행하며 감시하고 있지 않은가. 때마침 헐버트 누이Mary 내외를 포함한 미국인들이 여행차 서울에 머물고 있었다. 누이에게 예치금 관련 서류를 맡기고 중국에서 건네줄 것을 부탁했다. 헐버트는 11월 초 서울을 떠나 중국 다롄에서 누이를 만나 관련 서류를 돌려받아 곧장 상하이로 향했다.

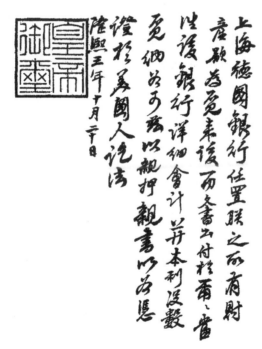

고종 황제가 내탕금을 찾아오라며 헐버트에게 내린 친필 위임장
(1909년 10월 20일)

지은이는 고종 황제 내탕금 문제를 1989년 처음 인지했다. 미국 뉴욕주 라이Rye라는 소도시에 사는 헐버트의 손자 리처드Richard K. Hulbert의 집을 방문했을 때였다. 손자 집에서 헐버트가 남긴 글들을 더듬다가 호흡을 가다듬었다. 고종 황제가 2십만 달러를 강탈당했다는 놀라운 내용이 담겨 있었기 때문이었다. 지은이는 30년 전이나 지금이나 고종 황제 내탕금 문제는 우리에게는 민족정기와 관련된 문제이고, 헐버트에게는 한을 풀어줘야 할 과제라고 여긴다. 따라서 내탕금의 예치 과정과 일본의 강탈 과정을 소상히 밝혀 역사기록으로 남기고, 강탈당한 돈을 찾는 일에 앞장서자고 결심하였다.

'돈을 찾으면 독립운동가들을 돕고, 노예생활을 하는 멕시코 동포들을 고국의 품으로'

헐버트가 상하이에 도착한 시각은 은행 문이 닫힌 뒤였다. 서울에서 알던 사이인 상하이 주재 독일 영사를 찾았다. 그러나 영사로부터 청천벽력 같은 이야기를 들었다. 황제의 예치금이 이미 1년 전에 일본에 지급되었다는 것이다. 예금주인 고종 황제에게만 내주기로 한 돈이 어떻게 일본에 지급되었는가를 물었으나 영사는 자신은 단지 사실만 밝히는 것이라고 했다. 고종 황제 돈이 황제 모르게 인출되었다니 분노가 치밀어 숨이 막힐 지경이었다. 그러나 생각해 보니 상하이에서는 할 수 있는 일이 아무것도 없었다. 미국에 가서 일을 처리하기로 마음먹었다. 헐버트는 상하이를 떠나 시베리아 횡단 열차를 타기 위해 하얼빈으로 갔다. 열차에 올라 눈 내리는 차창 밖을 내다보니 황제와의 관계가 새삼스럽게 머릿속을 뒤숭숭하게 했다. 23살에 만나 지난 20여 년 동안 황제와는 비교적 좋은 인연만 있었다. 그러나 지난 두 번의 특사 임무를 완수하지 못했다. 이번 세 번째 임무만은 꼭 완수하자고 다짐했다. 그런데 일본이 돈을 빼내갔다니 예감이 불길하다. 헐버트는 머릿속이 복잡하면서도 이런저런 상상이 떠올랐다. 만약 예치금을 찾게 되면 우선적으로 한국인 독립운동가들을 지원하는 독립자금으로 써야 하지 않겠는가. 고종 황제의 뜻이기도 하다. 또한, 꼬임에 빠져 멕시코 유카탄Yucatán 반도의 사탕수수 농장에서 노예 생활을 하고 있는 300여 명의 한국인을 고향으로 돌려보내는 데에 쓰고 싶다. 그렇지만 누구를 위해서건 그 돈을 사용하려면 고종 황제의 승낙이 있어야 하는데, 일본의 감시하에 있는 황제로부터 무슨 수로 승낙을 얻어낸단 말인가. 자신이 진퇴양난에 빠질 것이 상상되었다. 이상은 헐버트가 비망록에 남긴 글이다. 이 얼마나 숭고한 헐버트의 한국 사랑과 정의의 혼이 배어 있는 상상인가! 그러나 이러한 가슴 뭉클한 헐버트의 꿈은 결국 백일몽이 되어버렸다.

덕화은행으로부터 예치금 지급을 확인받아

미국으로 돌아온 헐버트는 덕화은행의 예치금 지급에 관한 진상을 파악하기 위해 여러 사람을 만났다. 독일계 미국인인 뉴욕의 거물 은행가 쉬프Jacob Schiff를 만나 도움을 요청했지만 소득이 없었다. 정치인들도 만났으나 미국과 일본이 외교적으로 밀착되어 있어 아무것도 진척시킬 수 없었다. 소득 없이 시간만 흘러갔다. 제1차 세계대전이 끝난 뒤인 1922년에 가서야 일을 진행할 수 있었다. 헐버트는 거물 정치인들과 교류가 깊은 킴버랜드Angie G. Kimberland를 만났다. 킴버랜드는 국제법 교수들과 상의한 결과 예치금을 틀림없이 돌려받을 수 있다면서 계약을 재촉했

Monroe Curtis, G. m. b. H.

F. F. Beer

BERLIN
Unter den Linden 77

January 27, 1923

Tel. Centrum 8022
Teleg. "Property Berlin"

William R. Willcox, Esq.
120 Broadway
New York City

Dear Mr. Willcox:-

<u>re - Ex-Emperor of Korea</u>

In receipt of your letter of December 29th, I have taken up
this matter again with the Deutsch-Asiatic Bank. I had a long conference
with Dr. Lange, the President of the bank who formerly has been in the
service of the bank in the Far East.

I found out that I was mistaken regarding the legal character of
the bank. The Deutsch-Asiatic Bank was incorporated under the laws of
China. The main office is in Shanghai and this office here in Berlin is
only, legally spoken, a branch of the Shanghai bank. That this is
correct, is also evidenced by the fact that the capital of the bank, and
also all accounts are not kept and never have been kept in German marks,
but in Taels.

Dr. Lange very kindly went with me through the old records and
we were successful in finding some reports which at that time were sent
from Shanghai to Berlin which might give you a clue as to your further
investigations.

I am enclosing herewith copies of these papers, marked A, B, C,
and D. A and C are in German and I had my office make translations of
same for your convenience.

Yours very truly,

MONROE CURTIS
G.M.B.H.
Per
F.F. BEER

고종 황제의 예치금 관련 서류를 확인하였다고 보고한 커티스 대리인의
1923년 1월 27일 자 서신

다. 헐버트는 그와 계약을 맺고 위임장을 써 주었다. 헐버트는 킴버랜드
를 통해 미국 대통령 선거 당시 휴Charles E. Hughes 후보의 선거대책위원
장이었던 윌콕스William R. Wilcox 변호사도 만났다. 그들은 돈을 찾게 되
면 성공 사례금으로 33%를 달라고 요구하였다. 윌콕스는 우선 예치금 내

용을 파악하기 위해 대리인을 임명하고 주독일 미국 대사 호튼Houghton 에게 협조를 구했다. 베를린 주재 미국 대사관은 덕화은행 베를린 사무소 와 접촉하여 예치금의 실상을 파악할 수 있었다. 윌콕스 변호사의 대리 인 커티스Monroe Curtis는 1923년 1월 27일 자 서신에서 윌콕스에게 조 사 내용을 보고하였다. 커티스는 덕화은행 베를린 사무소 대표인 랑게 Richard Lange를 만나 상하이에서 베를린으로 보내진 예치금 관련 서류를 확보하는 등 전말을 파악하였다. 역시 예치금이 일본에 지급되었음을 확 인해 주었다. 예치금 인출 시 일본이 제출한 수표에는 고종의 서명이나 승인이 없고 한국 궁내부대신의 서명만 있다고 했다. 실망감이 몰려왔다. 그나마 덕화은행 간부가 예치금의 실체를 공식 확인해 주고, 예치금 인출 과 관련한 서류를 확보할 수 있어서 조금이나마 위안이 됐다. 킴버랜드와 윌콕스 변호사는 더 이상 일을 진척시키지 못했다. 일본은 그들에게도 너 무나 버거운 상대였다.

예치금을 도둑맞는 고종

금괴와 엔화로 예치, 오늘날의 PB 같은 상품

내탕금 예치 과정의 전말을 보자. 고종 황제는 1903년 12월 서울 주재 독일 공사관의 주선으로 자신의 내탕금을 상하이 덕화은행에 예치했다. 첫 예치금은 금괴 23개와 일본 화폐 150,000엔을 합한 도합 180,000엔 상당으로 덕화은행 은행장 부저J. Buser가 서울에 직접 와서 고종 황제의 내장원으로부터 받아 갔다. 은행장은 1903년 12월 2일 예치금 영수증을 써 주었다. 영수증에는 '이 예치금은 황제 폐하의 요청에 의해서만 처분된다to be kept at the disposal of His Majesty the Emperor of Korea'는 문구가 명시되어 있다. 즉, 고종 황제의 지시에 의해서만 예금 인출이 가능하다고 못을 박은 것이다. 상하이에서 금을 매각한 뒤 정산한 첫 예치금은 174,000엔(365,400마르크)으로 확정되었다. 덕화은행은 이 예치금을 베를린의 할인은행Disconto-Gesellschaft을 통해 독일 유가증권에 투자했다. 내탕금 예치와 관련 서울 주재 독일 공사도 본국 정부에 보고하였다. 1903년 12월 21일 자 보고서에서 독일 공사는 "고종이 몇 달 전 독일 은행에 개인 자금을 예치하고 싶다고 희망하여 본인이 도와주었다. 총 예치금은 370,000마르크이며, 이 돈이 독일 국공채Deutsche Konsols 및 기업어음C/P에 투자되었다. 조만간 더 많은 돈이 예치될 것 같다."라고 기록하였다.

Receipt

Received from the Private Treasury of His
the Emperor of Corea the following:

23 (Twenty three) bars Gold said to
weigh 575 ounces.

and Japanese Banknotes said to be of the
value of 150000 Yen, one hundred fifty
thousand.

The total value to be verified in
Shanghai after the sale of the above bars
and Goldbars and a detailed receipt to
be given to the Imperial Treasury.

The total amount to be invested
in German securities and to be held
at the disposal of His Majesty the
Emperor of Korea.

Seoul 2 December 1903.

J. Bube,
Manager Deutsch Asiatische Bank

덕화은행 은행장이 직접 써 준 1903년 12월 2일 자 1차 예치금 영수증.
예치금은 황제의 요청에 의해서만 처분된다는 문구가 들어 있다.

1차 예치금에 이어 고종 황제는 1904년 초 18,500엔과 50,000엔을 추가로 예치하였다. 1, 2차 예치금을 합한 총액은 엔화로는 242,500엔, 마르크화로는 510,000마르크였다. 예치금 형태는 금융기관이 대신 운용해 주고 수수료를 받는 오늘날의 피비Private Banking 같은 상품이었다. 덕화은행은 도이치은행을 포함한 13개 독일계 은행이 공동 주주로서 아시아에서 영업을 확장하고자 1889년에 설립된, 일종의 신디케이트 현지법인 은행이었다. 그 후 덕화은행은 몇 번의 합병을 거쳐 최종적으로 오늘의 도이치은행Deutsche Bank AG으로 흡수되었다.

이토 히로부미, 예치금 낌새를 알아채

　일본은 1907년에 이르러 고종 황제의 덕화은행 예치금에 대해 낌새를 챘다. 이토 히로부미는 1907년 6월 주한 독일 공사에게 덕화은행에 예치한 고종 황제 예치금 전말을 보고토록 요청하였으며, 독일 공사 크루거Friedrich Kruger는 1907년 7월 17일 이토에게 예치금 전말을 서면으로 보고하였다. 서신에 의하면 1906년 12월 31일 현재 예치금 평가 잔액은 518,800마르크였다. 3년간 투자로 8,800마르크가 불어났다. 그 후 투자 수익이 약간 불어나 1908년 여름 예치금 인출 시에는 원리금 총액이 526,969.92마르크였다.

　일본은 고종 황제의 예치금에 대한 정보를 어떻게 알았을까? 지은이는 일본이 헤이그 특사 파견 사건과 관련 고종 황제 주변을 조사하다가 덕화은행 예치금에 대한 정보를 입수한 것으로 추측한다. 일본은 고종 황제가 헤이그 특사의 여비를 마련해 주었다고 판단하여 황제의 비밀 자금에 대해 탐문하였을 것이다. 이 과정에서 고종 황제 주변에서 일을 했던

Abschrift.

Translation.

Sõul,July 17th 1907.

Monsieur le Marquis,

Your Excellency having officially requested me to furnish you
with particulars in regard to the private montary deposits in Ger-
many of His Majesty the Emperor of Korea ,I have now the honour
to give the following information.

Towards the close of 1903 His Majesty the Emperor of Korea
had the German Minister-Resident,Herr von Saldern ,petitioned,
to assist in depositing for His securely private monies in Germany.

Baron von Saldern corresponded therefore on the subject with
Herr Buse,the Director of the Deutsch-Asiatische Bank at Shanghai
who was willing to accept the management of the monies and execute
the deposits.

Herr Buse came to Sõul,and received treasure partly in gold
ingots (23 pieces) and partly in Japanese bank notes,which alto-
gether should represent a value of 180 000 yen.

....

The interests due every half year were added to the ori-
ginal capital,and used for buying up farther Effects.

The Deutsch-Asiatische Bank tendered accounts twice a
year viz.on the 30th of Juni and on the 31st of December each
year,which accounts were received by His Majesty the Emperor
of Korea.

The last account sent here dates from the 31st December 1906
duplicate of which is herewith enclosed.

The nominal value of all the deposits amounted in December
1906 to 518 800 Mark.

In afew weeks the account to June 1907 may be expected to
come to hand.

I take this opportunity,Monsieur le Marquis,to renew to
you the assurance of my highest consideration.

signed:Krüger Dr.

주한 독일 공사가 이토 히로부미에게 고종 황제 예치금 전말을 보고한
1907년 7월 17일 자 서신. 독일 공사는 서신 말미에서
이토에게 협조를 다할 것을 다짐했다.

누군가가 강압에 의해 발설하였거나, 일본에 밀고하였다고 여긴다. 독일

공사가 이토에게 보고서를 제출한 날짜가 고종 황제 퇴위 3일 전인 1907

년 7월 17일이었기에, 일본은 그날로부터 적어도 2, 3주일 전인 6월 말